Liderazgo y motivación de equipos de trabajo

Madrid 2015

Mª Teresa Palomo Vadillo

Liderazgo y motivación de equipos de trabajo

9ª Edición

ESIC
BUSINESS&MARKETINGSCHOOL

Primera edición: *mayo 2000*
Segunda edición: *diciembre 2001*
Tercera edición: *marzo 2005*
Cuarta edición: *marzo 2007*
Quinta edición: *septiembre 2008*
Sexta edición: *marzo 2010*
Séptima edición: *septiembre 2011* (reimpresión)
Octava edición: *febrero 2013*
agosto 2014 (reimpresión)
Novena edición: *junio 2015* (reimpresión)

Avda. de Valdenigrales, s/n. 28223 Pozuelo de Alarcón (Madrid)
Tel. 91 452 41 00 - Fax 91 352 85 34
www.esic.edu/editorial

ISBN: 978-84-7356-889-0
Depósito Legal: M-6145-2013
Portada: Gerardo Domínguez

Fotocomposición y Fotomecánica: ANORMI, S.L.
Doña Mencía, 39
28011 Madrid

Imprime: Gráficas Dehon
La Morera, 23-25
28850 Torrejón de Ardoz (Madrid)

Impreso en España

Índice

Págs.

Págs.

Págs.

Introducción

Somos muchos los que en nuestra vida profesional hemos asesorado y participado en numerosas situaciones de cambio en organizaciones públicas y privadas de nuestro país. Cambios que casi siempre afectaban a muchas organizaciones debido a la globalización de los mercados (macrocambios), que a su vez supone tener que dar una respuesta rápida a nivel organizacional para evitar las amenazas o bien para aprovechar las oportunidades que se generan (cambios organizacionales). Ahora bien, para que se produzca ese «Cambio con Mayúsculas» es del todo imprescindible que las personas que forman parte de una organización lo asuman y faciliten. Sin ellos todo el proceso es prácticamente imposible de realizar (microcambios).

En todo proceso de cambio, ya sea macroorganizacional o micro, los líderes se convierten en una pieza clave para poder completar el complicado *puzzle* que se plantea y permitir que todas las piezas encajen perfectamente, sin olvidar que existen otras piezas claves como son los recursos humanos, los procesos, la arquitectura o estructura organizacional, etc. Para ello, el líder tiene que ser capaz de:

- Anticipar y tener visión futura de la organización, por lo que deberá ser proactivo y preparar a su empresa de manera sistemática, preventiva y permanente.
- Adquirir y desarrollar aquellas competencias que son críticas para gestionar los cambios organizacionales y los microcambios, de manera que pueda llegar a ser un modelo a seguir y emular por el resto del personal.
- Participar y potenciar el aprendizaje continuo tanto el propio como el de sus colaboradores. Con la formación adecuada, se facilita el poder guiar, orientar y asesorar a sus colaboradores en el cambio.
- Facilitar y estimular el desarrollo del potencial y de las competencias del equipo de personas que gestiona.

- Implicar y hacer participar a todo el personal para que se comprometan. En algunos casos, derribando, si es necesario, aquellas barreras culturales y actitudinales que las entorpezcan.

Llegados a este punto, es obvio y fácil deducir que son los líderes los que tienen que saber movilizar e incorporar a sus colaboradores al proceso de cambio, y, por supuesto, establecer en qué medida afecta a cada uno de ellos. En definitiva, los líderes son gestores del cambio.

Para garantizar el éxito en estos procesos y como consecuencia dar una respuesta adaptativa a distintas situaciones que se plantean, no sólo es necesario que los líderes sean gestores del cambio, sino que se promuevan y den, además, las siguientes premisas:

- Que las personas se conviertan en uno de los principales recursos de las organizaciones, facilitando que se autodirijan, autocontrolen y elaboren sus propias normas.
- Que los líderes faciliten, siempre que sea posible, la consecución de aquellas recompensas que para sus colaboradores tienen una valencia alta, de manera que consigan más de lo que esperaban conseguir por ellos mismos antes de ser liderados.
- Dejar de considerar al operario como unidad básica de trabajo para pasar a sistemas de trabajo en equipo no sólo dentro de la propia unidad o área funcional, sino también con otras unidades o áreas, con profesionales de diversas áreas, y, en algunos casos, incluso con clientes, proveedores o empresas de la competencia.
- Implantar una cultura empresarial que favorezca el aprendizaje continuo de todos los empleados, de manera que se ponga énfasis en el desarrollo competencial de las personas, para así activar, desarrollar, estimular o inhibir aquellas competencias que sean necesarias para la organización.
- Crear, unificar, desarrollar y difundir la actividad de comunicación interna y externa de toda la organización, proporcionando información a todos los empleados, y permitiendo que todos y cada uno de los miembros de la organización puedan expresarse libremente ante la dirección. En estos casos, para el adecuado manejo de la información, tanto en su obtención como en su distribución, uno de los instrumentos claves más eficaces es la entrevista.
- Optimizar al máximo todos los recursos de que disponemos y utilizar todas las herramientas de gestión existentes para facilitar los procesos de análisis y toma de decisiones tanto individuales como grupales.

Son muchos los cambios que se deben promover en las organizaciones para evolucionar hacia estructuras flexibles y ser competitivos, y que aquí no hemos desarrollado (visión única de negocio, orientación al cliente, organigramas planos, calidad total, etc.). Sin embargo, teniendo en cuenta los temas que tratamos en los próximos capítulos, hemos hecho referencia a aquellos que están directamente relacionados con nuestro libro.

Esperamos que su lectura sea de utilidad tanto para estudiantes como para mandos y directivos, porque al menos eso es los hemos pretendido durante su elaboración.

Capítulo 1

El liderazgo

1.1. Dirigir + liderar = gestionar personas.
1.2. ¿Qué es el liderazgo?
1.3. Teorías clásicas del liderazgo.
1.4. Liderazgo situacional II.
1.5. El «nuevo liderazgo».
1.6. Desarrollando las competencias del liderazgo.
1.7. El liderazgo auténtico.
1.8. Para liderar a tus colaboradores, empieza por liderarte a ti mismo.
1.9. Coaching = ayudar a aprender.
1.10. Mentoring.

Anexo I: Cuestionario sobre competencias de liderazgo.

Anexo II: Feedback sobre su estilo de liderazgo.

1.1. Dirigir + liderar = gestionar personas

Son muchos los directivos que confunden el papel de líder con el papel de directivo (manager[1]). Aparentemente parece una discusión contemporánea sin embargo sus orígenes están en un artículo publicado por Abrahan Zalenick en 1977. Su artículo desencadenó una gran controversia, que ha durado hasta hoy en día. Sostuvo que mientras los líderes eran más activos y creativos, los mandos eran más reactivos y estaban focalizadas en dar respuesta a las ideas generadas. Durante la década de los ochenta y los noventa, son numerosos los autores que consideran que existen diferencias entre ambos conceptos (Bennis, 1989; Pagoni, 1992; Bennis y Townsend, 1995; DePree, 1998; Rost, 1998; Kotter, 1990; 1999; Heitz y Laurie, 2001; Zalenick, 2004; Bennis, 2006; Lease, 2006).

Warren Bennis es uno de los autores que más tiempo ha dedicado a estudiar este fenómeno del liderazgo y que diferencia ambos conceptos con claridad. Bennis (2003:44-45) estableció las siguientes diferencias: «el directivo administra, el líder innova. El directivo es una copia, el líder es un original. El directivo mantiene, el líder desarrolla. El directivo se centra en los sistemas y la estructura; el líder se centra en las personas. El directivo se basa en el control; el líder inspira confianza. El directivo tiene un punto de vista cortoplacista, el líder tiene una perspectiva a largo plazo. El directivo pregunta cómo y cuándo, el líder pregunta qué y por qué... El directivo inicia; el líder origina. El directivo acepta el statu quo; el líder lo cambia...»

Zalenick (1999:65[2]) argumentó que los directivos (managers) y los líderes (leaders) «son dos tipos de personas muy diferentes. Los objetivos de los directivos surgen de la necesidad más que del deseo: son excelentes haciendo desaparecer conflictos entre individuos o entre departamentos, calmando a las partes mientras aseguran que los negocios diarios de la organización se llevan a cabo. Por otra parte, los líderes adoptan actitudes personales y activas respecto a los objetivos. Buscan las oportunidades y recompensas potenciales que están a la vuelta de la esquina, inspirando a los subordinados e impulsando el proceso

[1] Termino comúnmente utilizado en la literatura anglosajona.

[2] Zalenick, A. (1999): *Directivos y líderes ¿son diferentes?* Harvard Business Review. Bilbao: Deusto.

creativo con su propia energía. Sus relaciones con los empleados y compañeros de trabajo son estrechas y, en consecuencia, su entorno laboral es a menudo caótico». Las diferencias fundamentales hacen referencia a la forma de orientarse hacia los objetivos, la concepción del trabajo, sus relaciones con los demás y a las características de personalidad de cada uno de ellos. Desde entonces hasta ahora, se han criticado los intentos de diferenciar y confrontar ambos conceptos (ver Cuadro 1.1). Pues los buenos directivos evolucionan y terminan siendo buenos líderes, y normalmente la mayoría de los líderes efectivos son buenos directivos.

CUADRO 1.1

DIRIGIR VS LIDERAR

Autor/es	Dirigir	Liderar
Lowy y Hood (2004)	Resuelve problemas	Gestiona dilemas
Nicolaou-Smokoviti (2004)	Legitimado por la organización y sus sus estructuras	Legitimado por la existencia de seguidores voluntarios
Spigener (2004)	Rol funcional Enfocado en las tareas Dirige Dirige/regula las actividades de los demás	Rol cultural Enfocado en las prácticas y los objetivos Coach Guía actividades para sí mismo, en grupo e individualmente
Zalenick (2004)	Énfasis en lo racional y el control Resuelve problemas Se caracteriza por su inteligencia, habilidades analíticas, persistencia, tolerancia y por su buena voluntad Los objetivos dan respuesta a las necesidades Da respuesta a las ideas Prefiere trabajar con personas Sigue el curso de la vida	Énfasis en la inspiración y en la asunción de riesgos Desarrolla nuevas ideas Se caracteriza por su tolerancia o en situaciones de caos, pasión, intensidad y por su empatía Los objetivos se derivan de la visión Da forma a las ideas A menudo le gusta estar solo Considera que hay muchas vidas
Ackoff (2003)	Autoridad Tiene subordinados Objetivo: mantener y explotar las ventajas del negocio	Carisma Tiene seguidores Objetivo: llevar a cabo con éxito transformaciones organizacionales
Alvesson y Sveningsson (2003)	Crea estabilidad Es racional	Genera cambios Visionario
Bennis (2003:44-45)	Administra Es una copia Conserva Se concentra en sistemas y estructura Se vale del control Tiene una visión cortoplacista Pregunta cómo y cuándo Siempre fija la vista en los beneficios Imita Acepta el "status quo" Hace las cosas bien	Innova Es un original Desarrolla Se concentra en las personas Inspira confianza Tiene una perspectiva a largo plazo Pregunta qué y porqué Mira al horizonte Origina Lo desafía Hace las cosas que se deben hacer

CUADRO 1.1 (cont.)
DIRIGIR VS LIDERAR

Autor/es	Dirigir	Liderar
Caldwell (2003)	Facilitador Planifica, organiza, dirige, controla, recompensa y castiga Se centra en detalles pequeños	Innovador Tiene visión, explora oportunidades, desencadena cambios estratégicos, motiva Crea grandes cambios
Zimmermann (2001)	Enfocado en las cuestiones micro Capitán Analista Conductor Controlador	Enfocado en las cuestiones macro Visionario Colaborador Vendedor Negociador
Kotter (2001)	Hace frente a la complejidad Controla y resuelve problemas Organiza y dota de personal Planifica y presupuesta	Hace frente a los cambios Motiva e inspira a los demás Aliena a las personas Establece una dirección clara
Kotter (1999)	El objetivo es mantener el actual sistema funcionando Trabaja para la jerarquía y los sistemas	El objetivo es producir cambios exitosos Trabaja para la gente y la cultura
Kotter (1990)	Los resultados de una gestión eficaz se basan en la predicción, el orden, y consecución de resultados para los stakeholders	Los resultados de un liderazgo eficaz se basan en cambios dramáticos y de éxito (ej.: nuevos productos, nuevos procesos, nuevos enfoques), resultando un incremento notable en la competitividad
Rost (1998)	Autoridad Tiene subordinados Orientado a producir y a vender productos/servicios Los productos y servicios resultan de la coordina de las actividades de los directivos y subordinados	Influencia Tiene colaboradores Orientado a intentar cambios reales Los cambios se reflejan en los objetivos de los líderes y de sus colaboradores (seguidores)
Drouilard y Kleiner (1996)	Evita y manipula	Confronta y crece

Fuente: Adaptado de HayGroup, 2006: 605[3];Lease, 2006:9-11[4].

A partir de ahora, vamos a diferenciar ambos conceptos pero no porque sean antagónicos sino porque nos ayudan a establecer y delimitar las conductas (competencias) de éxito que están relacionadas con la gestión de personas y de grupos. Pues un buen gestor/a de personas demuestra conductas de dirección y de liderazgo dependiendo de situaciones y personas, y muy especialmente, de las necesidades organizacionales de carácter estratégico.

[3] HAYGROUP (2006): *Factbook Recursos Humanos*. Elcano: Aranzadi & Thomson.

[4] LEASE, D. R. (2006): Management Reviled: is leadership just good management Repackaged? Academy of Business Education Conference, April, pp. 1-21.

Por tanto, no es lo mismo «*Dirigir*» que «*Liderar*». Mientras el concepto de *Dirigir (Directivo/Mando)* tiene las connotaciones de *Autoridad y Poder*, *Liderar* no lo implica necesariamente, siendo en muchos casos, determinante la Influencia. Ahora bien, en muchas ocasiones, se le atribuye un *poder personal* más profundo que el *poder formal* inherente al cargo que ocupa. Esto surge, como consecuencia, de la integridad y coherencia reconocida y otorgada por los demás. Una persona puede actuar como líder de un grupo sin ser directivo o mando, sin embargo difícilmente será un directivo/mando eficaz sino es, al mismo tiempo, líder de su equipo y de las personas que gestiona.

La principal característica de un «gestor/a de personas» es la posibilidad de combinar las competencias propias del directivo (directivo-ejecutivo), con las del líder (directivo-líder). En otras palabras, tal y como se indica en el Cuadro 1.2, es alguien que sabrá combinar de forma extraordinaria una serie de competencias y el compromiso emocional necesario. La consecuencia es que conseguirá los resultados, bien sean de carácter organizacional (estratégico), de equipo o individuales, por encima de lo esperado. Para tener éxito es necesaria la combinación de los siguientes comportamientos o enfoques:

CUADRO 1.2

DIRIGIR VS LIDERAR

Dirigir	Liderar
• Está legitimado por la organización y sus estructuras	• Está legitimado por el impacto y la influencia que ejerce en los demás
• Orientado a clientes y a resultados	• Orientado a resultados y a clientes (internos y externos)
• Orientado a las normas y procedimientos	• Orientado hacia la visión y un proyecto compartido
• Enfocado en las tácticas	• Enfocado en las estrategias
• Visión cortoplacista	• Visión a medio y largo plazo
• Centrado en rutinas	• Centrado en actividades importantes y urgentes que exigen agudizar el ingenio
• Eficiencia	• Eficacia
• Imita	• Origina y ayuda a buscar nuevas perspectivas
• "Know-how" (tecnología)	• "Know-why" (filosofía)
• Conduce	• Guía y muestra un camino
• Organiza y gestiona los recursos disponibles	• Motiva y genera compromiso emocional
• Se encarga	• Forma opinión
• Gestiona	• Crea: nuevas ideas, nuevas estrategias, nuevas políticas, nuevas metodologías
• Planifica, organiza, controla, delega y realiza ajustes o modificaciones	• Visión de futuro
• Mantiene y acepta el "status quo" y las reglas establecidas	• Cambia el "status quo"
• "Problem-solvers"	• "Problem-finders"
• Rol fijado	• Rol construido

CUADRO 1.2
DIRIGIR VS LIDERAR

Dirigir	Liderar
• Sabe utilizar la tecnología	• Conocedor de las personas y potencia sus valores
• Énfasis en los recursos físicos y materiales	• Énfasis en sus recuros emocionales
• Exige capacidades técnicas	• Exige integridad, coherencia y fidelidad a principios y valores que comparte con sus colaboradores
• Controla y supervisa los resultados	• Forma y asesora a sus colaboradores (coach)
• Aquí y ahora	• Externo y futuro

Fuente: Adaptado de Díaz Carrera, 1994; HayGroup, 2006:605; Lease, 2006:9-11.

1.2. ¿Qué es el liderazgo?

La curiosidad por el tema del liderazgo no es algo propio de nuestros días, sino que ha sido ampliamente estudiado, y en especial desde el campo de la psicología social, así como de la psicología del trabajo y de las organizaciones y de ciencias afines. De hecho, en 1940, Kurt Lewin y sus colaboradores empiezan a trabajar sistemáticamente en el tema.

Son muchas las investigaciones que han pretendido clarificar el concepto de liderazgo, sin embargo, tal y como señalaba Bennis a finales de la década de los cincuenta «*De entre todas las áreas oscuras y confusas en psicóloga social, la del liderazgo lucha indudablemente por alcanzar el primer puesto. E, irónicamente, probablemente sea el Liderazgo más que cualquier otro tópico en ciencias sociales, el tema del que más se ha escrito, pero sobre el que menos se conoce...*» (Bennis, 1959, pp. 259-260), resumen que igualmente refleja la situación actual.

Por ejemplo, Stodgill, en su famosa publicación «The Handbook of Leadership» (1974), llevó a cabo una revisión de más de 3.000 libros y artículos, llegando a la conclusión de que los datos no permitían una comprensión integrada del liderazgo.

Desde la publicación de Stogdill hasta nuestros días, son muchos los autores que han elaborado modelos y desarrollado teorías que, en muchas ocasiones, se han apoyado en una literatura que podemos considerar trivial, fragmentaria y poco realista. Asimismo, también se encuentran contradicciones significativas en los métodos de investigación utilizados por algunos autores (McCall y Lombardo, 1978).

Sin embargo, no debemos olvidar que el interés por este tema viene motivado por la importancia del liderazgo para el éxito de las organizaciones y su quehacer diario. Ya en, 1978, Shultz afirmaba que «*aproximadamente la mitad de todas las nuevas industrias fracasan en sus dos primeros años de vida y que tan sólo un tercio supera los cinco años, la causa del fracaso a un liderazgo defectuoso»* (citado por Peiro, 1996:161).

En parte, la razón de toda esta falta de claridad se deba, simplemente, a la ambigüedad del propio concepto.

Se pueden encontrar distintas definiciones, que se apoyan en enfoques diferentes del tema: (Gibb, 1969) (ver Figura 1.1):

- El líder como un individuo que desempeña dicha ocupación (rol).
- El líder como un foco para la conducta de los miembros del grupo.
- Es la persona que ocupa dicha posición en una elección sociométrica.
- El líder como el miembro que ejerce influencia sobre otros.
- El liderazgo se aplica sólo cuando la influencia es voluntariamente aceptada o cuando es compartida.
- El líder es una persona que tiene una influencia demostrable sobre la eficacia en la realización total del grupo.
- El líder como miembro que práctica conductas de liderazgo.

FIGURA 1.1
DEFINICIONES SOBRE EL LIDERAZGO

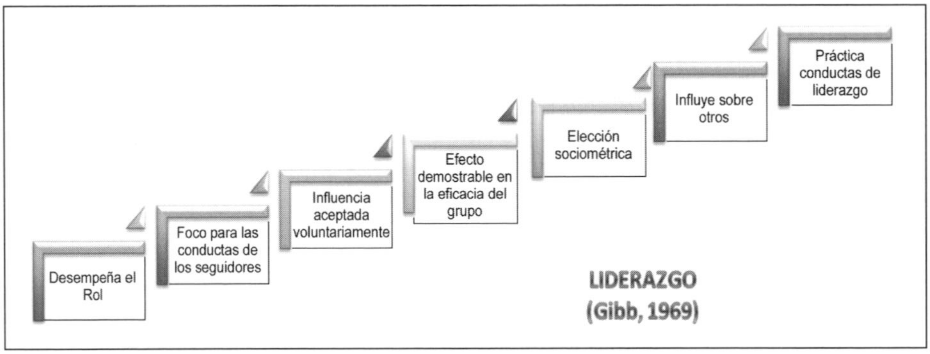

Según Fischer y Schratz (1993), para poder explicar adecuadamente la influencia del líder hay que considerar de modo interactivo tres componentes (ver Figura 1.2):

- La individualidad del **líder**, con su propia personalidad, habilidades, conocimientos y experiencia.
- Las **peculiaridades de los seguidores**, con sus características de personalidad, habilidades, actitudes, conocimientos, etc.
- **El contexto de la situación** actual, es decir, las tareas a llevar a cabo y las condiciones reales del aquí y ahora.

Ignorar cualquiera de estos aspectos, llevará a no comprender el carácter del fenómeno del liderazgo.

FIGURA 1.2
COMPONENTES DE LIDERAZGO

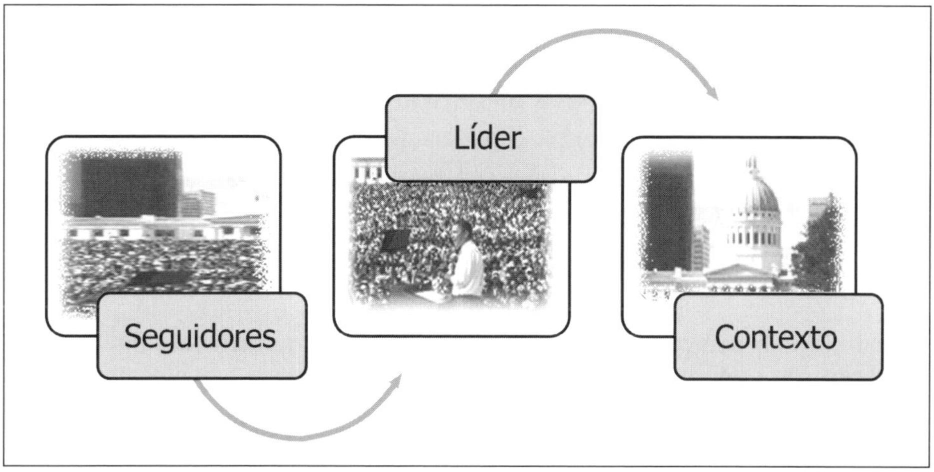

Fuente: Fischer y Schratz, 1993.

En el siguiente apartado, se presentan las teorías clásicas sobre el liderazgo. No obstante, antes queremos dejar claro que cualquier individuo puede ser líder, siempre y cuando:

- Sus ideas y acciones movilicen a otros para que deseen luchar en pos de los objetivos o metas comunes.
- Consiga el apoyo de los demás sin dar órdenes.
- No pida obediencia, sino el compromiso y la implicación.
- Obtenga credibilidad a través de sus actuaciones.
- De ejemplo y sirva de modelo para que otros le sigan.
- Se ocupe de alterar el status quo para sí generar procesos nuevos y revolucionarios, de manera que se cambie el entorno habitual.
- Experimente y corra riesgos.
- Visualice el futuro.
- Genere una visión compartida y crea en ese proyecto.
- Fomente la colaboración y el trabajo equipo.
- Esté atento a los nuevos avances y tendencias, y además aprenda rápidamente.
- No favorezca las formulas obsoletas y trasnochadas, sino todo lo contrario, potencie la creatividad y la innovación.

- Favorezca las sinergias tanto dentro como fuera de la organización.
- Comunique adecuadamente cambios a sus colaboradores, así como las acciones e implicaciones que conllevan.
- Siga un planteamiento claramente proactivo.
- Etc.

Si usted reúne todas y cada una de las condiciones expuestas en el punto anterior, ¡enhorabuena! El éxito en su actual organización o en otra, está garantizado. Siga así.

1.3. Teorías clásicas del liderazgo

Tal y como hemos señalado, las aproximaciones teóricas al concepto del liderazgo son muy numerosas, a continuación exponemos brevemente algunas de las más relevantes (ver Cuadro 1.3).

Cuadro 1.3
TEORÍAS CLÁSICAS DEL LIDERAZGO

✍ El liderazgo como rasgo de personalidad.

✍ El liderazgo como conducta.

- Estudios de la Universidad de Ohio.
- Estudios de la Universidad de Michigan.
- La Malla Gerencial de BLAKE Y MOUTON.

✍ Aproximación Humanista.

✍ El Modelo de Contingencia de la efectividad del Liderazgo.

- El Modelo de la Contingencia de Fiedler.
- Teoría de los Caminos de Meta (*Path Goal*).

1.3.1. El liderazgo como rasgo de personalidad

«Desde el mismo instante del nacimiento algunos están predestinados a la obediencia, y otros al mando».

Aristóteles

El líder «nace», por tanto, una persona tendrá o no un conjunto de cualidades que le permiten ser líder en cualquier situación. De esta manera, una persona debería ser líder en todos los grupos en los que participa (familia, amigos, trabajo, etc.) siempre y cuando poseyera esas cualidades.

Los distintos estudios realizados han encontrado una serie de cualidades que habitualmente se dan entre los líderes de distintos grupos, estas son buen nivel de inteligencia, extroversión alta, seguridad en sí mismo, ajuste y buena empatía (Gibb, 1969). Así mismo, otros autores, como Robbins (1979), señalan que rasgos como inteligencia, extroversión, seguridad en sí mismo y empatía tienden a estar relacionados con el logro y el mantenimiento de la posición de líder (ver Figura 1.3).

FIGURA 1.3
CUALIDADES DE LOS LÍDERES

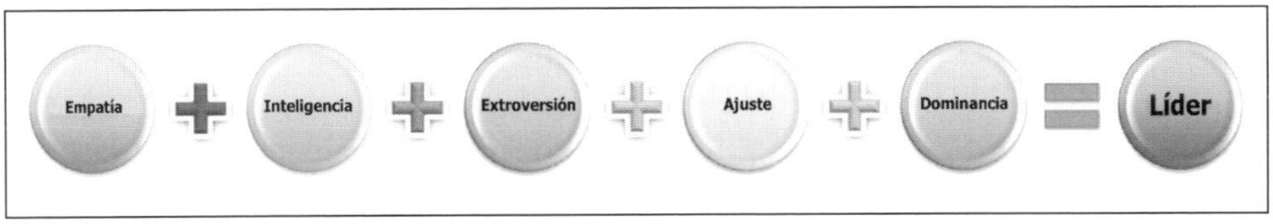

Fuente: Gibb, 1969.

Históricamente, este fue el primer enfoque que adoptaron las teorías sobre el liderazgo. Sin embargo, en la práctica, los resultados empíricos, llegan a la conclusión de que no existe tal conjunto de rasgos, ya que una persona será o no un líder en función de la situación en que se encuentre el grupo. «*La relación entre rasgos y éxito como líder es escasa e inconsistentes; y si bien es cierto que se encontraron diferencias entre líderes y no líderes, los resultados sólo indican qué tipo de persona es más probable que ocupe una posición de liderazgo, y el que, una vez alcanzada esa posición, esa persona actúe de la forma que lo hace, pero no permite conocer qué tipo de persona actuará eficazmente como líder*». (Gil Rodríguez, 2005:297[5]). Durante años, se abandonó el estudio del liderazgo desde este enfoque, y «*sólo muy recientemente se recuperará este enfoque con la reconceptualización del liderazgo carismático o con la búsqueda de las habilidades directivas eficaces*» (Sánchez Vázquez, 2010:37[6]).

1.3.2. El liderazgo como conducta

En este caso, el líder se define en función de lo que hace: líder será aquel que se comporta como tal. Dentro de este enfoque, son importantes los estudios de las Universidades de Ohio, y Michigan, así como el Modelo propuesto por Blake y Mouton.

---

[5] GIL RODRÍGUEZ, F. y ALCOVER, C. M. (2005): *Introducción a la Psicología de las Organizaciones*. Madrid: Alianza Editorial.

[6] SÁNCHEZ VÁZQUEZ, J. (2010): *Liderazgo: Teoría y aplicaciones*. Salamanca: Universidad Pontificia.

A) ESTUDIOS DE LA UNIVERSIDAD DE OHIO

Después de la Segunda Guerra Mundial, un grupo de investigadores de esta Universidad (Hemphill, Fleishman, Stodgill, Shartle, Pepinsky, Coons,...) intentaron descubrir las dimensiones que caracterizan al comportamiento de los líderes. Inicialmente, determinaron cuatro factores: consideración, énfasis en la producción, sensibilidad e iniciación a la estructura, pero, posteriormente, elaboraron una aproximación con sólo dos dimensiones que permitió categorizar gran parte del comportamiento del líder. Las dos dimensiones fueron:

- **Consideración.** Es decir, en qué medida el líder tiene en cuenta los sentimientos de los subordinados. Hace referencia a aquellas conductas del líder que favorecen las relaciones de amistad, crean cohesión y armonía en el grupo, facilitan la participación en la toma de decisiones, ayudan a los subordinados con los problemas personales, muestran proximidad y cercanía, mejoran la comunicación, etc.
- **Iniciación de estructura** o, lo que es lo mismo, se relaciona con la conducta del líder que facilita y define las interacciones del grupo para así alcanzar las metas. Este factor se relaciona con otras conductas, tales como, obtener buenos niveles de rendimiento, confirmar que se comprenden sus órdenes, clarificar y asignar funciones y tareas, se asegura que están orientados hacia las tareas, etc.

De la interacción de estas dos dimensiones, sus autores establecen cuatro estilos de dirección propuestos por la Universidad de Ohio (ver Figura 1.4). Estos son:

FIGURA 1.4
ESTILOS DE DIRECCIÓN

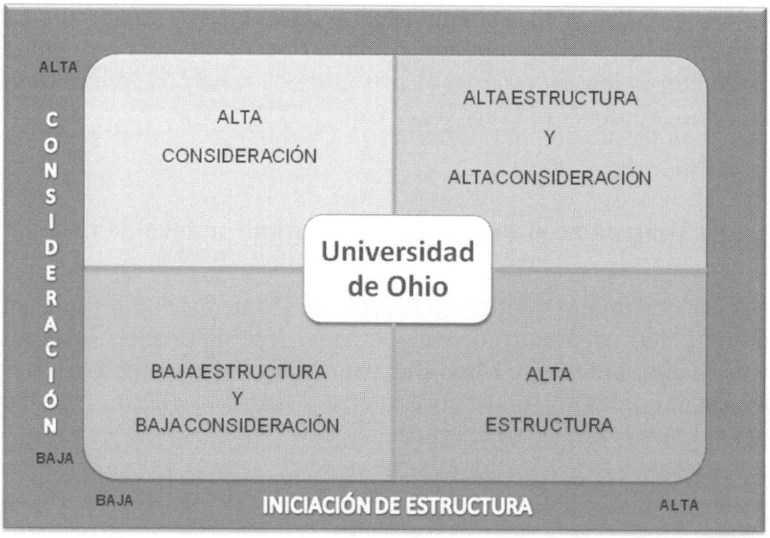

Para medir estas conductas de desarrollaron dos instrumentos de medida:

- «Cuestionario Descriptivo de la Conducta del Líder» (LBDQ) elaborado por Hemphill y Coons (1957). Este cuestionario fue adaptado al ámbito militar y educacional (Halpin y Winer, 1957) y empresarial (Fleishman, 1957).
- «Cuestionario de Opinión del Líder» (LOQ) de Fleishman, dirigido a mandos, a los que se les pedía que se autodefiniesen.

Los principales resultados obtenidos de las numerosas investigaciones, centradas en ambas dimensiones, se pueden resumir en:

- **El líder con alta consideración consigue** mayor nivel satisfacción de sus colaboradores, menor absentismo y un número menor de quejas.
- **Las correlaciones** entre iniciación de estructura y eficacia del grupo son positivas, aunque muestran variabilidad.
- **Las relaciones** entre consideración y efectividad del liderazgo varían en función de las características de los sujetos.
- **Los líderes con alto nivel en consideración y en iniciación de estructura,** son los que consiguen, tanto un buen rendimiento de sus subordinados, como una alta satisfacción de los mismos.
- **Muchas excepciones** a estos resultados, lo que resalta la importancia de la «situación» al hablar del liderazgo.

B) ESTUDIOS DE LA UNIVERSIDAD DE MICHIGAN

En la misma época, pero de forma independiente, un grupo de investigadores de la Universidad de Michigan (Likert, Katz, McCoby, Kahn y Seashore) llevaron a cabo estudios con el objetivo de identificar las relaciones entre la conducta de liderazgo, los procesos de grupo y el rendimiento del grupo en entornos profesionales. Los resultados les permitieron establecer dos dimensiones fundamentales de liderazgo:

- **Líderes centrados en la persona.** Son los que resaltan la importancia de las relaciones personales y tienen un profundo interés en las necesidades de los subordinados. Son líderes que aceptan y conocen la importancia de las diferencias individuales.
- **Líderes centrados en la producción.** Son los que enfatizan los aspectos técnicos del trabajo, ya que su principal objetivo es que los miembros realicen las tareas asignadas al grupo.

Los resultados obtenidos con el modelo de la Universidad de Michigan, se pueden resumir de la forma siguiente:

- Los **líderes centrados en la persona,** suelen obtener mejores resultados, reflejados tanto en una productividad más alta, como en una mayor satisfacción entre los miembros del grupo.
- Los **resultados varían mucho en función de la situación**, del tipo de grupo, de la tarea que se realiza, y de las características de los subordinados.

Rensis Likert, fundó el Instituto de Investigación Social de Michigan de la Universidad de Míchigan en 1946 y fue su director hasta 1970, propuso cuatro estilos de liderazgo (Sánchez Vázquez, 2010:45-46[7]):

1. **Autoritario explotador:** Se basa en el temor, en las coacciones, en la presión y en las amenazas hacia el empleado para conseguir los objetivos. La comunicación sólo se produce en una dirección desde altos mandos hacia los niveles más bajos, y el liderazgo es autoritario y muy jerarquizado. Hay un distanciamiento psicológico entre el jefe y el subordinado. La productividad es mediocre.
2. **Autoritario benevolente:** Se fundamenta en el empleo de alabanzas y en las recompensas. Las actividades del personal son de subordinación hacia sus superiores y genera actitudes hostiles hacia ellos. La información fluye de arriba hacia abajo y pocas veces hacia arriba, además es escasa y tergiversada. Las decisiones son tomadas por los niveles de dirección más altos. La productividad puede variar de aceptable a buena.
3. **Consultivo:** Alcanzan los objetivos como consecuencia de las recompensas, de los castigos ocasionales y de cierto compromiso. La información en este sistema se transforma en comunicación de igual manera de arriba hacia abajo. Las decisiones se toman también en los niveles altos de dirección pero se admiten ideas o sugerencias de los subordinados. Luego, los subordinados pueden tener cierta influencia, e incluso pueden tomar decisiones en su nivel. La productividad es buena.
4. **Participativo:** Se apoya en un sistema en el que todos participan y se comunican, el empleado se involucra en el desarrollo de nuevas metodologías y procesos de trabajo. El líder confía en el grupo y su contribución. La comunicación es fluida en todas las direcciones y se dan buenas relaciones entre el jefe y sus colaboradores. Los supervisores y los empleados existen cercanía y poca distancia psicológica. La productividad es excelente.

C) LA MALLA GERENCIAL DE BLAKE Y MOUTON

Blake y Mouton, en su modelo bidimensional, establecen que existen características universales en las organizaciones:

---

[7] SÁNCHEZ VÁZQUEZ, J. (2010): *Liderazgo: Teoría y aplicaciones*. Salamanca: Universidad Pontificia.

☞ **Existencia de un objetivo o meta,** pues toda empresa se orienta hacia la consecución de sus objetivos.

☞ **Están formadas por personas,** que procuran la consecución de los objetivos.

☞ **Todas tienen una jerarquía definida** que diferencia a los mandos y directivos del resto de los empleados.

A partir de estas premisas, definen las dos dimensiones básicas del liderazgo eficaz:

✓ El interés por las personas.

✓ El interés por la producción (resultados).

Estas dos dimensiones son ortogonales, tal y como se representan a continuación. La explicación de los cinco estilos de dirección que se derivan de la combinación de estas dos dimensiones, es la siguiente: (Ver Figura 1.5)

FIGURA 1.5

MALLA GERENCIAL DE BLAKE Y MOUTON

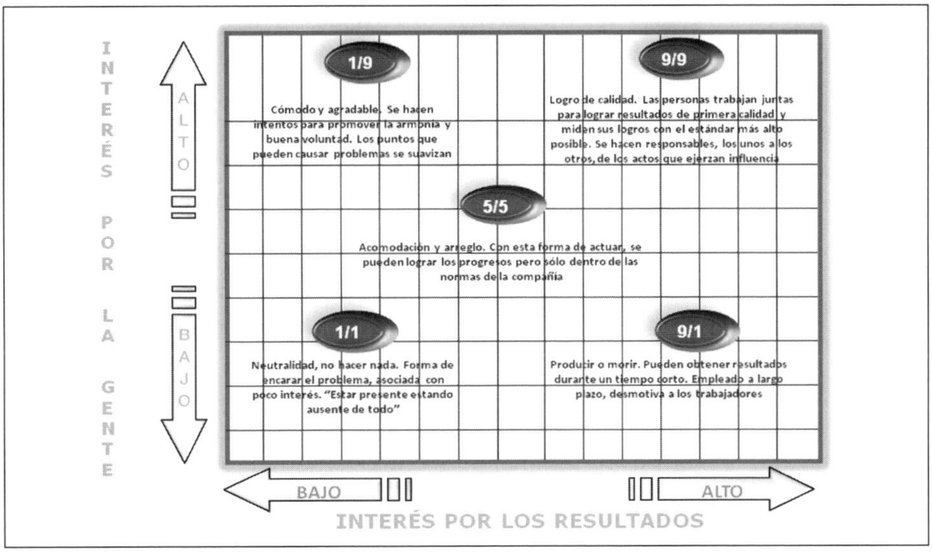

El estilo 1.1 (Estilo Laissez-Faire)

El directivo con este estilo dominante, muestra una escasa preocupación por las personas y los resultados. Los miembros del grupo desarrollan un mínimo esfuerzo, sólo lo justo para mantener su puesto. El grupo tiende a permanecer estable e inmutable. La finalidad es evitar problemas y conflictos y vivir tranquilo hasta la edad de jubilación. Según Blake y Mouton, «*Estar presente estando ausente de todo, ese es el arte de directivo 1.1*».

Este tipo de directivo tiene tendencia a «Eludir toda responsabilidad» y cuando surgen problemas busca culpables, bien sobre los demás o sobre los acontecimientos.

En ocasiones, la utilización de este estilo de dirección es como consecuencia de no haber sido promocionado a puestos de más responsabilidad, o por algún fracaso personal.

Los efectos que se pueden producir son la baja productividad y creatividad, calidad indiferente en los procesos productivos, niveles bajos de conflictos y un clima laboral relajado (Bass, 2008[8]).

El estilo 1.9. (Estilo Club Social)

El directivo con este estilo, muestra una fuerte preocupación por las personas, al mismo tiempo que se preocupa poco por los resultados. Presta una gran atención a las necesidades de los miembros y a que las relaciones sean lo más satisfactorias posible. En estos grupos suelen existir una atmósfera y un ritmo de trabajo cómodo y amigable. Se da una excesiva importancia a las actividades de tipo social y a las buenas maneras. No hay discusiones, ni conflictos.

En estos grupos, se percibe una gran armonía y cohesión de grupo. Este clima genera un alto nivel de seguridad y afiliación grupal, es más, la satisfacción se basa en las relaciones sociales, no en el desempeño de las tareas, por lo que a menudo resulta perjudicial para la organización. Esta excesiva orientación a las personas no favorece la innovación, creatividad y desarrollo del grupo.

Los resultados que se pueden esperar cuando se utiliza este estilo de dirección son baja productividad, calidad indiferente, nivel bajo de conflictos y un clima laboral relajado (Bass, 2008).

El Estilo 9.1. (Estilo de tarea)

Cuando éste es su estilo dominante, el directivo suele conceder una gran importancia a los resultados, mientras que su preocupación por las personas es escasa. Las condiciones de trabajo, como consecuencia, están rígidamente estructuradas.

Conscientes de la autoridad que se les otorga, la hace sentir, manda, dirige, controla y se atiene a los objetivos que se han de conseguir.

---

8 Bass, B.M. (2008): *The Bass handbook of leadership. Theory, research & managerial applications* (4ª ed.). New York: Free Press.

Considera que la mejor «cooperación» es la obediencia y si detecta errores busca al responsable, para así, tomar las medidas oportunas «para que no vuelva a suceder». Sus Colaboradores son meros instrumentos para alcanzar sus fines y, en su opinión, nunca deben anteponer los objetivos y necesidades individuales a los organizacionales.

Con frecuencia se descubre, que con el tiempo, esta obediencia ciega a las órdenes recibidas es contraproducente para la motivación y creatividad del grupo.

Las consecuencias que se pueden esperar con este estilo de dirección es una alta productividad a costa de la calidad, alto nivel de conflictos, hostilidad y resentimiento en los empleados al considerar al líder como alguien que controla y que es autoritario (Bass, 2008).

El Estilo 5.5. (Estilo de la mediocridad)

El directivo con este estilo, trata de conseguir los resultados adecuados equilibrando, por un lado la necesidad de realizar el trabajo, y por otro el mantener un nivel moral satisfactorio entre los miembros. Las personas con espíritu de superación, suelen mostrar, en estos grupos, aburrimiento por falta de retos, ya que la meta del líder es satisfacer las expectativas mas bajas, las imprescindibles. Se podría definir el espíritu de este tipo de grupo, con una sola palabra: mediocridad.

Las consecuencias de la utilización del estilo 5,5 para la organización son una calidad moderada, desempeño aceptable basado en el *status quo*, baja creatividad y baja originalidad y un equipo de trabajo que se deja llevar (Bass, 2008).

El Estilo 9.9. (Estilo de Compromiso en toda Regla)

Este tipo de directivo muestra, al mismo tiempo un elevado nivel de preocupación por las personas y por los resultados. En estos grupos, las personas hacen más trabajo y de mejor calidad, ya que se ha llegado al compromiso que produce el sentimiento de interdependencia necesario en un equipo, ya que se ha conseguido llegar a tener un objetivo común: las metas del grupo. En este caso, fundamentalmente, predominan las relaciones de confianza y respeto entre los miembros.

Se considera que es positivo hacer participar a los colaboradores en los objetivos, de hecho estos participan en la definición de estos y en la elaboración de las estrategias necesarias para la consecución de los objetivos.

Los resultados en la organización que se pueden esperar bajo este estilo de liderazgo son alto niveles de rendimiento, de calidad y de creatividad y alto nivel de cooperación interdependiente; el conflicto evoluciona hacia una confrontación productiva (Bass, 2008).

BLAKE y MOUTON consideran que los estilos anteriormente explicados pueden combinarse, dando lugar a los Estilos Mixtos. Estos son:

ESTILO PATERNALISTA (Mixto estable de C y B). Este tipo de directivos es a la vez riguroso en los controles y comprensivo. Es decir, por una parte anima a los empleados a que expresen sus iniciativas, y por otro rehúsa a delegar en estos.

ESTILO PENDULAR (Mixto cíclico de C y B). El directivo con este estilo, adopta uno u otro dependiendo de las situaciones. Cuando existen dificultades en las relaciones interpersonales pone en práctica el estilo B ó 1.9.; por el contrario si el clima mejora vuelve al estilo C ó 9.1.

ESTILO CAMALEON (Mezcla todos los estilos). Este estilo genera en los empleados actitudes de duda y contradicción.

ESTILO PRUDENTE ((Mixto de A y D). Cuando se adopta este estilo, el directivo será más activo que el directivo 1. ó A, pero aún así, genera conformismo.

ESTILO ANIMADOR. (Mixto de D y E). El directivo juega con uno u otro de forma calculada y con diplomacia, pues conoce lo que se debe hacer en cada momento, para así conseguir éxitos personales.

1.3.3. La aproximación humanista de McGregor

McGregor en su libro «The Human Side of Enterprise» (1960) da muestras de ser el representante más claro de la aproximación humanista, pues hace un gran esfuerzo por demostrar que es posible armonizar los intereses de la organización con la realidad personal del individuo. En su teoría, se parte del supuesto de que existen dos estilos básicos de dirección, un estilo autoritario que denomina «Teoría X» y un estilo más igualitario que denomina «Teoría Y» (ver Figura 1.6).

TEORÍA X. Corresponde al punto de vista tradicional de la dirección, y parte de los supuestos que el ser humano siente repugnancia por el trabajo, prefiere ser dirigido, tiene poca ambición y busca, sobre todo, seguridad.

Como consecuencia de esta forma de pensar, el DIRECTIVO X, considera que las personas tienen que ser obligadas a trabajar, por lo que deberán ser dirigidas, controladas y amenazadas con castigos. Por lo tanto, para conseguir buenos resultados deberá usar medidas duras.

El directivo se considera responsable de organizar el grupo y deberá centrar sus esfuerzos en dirigir, organizar y controlar a los miembros de su grupo y modificar sus conductas según las necesidades organizacionales.

LA TEORÍA Y. En contra del enfoque anterior, McGregor parte del supuesto de que es preciso integrar los intereses individuales y los objetivos de la organización. Considera que las personas trabajarán y asumirán responsabilidades si tienen la oportunidad de satisfacer sus necesidades personales al tiempo que consiguen los objetivos organizacionales.

El DIRECTIVO Y considera que las personas tienen la capacidad de autodirigirse y autocontrolarse en aras de conseguir los objetivos a los que se ha comprometido. De esta manera, la motivación, el potencial para el desarrollo y la asunción de responsabilidades para alcanzar los objetivos organizacionales no sólo dependerán de los mandos y directivos sino también de los colaboradores. Como consecuencia, las personas se comprometen e implican con los objetivos y la organización, buscan y aceptan nuevas responsabilidades, mejoran su imaginación, creatividad, ingenio en la solución de problemas y desarrollan su potencial intelectual.

Para que todo esto sea posible, es necesario que la dirección disponga de las condiciones organizacionales y de los métodos y herramientas que permitan satisfacer las necesidades y objetivos individuales, al tiempo que se logran los objetivos organizacionales.

El punto clave de la Teoría Y, por tanto, será el concepto de integración. Las funciones del directivo según la Teoría Y, serán las siguientes:

- Permitir que los subordinados se autodirijan.
- Facilitar una atmósfera que permita desarrollarse personalmente a los miembros del grupo, al tiempo que trabajan en la consecución de los objetivos empresariales.

FIGURA 1.6
ESTILO X E Y DE MCGREGOR

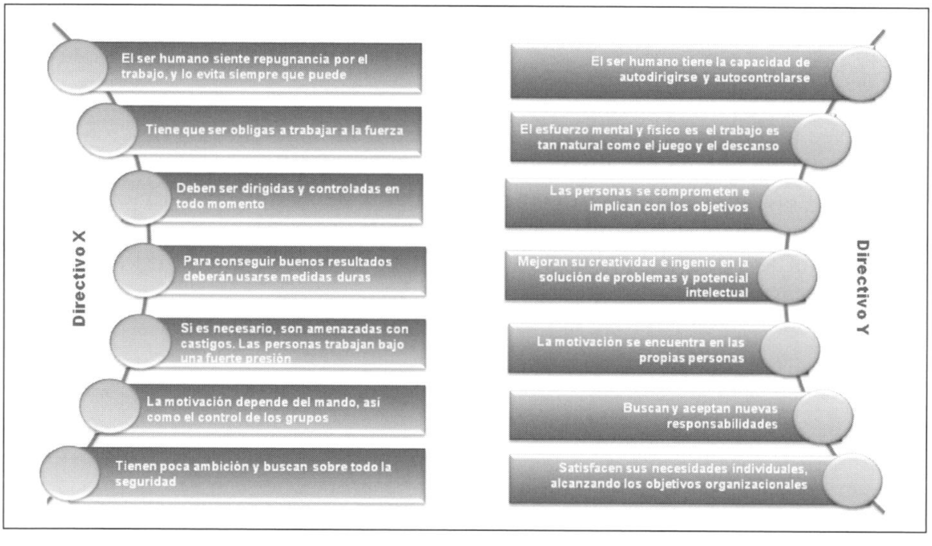

1.3.4. El modelo de contingencia de la efectividad del liderazgo

EL MODELO DE CONTINGENCIA DE FIEDLER

Fiedler (1965, 1967) propuso, por primera vez, las relaciones de contingencia en el campo del liderazgo. Su teoría parte del supuesto de que el desarrollo del grupo está en función de la motivación y conducta del líder, así como de la cantidad de control en cada situación.

Para Fiedler (1965) «*la dirección es esencialmente una relación en la que una persona utiliza su poder e influencia para lograr que numerosas personas trabajen juntas y realicen una tarea común. La dirección implica por tanto, no sólo liderazgo, sino también responsabilidad sobre resultados*» (citado por Peiro, 1986:174).

En 1965, Fiedler desarrolló un cuestionario (LPC[9]), y a partir de las evaluaciones realizadas con el mismo, determinó la existencia de tres dimensiones que condicionan el estilo de dirección más eficaz dependiendo de las situaciones. Las dimensiones son:

- **Relación entre el líder y los miembros.** Este factor tiene que ver con el grado de confianza de los miembros de un grupo con su líder, el afecto existente y la disponibilidad a seguir sus órdenes e instrucciones.
- **Estructura de la tarea.** Cuando una tarea está definida vagamente y de manera ambigua (no estructurada) resulta más difícil ejercer el liderazgo, que cuando, está explícitamente definida y detallada (estructura).
- **Poder del Puesto.** Este factor excluye cualquier fuente de poder que no sea la inherente al puesto de trabajo que se desempeña. Por tanto, asumir el liderazgo es más fácil cuanto más firme e intensa resulta su posición de poder.

En este modelo se establecen ocho posibles combinaciones en función de los valores en cada una de las dimensiones. En la Figura 1.7, se representa como se usan los diferentes estilos de dirección en función de la situación. En el eje horizontal se presentan las distintas situaciones en las que trabajaron los grupos, y en el eje vertical se indican los estilos de liderazgo que resultan más adecuados en cada situación.

9 LPC (Least Preferes Co-workers) = Escala del Compañero menos Preferido.

FIGURA 1.7

MODO EN QUE CAMBIA EL ESTILO DE DIRECCIÓN EN CADA SITUACIÓN

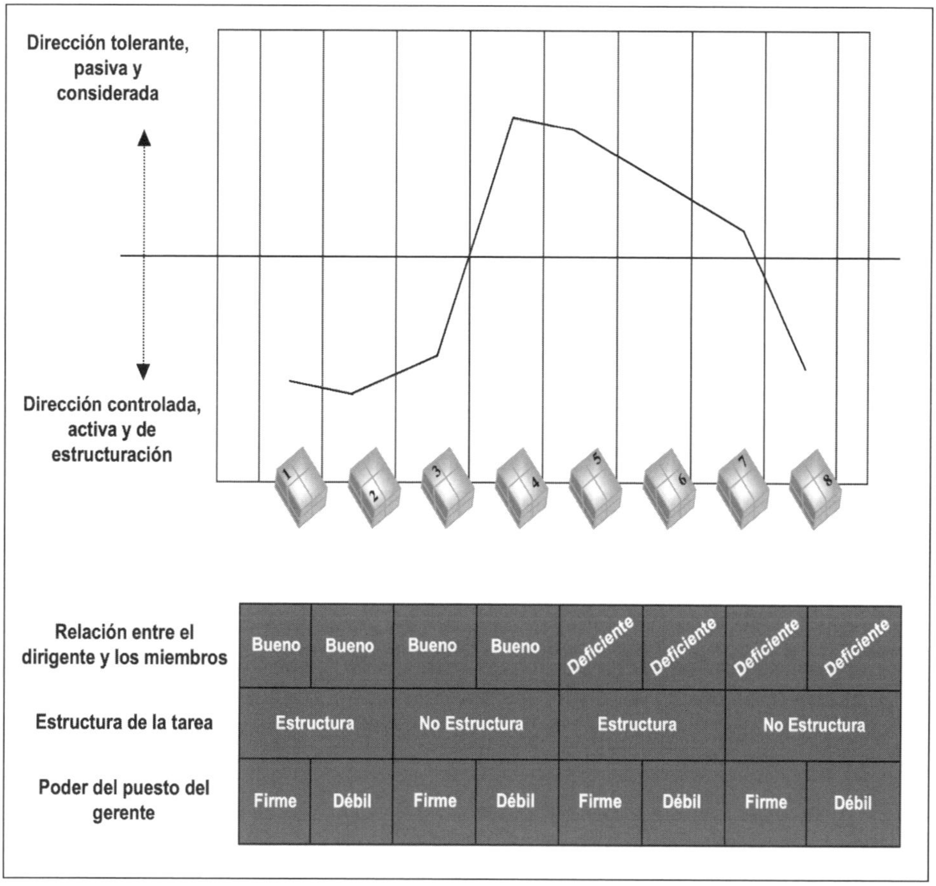

Fuente: Fiedler, 1965.

TEORÍA DE LOS CAMINOS DE META (Path Goal)

Evans (1970) y House (1971) presentan un modelo de contingencia del liderazgo que integra el modelo motivacional de las expectativas (lo que la persona espera obtener por el esfuerzo realizado) y las investigaciones sobre los estilos de liderazgo de la Universidad de Ohio. Considera estos autores que el comportamiento de un líder es aceptable para los subordinados cuando éstos perciben una satisfacción inmediata o directa.

Por tanto, la conducta del líder estará dirigida a proporcionar a los subordinados la guía y las recompensas necesarias para su satisfacción y además facilitar la consecución de las metas (ver Figura 1.8).

FIGURA 1.8
TEORÍA DE LOS CAMINOS DE META

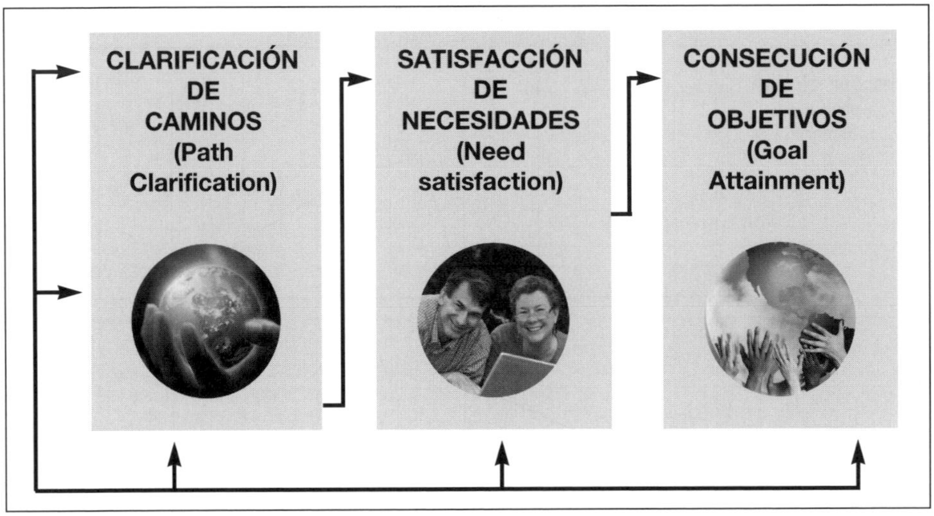

Esta teoría identifica cuatro estilos de liderazgo en función de la combinación de dos tipos de conducta: conducta de consideración y de iniciación de estructura:

- **Directivo:** Proporciona dirección a los subordinados en lo que se refiere a qué se debe hacer, cuándo y por quién, con que requisitos y exigencias. Se aplica a empleados inexpertos, para así obtener experiencia en cuanto a la tarea.
- **De Apoyo**: Existe una preocupación real por las necesidades y el bienestar de los subordinados a través de una relación positiva. Tiene muy en cuenta las necesidades de los subordinados, por lo que consigue que estos tengan una actitud positiva hacia la consecución de la tarea.
- **Participativo:** Se genera un clima que propicia que los subordinados colaboren en la toma de decisiones.
- **Orientado al logro.** El líder desarrolla una gran confianza en las capacidades los empleados para alcanzar los objetivos y tareas establecidos.

MODELO DE LIDERAZGO PARTICIPATIVO DE VROOM-YETTON

Victor Vroom y Philip Yetton (1973) proponen un modelo normativo de liderazgo pues indican que es los que se debe hacer a la hora de tomar decisiones. Establece tres estilos básicos que se convierten en cinco estilos por las variaciones (ver Cuadro 1.4):

CUADRO 1.4
ESTILOS DE DIRECCIÓN

A	Autocrático: tiene dos variaciones – **AI** y **AII**
C	Consultivo: tiene dos variaciones – **CI** y **CII**
G	Grupo: una sola variación – **GII**
Estilo	**Características**
AI	El líder debe resolver el problema o tomar la decisión por sí mismo, usando la información disponible.
AII	El líder ha de obtener la información necesaria de sus subordinados antes de decidir por sí mismo la solución del problema.
CI	El líder consulta individualmente con sus subordinados, y solicita sus ideas y sugerencias pero no los reúne para el estudio del problema.
CII	El líder consulta el problema en grupo, obteniendo sus ideas y sugerencias.
GII	El líder consulta el problema con sus subordinados en grupo y juntos generan y evalúan alternativas, e intentan alcanzar un acuerdo sobre la solución.

Para facilitar la utilización del modelo en el día a día de la gestión, Vroom y Yetton han desarrollado una guía para la decisión eficaz de cualquier problema que afronta el líder (ver Cuadro 1.5). Estas son:

CUADRO 1.5
DOCE CUESTIONES PARA TOMAR DECISIONES

Las doce cuestiones para tomar decisiones:

1. ¿Qué importancia tiene la calidad técnica de la decisión?
2. ¿Qué importancia tiene el compromiso de los subordinados en la decisión?
3. ¿Tiene suficiente información para tomar una decisión de alta calidad?
4. ¿Está bien estructurado el problema?
5. ¿Si tuviera que tomar la decisión por sí mismo, es razonablemente cierto que sus subordinados se comprometerían con la decisión?
6. ¿Los subordinados comparten los objetivos a alcanzar por la organización en la solución de problemas?
7. ¿Existe conflicto con los subordinados?
8. ¿Tienen los subordinados suficiente información para tomar decisiones de calidad?
9. ¿El tiempo es una restricción severa que limita su capacidad para implicar a los subordinados?
10. ¿Son prohibidos los costes asociados para reunir a los subordinados que están dispersos geográficamente?
11. ¿Qué importancia tiene para usted minimizar el tiempo que lleva tomar una decisión?
12. ¿Qué importancia tiene para usted maximizar las oportunidades para el desarrollo de los empleados?

Este modelo fue revisado más tarde en 1988, año en el que se desarrolló una aplicación por ordenador que podían usar mandos y directivos on line. Se trata de guiar a los líderes a usar eficazmente los procesos de liderazgo correctos según las circunstancias percibidas por el líder y el grupo. De hecho, el ordenador proporciona un feedback positivo en forma de gráficos, con los consejos que proporciona el modelo.

En la Figura 1.9 se recogen las alternativas a considerar por el líder para decidir el estilo más eficaz en función de la calidad que se requiera para la solución del problema.

FIGURA 1.9

GRÁFICO DE FLUJO DEL PROCESO DE DECISIÓN

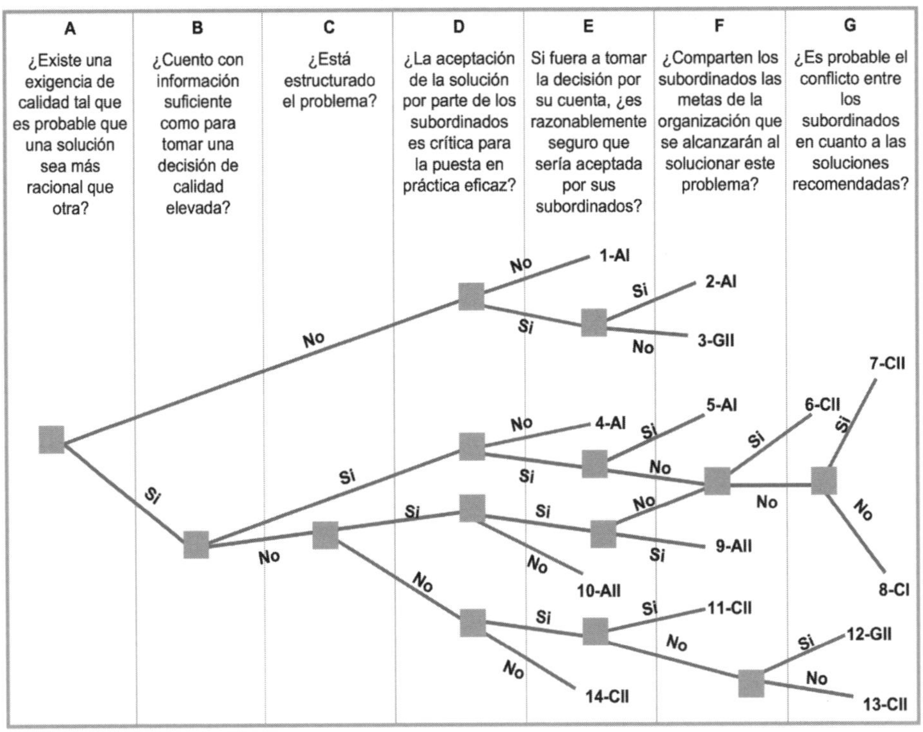

Fuente: Vroom, 1973.

1.4. Liderazgo situacional II

Algunas teorías han propuesto un estilo «óptimo» de liderazgo; por ejemplo, la Escuela Estatal de Ohio propone que el estilo de Alta Consideración y Alta Estructura es teóricamente la conducta de líder ideal, también Blake y Mouton consideran que el estilo más adecuado es máxima preocupación por la producción y por la gente.

Sin embargo, actualmente se ha demostrado que no existe un estilo único que tenga éxito en todas las ocasiones, ya que las diferentes situaciones requieren estilos de liderazgo distinto. Por tanto los directivos que triunfan son aquellos que pueden adaptar su conducta a sus empleados y a la situación.

1.4.1. Los estilos de liderazgo según Blanchard

La TLS (Teoría del Liderazgo Situacional) se asienta en los estudios de la Universidad de Ohio y en la Teoría Tridimensional de los Estilos de Dirección de Reddin (1967) junto con las contribuciones que generaron Hersey y Blanchard (1969, 1982) desde finales de los años 60 hasta principios de los 80 en el Center for Leadership Studies (Escondido, California). En sus inicios está teoría

FIGURA 1.10
LIDERAZGO SITUACIONAL II

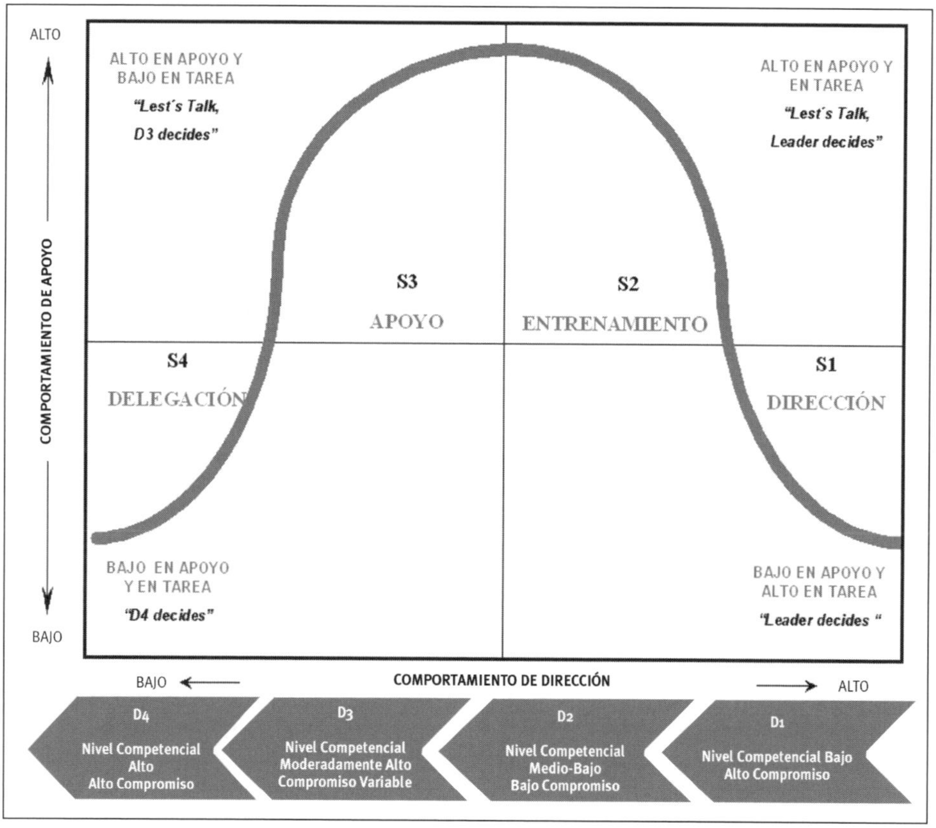

Fuente: Adaptado de K. Blanchard, 2008[10].

[10] www. kenblanchard.com.

fue denominada «Teoría del Ciclo Vital del Liderazgo». A partir de 1982, el modelo se denomina «Liderazgo Situacional», y en 1984 Blanchard y sus colegas del Blanchard Training and Development presentan un tercer modelo de liderazgo conocido como «Liderazgo Situacional II» (Blanchard, 1984).

Blanchard define los estilos de liderazgo en base a la relación entre la cantidad de dirección y control (comportamiento directivo) que ofrece un líder y la cantidad de apoyo o estímulo (comportamiento de apoyo) que da a sus colaboradores.

> **Comportamiento de dirección** es la medida en que un líder define el rol del colaborador y le especifica qué hacer, cuándo hacerlo, cómo hacerlo y supervisa de cerca sus resultados.
>
> **Comportamiento de apoyo** es la medida en que un líder escucha, motiva, demanda sugerencias e implica a los colaboradores en el proceso de toma de decisiones.

Estos dos tipos de comportamiento los puede manejar en mayor o menor medida un líder dando lugar a cuatro estilos diferentes de liderar a sus colaboradores:

- ❑ **Estilo de dirección:** Se caracteriza por la utilización de un elevado nivel de comportamiento directivo y un bajo nivel de comportamiento de apoyo.
- ❑ **Estilo entrenamiento o coaching:** El estilo supervisión supone utilizar ambos tipos de comportamiento, dirección y apoyo de manera intensa. Si bien mantiene alta dirección, supervisión implica reconocer los avances que se producen en el rendimiento del colaborador y solicitar sugerencias.
- ❑ **Estilo de apoyo:** El líder que utiliza este estilo, mantiene un comportamiento de apoyo elevado disminuyendo el comportamiento de dirección. Toma las decisiones conjuntamente con sus colaboradores y apoya los esfuerzos que éstos realizan.
- ❑ **Estilo de delegación:** El líder disminuye su nivel de intervención, delegando la toma de decisiones en sus colaboradores.

Como hemos comentado anteriormente, el modelo define la eficacia del líder en función de su capacidad para utilizar cada uno de los estilos de acuerdo con la situación de los colaboradores. Así pues, el líder más eficaz será aquel que demuestre una mayor flexibilidad de estilo y que utilice el estilo adecuado en cada situación con la persona adecuada (véase Figura 1.11).

En la aproximación situacional del liderazgo el nivel de desarrollo de los colaboradores se establece en función de dos factores: **competencia y compromiso**.

Blanchard define la **competencia** como el conjunto de habilidades, conocimientos y experiencia que una persona tiene para realizar una actividad concreta. Y **el compromiso** viene determinado por el nivel de motivación y confianza que esa persona tiene con relación a esa misma actividad.

Veamos pues los cuatro niveles de desarrollo que surgen de la combinación de los diferentes niveles de competencia y compromiso:

> **Nivel de desarrollo 1 (D1):** La persona que se encuentra en D1 presenta un alto nivel de compromiso junto con bajo nivel de competencia. Se encuentra altamente motivado por la tarea a desempeñar y, sin embargo, su nivel de competencia es bajo. Es la típica situación del «novato» que inicia una actividad ilusionado por la novedad pero que esta dando sus primeros pasos en un terreno que todavía desconoce.
>
> **Nivel de desarrollo 2 (D2):** Los miembros del grupo van aprendiendo con dificultad a realizar los nuevos cometidos a pesar de que su rendi-

FIGURA 1.11
NIVELES DE DESARROLLO DE LOS COLABORADORES

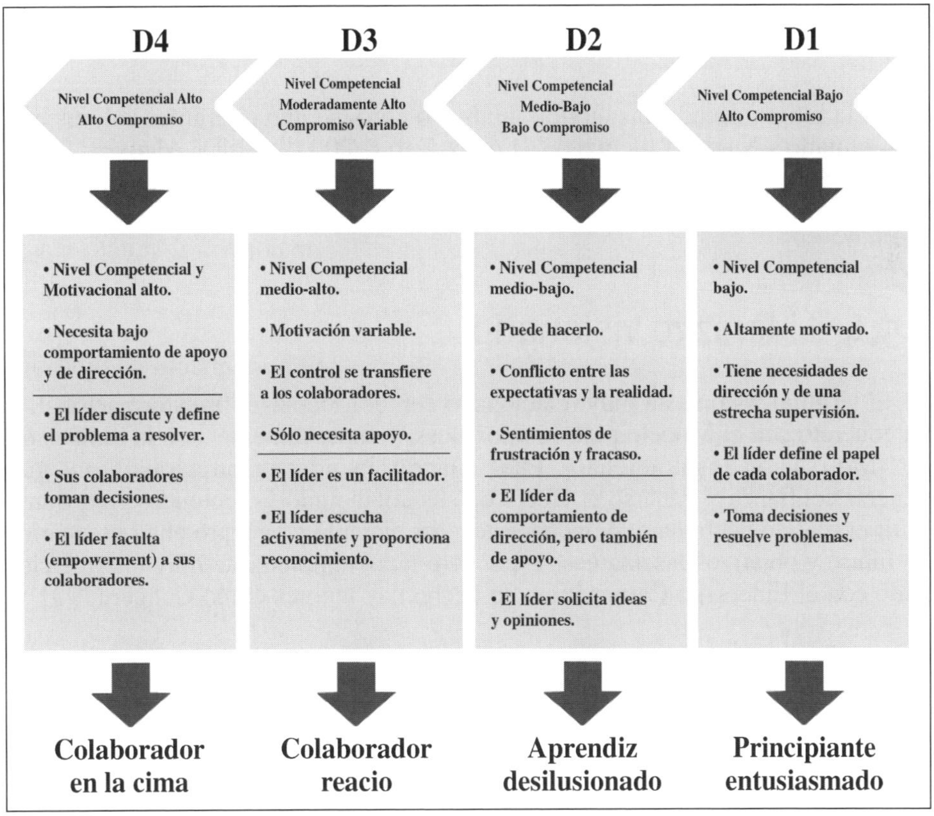

Fuente: Adaptado de K. Blanchard, 2008.

miento es todavía bajo. Además, las propias dificultades que se encuentra en el camino hacen que su motivación disminuya. Es un periodo crítico. El D2 se caracteriza precisamente por niveles bajos tanto de competencia como de compromiso, aunque en algunos casos puede ser medio-bajo el nivel competencial.

Nivel de desarrollo 3 (D3): Conforme se avanza en el proceso y, si las cosas van bien, el rendimiento de nuestro protagonista alcanza niveles adecuados. No obstante, en esta fase nos encontramos con colaboradores que no tienen confianza en sus propias capacidades. Esto repercute en su compromiso haciendo que éste sea vacilante y variable. Así cuando obtiene éxitos se sentirá fuertemente motivado y comprometido y, por contra, cuando tropieza pierde la motivación y el compromiso.

Nivel de desarrollo 4 (D4): Cuando encontramos un colaborador altamente comprometido y con un elevado nivel de competencia estamos ante un D4. Como podemos observar el modelo define los niveles de desarrollo como un proceso de crecimiento que vincula estrechamente nivel competencial y compromiso.

1.5. El «nuevo liderazgo»

En la última década, ha surgido un nuevo enfoque que diferentes autores han denominado «Nuevo Liderazgo» (López Zafra, 2001[11]; Gil y Alcover, 2005; 2011[12]; Sánchez Vazquez, 2010[13]). En esta acepción se incluye, el liderazgo visionario, el liderazgo carismático y el liderazgo transformacional.

1.5.1. Liderazgo visionario

El término visión está muy relacionado con el Liderazgo Transformacional, y en concreto con el Modelo plateado por Bass, y especialmente, con la dimensión de «Motivación Inspiracional». Pues cuando un líder inspiracional consigue generar confianza y ganarse el afecto de sus colaboradores, entonces va a transmitir el sentido del trabajo, proponer retos, dar ejemplo y va a presentar escenarios de futuro y objetivos fascinantes. Y por otro lado, también está muy interrelacionado con el Liderazgo Carismático, de hecho hay autores como Conger (1991[14])

---

[11] López Zafra, E. (2001): ¿Liderazgo carismático en las organizaciones? Elementos para una reflexión sobre el cambio en las relaciones intraorganizacionales. *Revista de Psicología Social*, (16) 1, 97-115.

[12] Gil, F.; Alcover, C. M.; Rico, R. y Sánchez-Manzanares, M. (2011): Nuevas formas de liderazgo en equipos de trabajo. *Papeles del Psicólogo*, vol. 32(1), 38-47.

[13] Sánchez Vázquez, J. (2010): *Liderazgo: Teoría y aplicaciones*. Salamanca: Universidad Pontificia.

[14] Conger, J. A. (1991): *El líder carismático. Un modelo para desarrollar cambios organizacionales exitosos*. Bogotá: McGraw-Hill.

que al referirse al líder carismático, hacen alusiones constantes a la Visión como característica determinante de este tipo de liderazgo.

La palabra visión tiene diferentes acepciones, sin embargo cuando la relacionamos con liderazgo, tiene connotaciones de una imagen mental o estado de futuro que es deseado tanto por el líder como por sus colaboradores. Y al tiempo, es imaginable, creíble, inspiradora, desafiante, factible y estimula al cambio. Una definición (ver Tabla 1.1) a este respecto, es la planteada por Nanus (1994:37[15]) en su libro el «Liderazgo Visionario»: *«una visión es un futuro realista, verosímil y atractivo para la organización»*. Luego, en el proceso de liderazgo, la visión es consecuencia de un proceso deliberado y consensuado entre el líder y los colaboradores, en el que concurre una imagen mental verosímil y creíble del futuro que desean para la organización, sobre las metas, creencias y valores. *«No existe una fuerza más poderosa que impulse a una organización hacia a la excelencia y él éxito duradero que una visión del futuro atractiva, valiosa y factible que sea compartida por toda la organización»* (Nanus, 1994: 31).

Durante este proceso, la visión compartida tarda en germinar, pues surge de las interacciones de cada visión individual, y al ser compartidas permiten el surgimiento de nuevas perspectivas. En relación a esto, Benis y Nanus (2001:103[16]) consideran que «una visión compartida y que transmite poder es capaz de dar forma, dirigir y coordinar realmente al conducta de los individuos».

TABLA 1.1
DEFINICIONES DE VISIÓN DE VARIOS AUTORES

Conger (1991:60)
"Una imagen mental evocada por el líder que representa un futuro altamente deseable para la organización que es ampliamente compartido y significativo para sus miembros"
Kotter (1992)
"Un rumbo claramente marcado que ayude a realizar cambios importantes, especialmente cambios significativos y que ayude a realizar cambios no graduales, señalando el destino, mostrando el camino y dando mensaje motivador"
Sergiovanni (1994)
"Una imagen mental evocada por el líder que representa un futuro altamente deseable para la organización que es ampliamente compartido y significativo para sus miembros"
Conley (1996)
"Una declaración inspiradora de un sueño convincente, acompañado de un claro escenario de cómo esto será logrado"

15 NANUS, B. (1994): *Liderazgo visionario.* Barcelona: Gránica.
16 BENNIS, W. y NANUS, B. (2001): *Líderes. Estrategias para un liderazgo eficaz.* Barcelona: Paidós.

Dimensiones de la Visión

Bennis y Nanus revelan la visión requiere de una serie de dimensiones, tales como (2001:112-113[17]):

- **Previsión**: permite al líder juzgar como la visión se adapta a la manera en que probablemente evolucione el medio en el que la organización está inmersa.
- **Retrovisión**: posibilita que la visión no quebrante las tradiciones y la cultura de la organización.
- **Visión mundial**: interpreta la transcendencia de los nuevos desarrollos y tendencias posibles.
- **Percepción Profunda**: facilita al líder apreciarla en su totalidad y dimensionar los efectos innovadores.
- **Visión periférica**: prepara para asimilar las posibles respuestas a la dirección por parte de las organizaciones competidoras, y de otros sectores que estén directa o indirectamente involucrados.
- **Revisión**: permite que todas las visiones previamente sintetizadas, sean constantemente revisadas y verificadas a medida que el medio se transforma.

Tabla 1.2

PROCESO DE LA VISIÓN DE SÁNCHEZ VAZQUEZ (2010:1002-103[18])

PROCESO DE LA VISIÓN	
Primera Fase: Intuir la oportunidad y formular una visión	• Detectar oportunidades inexploradas y deficiencias en la situación actual. • Alta sensibilidad frente a las necesidades de la audiencia. • Formulación de una visión estratégica idealizada.
Segunda Fase: Comunicar la visión	• Comunicar la visión. • Expresar el *status quo* como inaceptable y la visión como la alternativa más atractiva. • Apoyarse en la motivación para guiar a los seguidores.
Tercera Fase: Creación del compromiso con la visión	• Construir la confianza mediante el éxito, la pericia, el riesgo personal, el autosacrificio y la conducta no convencional.
Cuarta Fase: Logro de la visión	• Demostrar los medios para alcanzar la visión mediante el ejemplo, la motivación y las tácticas no convencionales.

Fuente: Adaptado de Conger y Kanungo, 1991:46-57[19].

---

17 Bennis, W. y Nanus, B. (2001): *Líderes. Estrategias para un liderazgo eficaz.* Barcelona: Paidós.

18 Sánchez Vázquez, J. (2010): *Liderazgo: Teoría y aplicaciones.* Salamanca: Universidad Pontificia.

19 Conger, J. A. y Kanungo, R. N. (1991).

1.5.2. Liderazgo carismático

La etimología inicial de la palabra carisma proviene de la palabra ψάρισμα */jarisma/*, y de ´ , con un significado relativo a agradar, hacer favores y posteriormente, se incorporó al latín eclesiástico como *charisma* en las primeras traducciones de la Biblia, con el sentido de *«don especial concedido por Dios», «regalo», «don»*. En las primeras ediciones del Diccionario de la Real Academia, en el siglo XVIII, carisma se define como «don gratuito dado por Dios a alguien». De hecho, la palabra carisma continuó siendo una palabra propia del lenguaje eclesiástico hasta 1922, hasta que el sociólogo alemán Max Weber la introdujo en sociología, con el significado de «cualidad por la cual algunas personas se alejan de lo común, de lo ordinario, de lo cotidiano» en su obra *Wirtschaft und Gesellschaft (Economía y sociedad)*. En la actualidad, la Real Academia Española de la Lengua contiene dos acepciones que refleja su evolución:

1. m. Especial capacidad de algunas personas para atraer o fascinar.
2. m. Rel. Don gratuito que Dios concede a algunas personas en beneficio de la comunidad.

El liderazgo carismático hace referencia a la percepción que tienen los colaboradores (seguidores) respecto a que su jefe/a o directivo/a (líder) posea un «regalo de inspiración divina» y que es, en alguno medida, único y basado en la fortaleza de sus competencias personales y profesionales, y en como son percibidas por su equipo, así como en la relación estrecha que establece con ellos. Sus colaboradores confían y respetan al líder, sino que lo llegan a idolatrar y adorar como si fuese un héroe sobrehumano o una figura espiritual (Bass, 1985). Los líderes carismáticos como «héroes», según Conger y Kanungo (1987), muestran conductas no convencionales y transforman a las personas para conseguir los cambios que se proponen. Estos autores delimitaron una serie de características que permiten diferenciar a los líderes carismáticos de los que no lo son: tener visión, estar dispuesto a asumir riesgos personales para alcanzar esa visión, ser sensible a las necesidades de los colaboradores (seguidores) y mostrar conductas extraodinarias (ver Tabla 1.3.). En el ámbito del comportamiento organizacional, destaca Robert House pues fue el primero en analizar y estudiar el comportamiento carismático. Según la teoría de House, los seguidores atribuyen al líder habilidades heroicas o extraordinarias cuando observan determinadas conductas.

TABLA 1.3
CARACTERÍSTICAS CLAVE DE LOS LÍDERES CARISMÁTICOS

1. *Visión y expresión.* Tiene una visión que ofrece a los demás un futuro mejor que el presente y la transmite de forma clara y compresible.
2. *Riesgo personal.* Está dispuesto a aceptar un importante riesgo personal, incurrir en costes elevados y hacer sacrificios personales para alcanzar la visión.
3. *Sensibilidad hacia las necesidades de los colaboradores (seguidores).* Percibe las habilidades (competencias) de los demás y reacciona a sus necesidades y sentimientos.
4. *Comportamiento poco convencional.* Muestra conductas que se perciben como novedosas y contrarias a las normas.

Fuente: Coger y Canungo, 1998:94[20]; Robbins y Judge, 2010:199[21].

Como influyen los líderes carismáticos en los seguidores

El proceso de influencia de los líderes carismáticos se divide en cuatro pasos. Parte de la presentación y comunicación de una visión atractiva por parte del mando o directivo/a (líder). De manera que los colaboradores tengan claro la relación existente entre el pasado, el presente y el futuro que se avecina para la organización. Seguidamente, deberá transmitir mediante su discurso y sus actua-

FIGURA 1.12
PROCESO DE INFLUENCIA DE LOS LÍDERES CARISMÁTICOS[22]

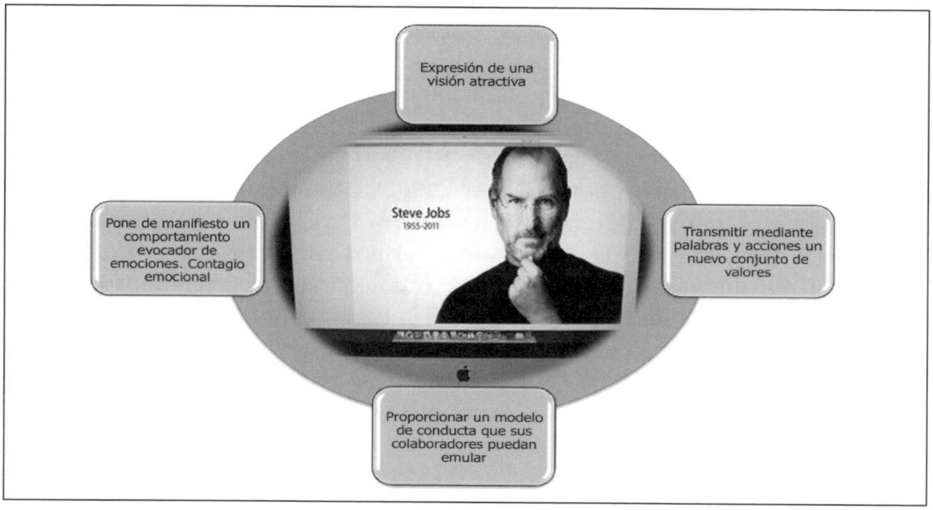

Fuente: Robbins y Judge, 2010:199.

[20] COGER, J. A. y KANUNGO, R. N. (1998): *Charismatic: Leadership in Organizations.*
[21] ROBBINS, S. P. y JUDGE, T. A. (2010): *Introducción al comportamiento organizativo.* Madrid: Pearson, 10ª edición.
[22] Fuente Imagen: http://www.dailyrecord.co.uk/news/science-technology/world-pays-tribute-after-visionary-1083620.

ciones nuevos valores y patrones conductuales que sirvan de referente y guía para sus colaboradores. La implicación y compromiso de los colaboradores depende en gran medida de las actuaciones de los líderes. Por último, un excelente líder carismático pone de manifiesto comportamientos que hacen emerger emociones para demostrar sus valores y creencias respecto a la visión. Consiguiendo un contagio emocional y, en consecuencia, el compromiso emocional e implicación de sus colaboradores. Según Robbins y Judge (2010:200), existen numerosos estudios que demuestran la correlación existentes entre el liderazgo carismático, el desempeño y la satisfacción de los colaboradores (seguidores). «*Las personas que trabajan para líderes carismáticos se sienten más motivadas para realizar un esfuerzo adicional en el trabajo y, puesto que respetan y admiran a su líder, expresan una mayor satisfacción. Sin embargo, la evidencia empírica también indica que el carisma no siempre es generalizable, es decir, que su eficacia depende de la situación*».

Por último, también hay que destacar que el liderazgo carismático tiene un lado un tanto sombrío. Aunque tienden a ser presentados como héroes excepcionales, también existen características poco éticas como se puede comprobar en la siguiente tabla.

TABLA 1.4

CARACTERÍSTICAS ÉTICAS Y POCO ÉTICAS DE LOS LÍDERES CARISMÁTICOS

Líder carismático ético	Líder carismático poco ético
Usa el poder para servir a los demás.	Utiliza el poder sólo para su beneficio o impacto personal
Alinea su visión con las necesidades y aspiraciones de sus seguidores.	Fomenta su propia visión personal.
Considera la crítica y aprende de ella.	Censura la crítica o los puntos de vista contrario
Estimula a sus seguidores a pensar de manera independiente y a cuestionar la visión del líder	Exige que sus propias decisiones se acepten sin cuestionarlas
Abierto, comunicación en ambos sentidos	Comunicación en su sentido
Orienta, desarrolla y apoya a sus seguidores; comparte el reconocimiento con los demás	Insensible a las necesidades de sus seguidores
Se basa en normas morales internas para satisfacer los intereses organizacionales y sociales.	Se basa en normas morales externas convenientes para satisfacer sus intereses personales

Fuente: Howell y Avolio (1992:45[23]); Luthans, 2008:424.

[23] HOWELL, J. M. y AVOLIO, B. J. (1992): «The ethics of charismatic leader: submission or liberation?» *Academy of Management Executive*. Citado en LUTHANS, F. (2008): *Comportamiento organizacional*. México: McGraw-Hill, 11ª edición.

1.5.3. Liderazgo transaccional vs. liderazgo transformacional

La gran mayoría de las teorías desarrolladas en este capítulo se caracterizan por entender la relación líder-colaborador como una transacción o trueque de intereses, en virtud del cual los colaboradores obtienen recompensas inmediatas y tangibles a cambio de ejecutar las órdenes del líder y obtener buenos rendimientos.

Este tipo de liderazgo, de transacción o transaccional, considera que el líder ayuda a los colaboradores para que logren los resultados esperados. Según Burns (1978), el líder transaccional es inmaduro pues antepone sus necesidades a la de sus colaboradores, es más, no consigue aunar los esfuerzos de los miembros del grupo para alcanzar las metas comunes, sino que se centra bien en los intereses individuales o bien en los grupales, pero de manera aislada. Es más, «el Liderazgo Transaccional ocurre cuando el líder premia o castiga al seguidor en función de la calidad del trabajo del seguidor. El liderazgo transaccional depende del refuerzo contingente (contigent reinforcement)» (Bass y Avolio, 1994:4[24]). Estos líderes fundamentan las relaciones con sus colaboradores poco menos que en transacciones económicas. Es decir, su influencia es claramente económica, si además unimos que suelen ser buenos negociadores, la combinación da sus frutos.

El término «Transformacional» está relacionado con el liderazgo que implica o conlleva la modificación de la organización, a diferencia, de lo que sucede con el transaccional, que se caracteriza por ser estático o mantener el «status quo» dentro de la organización, donde líderes se sienten cómodos y relajados. También se le ha definido como la habilidad de desarrollar y movilizar a los recursos humanos hacia los niveles más altos de satisfacción, es decir, que los colaboradores consigan más de lo que esperaban conseguir por ellos mismos, antes de ser liderados.

Según Bass y Avolio (1994:3), el líder transformacional «es una extensión del líder transaccional», o del liderazgo a través de recompensas o castigos. Además, según estos autores, los líderes transformacionales pueden actuar tanto de forma transformacional como de forma transaccional, pero no ocurre lo mismo en el caso de los transaccionales. Ahora bien, el líder transformacional no es el opuesto al líder transaccional, es un líder transaccional mejorado.

Kouzes (1997) considera que los líderes transformacionales inspiran a otros a superarse; proporcionan reconocimiento individual; estimulan a buscar nuevas alternativas o formas de pensar; facilitan la identificación o subordinación de sus propios interese a los objetivos del grupo; etc.

---

[24] Bass, B.M. y Avolio, B.J. (1994): «Improving organizational effectiveness through transformational leadership». Thousand Oaks, C.A: Sage.

FIGURA 1.13
DIMENSIONES DEL LIDERAZGO TRANSFORMACIONAL Y TRANSACCIONAL

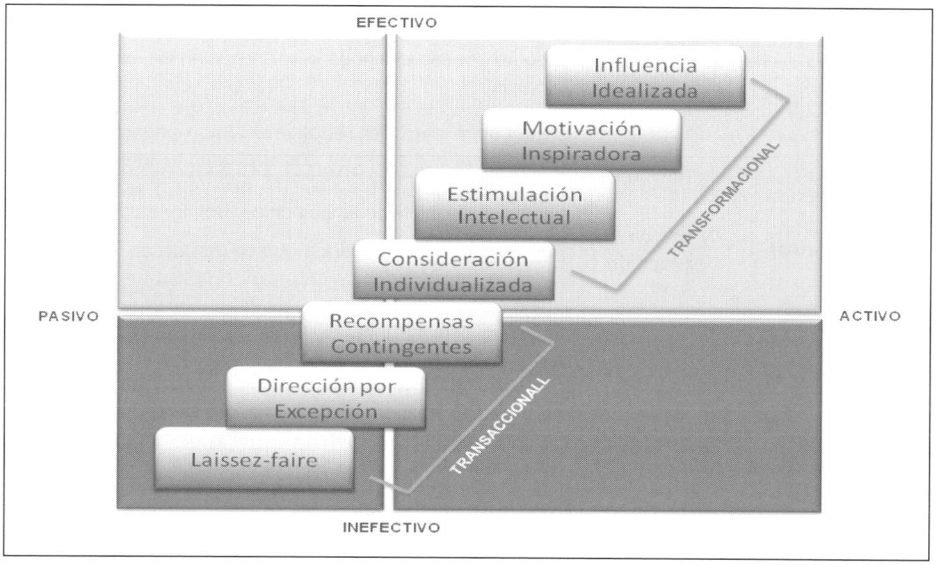

Fuente: Robbins y Judge, 2010:203[25].

Sin embargo, según Bass y Avolio (1997), básicamente se pueden distinguir cuatro componentes o factores de liderazgo transformacional. El primero y más importante de los factores transformacionales es el ***carisma***, al que en los últimos años se viene denominando *influencia idealizada* (Avolio y Bass, 1991; Bass y Avolio, 1994; Bass, 1999). Este factor hace referencia a la capacidad del líder de evocar una visión y lograr la confianza y el respeto de sus seguidores, está estrechamente relacionado con el compromiso emocional de los colaboradores. El segundo factor es ***inspiración*** (o motivación inspiracional), que se define como la capacidad del líder de comunicar su visión y generar pasión y entusiasmo hacia la misma. «El líder inspiracional consigue que cada empleado perciba el valor de su aportación personal, desarrollando eficazmente su nivel de compromiso con el éxito y la calidad» (Galente y Millán, 2012[26]). El tercer factor transformacional es la ***estimulación intelectual*** o capacidad del líder para hacer que sus colaboradores piensen de manera creativa e innovadora bien situaciones problemáticas o de mejora o bien para la elaboración de estrategias. Y finalmente, el cuarto factor es el de ***consideración individualizada*** que señalaría la capacidad del líder para prestar atención personal a todos los miembros de su equipo, haciéndoles ver que su contribución individual es importante, y además, gestiona de forma personalizada teniendo en cuenta las diferencias individuales, las necesidades y las expectativas de cada uno.

---

[25] ROBBINS, S. P. y JUDGE, T. A. (2010): *Introducción al comportamiento organizativo*. Madrid. Pearson. 10ª edición.

[26] Galante y Millán, E. (2012): *Liderazgo inspiracional*. Capital Humano, 263, p. 15.

TABLA 1.5
DIMENSIONES DEL LIDERAZGO TRANSFORMACIONAL Y TRANSACCIONAL

Transaccional	***Refuerzo Contingente***	Proporciona recompensas o promesas de recompensas como consecuencia de la consecución de los objetivos previstos.
	Dirección por excepción	Interviene para dar retroalimentación negativa, crítica constructiva o acciones que impliquen mejorar para que la actividad favorezca el plan previsto, y por ende se logren los objetivos establecidos. Dos formas: • Activa: El líder espera a que se produzcan los errores o irregularidades, y entonces propicia los ajustes o modificaciones. • Pasiva: El líder interviene sólo si es necesario, y sólo cuando se producen desviaciones.
	Laissez-faire	El líder se abstiene de guiar, e interviene para proporcionar información cuando alguien de la organización se lo solicita.
Transformacional	***Carismático***	Destacan por tener una visión clara; ganarse el respeto y la confianza; dar seguridad; y provocar identificación y compromiso de sus colaboradores.
	Consideración individualizada	Prestan atención a cada uno de sus colaboradores de forma individual y personal, y les otorgan responsabilidades diferentes.
	Estimulación intelectual	Anima, estimula y propicia la innovación y creatividad de sus colaboradores para la solución de problemas y el planteamientos de estrategias.
	Liderazgo inspiracional	Dan ánimo y generan entusiasmo mediante la generación de altas expectativas y modificando actitudes/ comportamientos.

Fuente: Adaptado de Bass, 1998; Gil Rodríguez y Alcocer (2005:309[27]).

1.5.3.1. Características del líder transformacional

El líder transformacional destaca por las siguientes características:

- **Creatividad.** La creatividad es un elemento clave del líder transformacional. Hackman y Johnson (1991) consideran que para poder generar nuevas ideas es necesario cambiar el *status quo*, sin embargo es típico en los directivos querer mantener el «status quo» a toda costa. Los líderes transformacionales deben innovar y dar nuevas orientaciones a los problemas o situaciones.

[27] GIL RODRÍGUEZ, F. y ALCOVER, C. M. (2005): *Introducción a la Psicología de las Organizaciones.* Madrid: Alianza Editorial.

- **Interactividad.** Hackman y Jonhson (1991) también sugieren que un líder interactivo consigue mejores resultados que otro que no lo es. Si el líder quiere conocer las necesidades de sus colaboradores, deberá tener una postura de abierta participación y de comunicación con los mismos.

  Un líder transformacional efectivo debe tener competencias en comunicación, así como saber comprender y adaptarse a los distintos niveles sociales de su organización.

- **Visión.** Un líder efectivo comunica y hace participes a sus colaboradores de la visión, puede que esta sea la característica más importante de un líder transformacional. Bennis y Nanus (1985) consideran que el líder transformacional debe crear una visión compartida con sus colaboradores, además, dicen que los líderes no solo deben hablar de la visión, sino que deben establecer la visión tanto para los individuos como para la Organización.

- **Conocer el Empowerment.** Es una necesidad de las organizaciones modernas, no en vano, se considera como una herramienta de gestión indispensable para lograr altos niveles de implicación y de satisfacción. Pues, en definitiva, consiste en liberar al personal de los controles rígidos establecidos en una organización, dándole la libertad para asumir las responsabilidades de sus propias ideas/acciones y para dejarse guiar por su propio juicio y así obtener beneficios para la organización y los clientes (internos y/o externos).

  Si no existiesen líderes que fomentasen la responsabilidad y el poder entre sus colaboradores, está claro que nunca se podría dar un desarrollo pleno del potencial de nuestros colaboradores.

- **Pasión.** El líder transformacional tiene que demostrar pasión con su misión y con las personas. La pasión es esencial por los grandes cometidos; sin pasión la dirección y la visión son muy efímeras.

- **Ética.** Los líderes transformaciones deben ser éticos en cualquiera de las situaciones a las que se ven sometidos. Sus niveles de moralidad, tanto a la hora de conseguir los objetivos como a la hora de tomar decisiones, han de ser muy elevados, especialmente cuando repercute en las personas.

- **Prestigio.** La imagen y el prestigio que tienen sus colaboradores de él es muy positiva. Esto es como consecuencia, de la credibilidad e integridad demostrada con sus acciones, así como por saber transmitir entusiasmo y ir confianza a sus colaboradores.

- **Orientación hacia las personas.** Considera importante las diferencias individuales, y por supuesto, actúa en consecuencia, se preocupa por conocer las necesidades y objetivos individuales de sus colaboradores. Su misión es aunar los objetivos individuales de cada colaborador con los objetivos organizacionales.

- **Desarrollo de los colaboradores.** Facilitar y apoyar el desarrollo de colaboradores es un objetivo clave, al que debe dedicar especial atención.

- **Formación y asesoramiento de los colaboradores.** Los líderes transformacionales dejan de ser supervisores, para pasar a ser formadores, facilitadores y asesores. Para poder realizar esta función con calidad y el prestigio necesario, deberán actualizarse y formarse de manera continuada.
- **Coherencia entre sus actuaciones y la misión, visión y valores de la organización.**
- **Actitud de colaboración y participación.**

«El paradigma "transformacional" nos ha enseñado en los últimos años que algunas de las competencias más importantes que consiguen el perfil transformador del líder son la visión global, el pensamiento estratégico, pensamiento conceptual, orientación al logro y los procesos, la capacidad de movilización, la capacidad de influencia y la empatía. Hoy este líder requiere nuevas capacidades, que sin desmerecer ninguna de las anteriores, definen su resiliencia; enfrentamiento a la adversidad, capacidad de superación, altos niveles de autoconfianza, perseverancia, orientación al logro y flexibilidad» (González, 2010: 28-29[28]).

1.6. Desarrollando las competencias del liderazgo

Northouse (2009:65[29]) agrupa las competencias (habilidades) del liderazgo en tres categorías: administrativas, interpersonales y conceptuales (ver Figura 1.13). A continuación, se describe cada grupo de competencias y se explora, la forma en que cada una de ellas afecta, a los procesos de liderazgo. (Ver anexo I).

1.6.1. Competencias de administrativas o de gestión

Las competencias administrativas se refieren a las competencias que un líder posee cuando tiene que conseguir los fines y objetivos de una organización. Implican planificación, organización del trabajo, asignación de tareas a las personas adecuadas, y coordinar las actividades de trabajo (Mann, 1965[30]). Estas se dividen en las siguientes competencias (Northouse, 2009: 66-78[31]).

---

28 GONZÁLEZ, R. (2010): Liderazgo Resiliente: un nuevo paradigma en el perfil del líder. *Capital Humano*, 240, pp. 28-30.

29 NORTHOUSE, P.G. (2009): *Introduction to leadership. Concepts and Practice.* California: SAGE.

30 MANN, F. C. (1965): Toward an understanding of the leadership role in formal organization. Citado en DUBIN, R.; HOMANS, G. C.; MANN, F.C. y MILLER, D. C.: *Leadership and productivity.* San francisco: Chandler, pp. 68-113.

31 NORTHOUSE, P. G. (2009): *Ídem.*

1.6.1.1. Dirigir Personas

Un líder efectivo conecta con sus colaboradores y comprende perfectamente las tareas que cada uno tiene que desempeñar, incluso conoce quiénes necesitan formación para mejorar su actuación profesional, además está al día respecto al ambiente de trabajo. Para ello es necesario, no ser un mero espectador de la realidad que le rodea sino que tiene que participar activamente, es más, requiere poner en práctica competencias tales como ayudar a trabajar en equipo, motivar para hacer las cosas cada vez mejor, promover relaciones positivas y satisfactorias entre los miembros de su equipo y responder cuando ellos lo requieren.

Un líder debe poner el foco en atraer y retener personas con talento. Y por tanto, crear las condiciones y los escenarios que permitan atraer, retener y comprometer a las personas con talento. Además, líderes necesitan comunicarse internamente, de manera efectiva, con el consejo de administración, el equipo directivo o los mandos medio de su organización, así como con cualquier persona externa ya sea de organizaciones públicas o privadas, steakholders, o cualquier grupo de interés relacionado con la organización.

1.6.1.2. Gestión de los Recursos

Aunque pueda parecer demasiado obvio, un líder requiere dedicar demasiado tiempo a hacer frente a cuestiones relativas a la gestión de recursos. Es decir, recursos tanto tangibles (personas, recursos económicos, equipos, espacios, etc.) como intangibles[32] (imagen de la empresa, el conocimiento tecnológico, el capital humano, la estructura organizativa, la marca, el logotipo o las relaciones con proveedores y clientes, etc.), o cualquier otro recurso que permita el perfecto funcionamiento de una organización. «La obtención de recursos incluye una amplia gama de actividades, tales como solicitud de equipo, la búsqueda de trabajo, o la localización de fondos para proyectos especiales» (Northouse, 2009:68).

1.6.1.3. Competencias Técnicas

Poseer competencias técnicas conlleva tener los conocimientos técnicos o comprender los aspectos más complejos sobre cómo hacer, o bien conocer quiénes pueden hacer algo de manera efectiva. Además, implica comprender la idiosincrasia o los vericuetos de cómo funciona una organización. Sin lugar a dudas, un líder es más efectivo no sólo cuando posee las competencias técnicas, sino cuando además conoce las actividades que desempeñan sus colaboradores y como las hacen.

---

32 Navas, J. E. (1998): El papel de los recursos intangibles en la empresa. [En línea] http://www.madrimasd.org/revista/revista3/tribuna/tribunas2.asp. [Consulta 30 de enero de 2013].

1.6.2. Competencias interpersonales

Estas competencias permiten, a las personas que ejercen el liderazgo, ser más efectivos con sus colaboradores, pares y jefes/as a la hora de alcanzar los retos y desafíos de una organización. Cada vez son menos las personas que minimizan la importancia o que consideran intrascendentes las competencias interpersonales, de hecho las investigaciones destacan la importancia de las mismas para liderar de forma efectiva (Kantz, 1955; Bass, 1990; Blake y McCanne, 1991; Northouse, 2009:69). Las competencias interpersonales se dividen en: Socialmente Reconocido/a, Inteligencia Emocional y Gestión de Conflictos.

1.6.2.1. Percepción social

En situaciones de cambio organizacional, un líder debe mostrar sensibilidad y comprobar el impacto que tienen sus ideas en los demás. La percepción social se caracteriza por tener una visión clara y un conocimiento profundo de lo que es importante para otros, la forma en que están motivados, los problemas a los que se enfrentan, y cómo reaccionan ante los cambios. Además, conlleva la comprensión de las necesidades, objetivos y demandas organizacionales de las diferentes áreas o unidades de negocio (Zaccaro, Gilbert, Thor, y Mumford, 1991[33]; Northouse, 2009:69). Luego, es capaz de anticipar las posibles reacciones de sus colaboradores antes los cambios organizacionales.

FIGURA 1.14
MODELO DE LAS COMPETENCIAS PRIMARIAS DEL LIDERAZGO

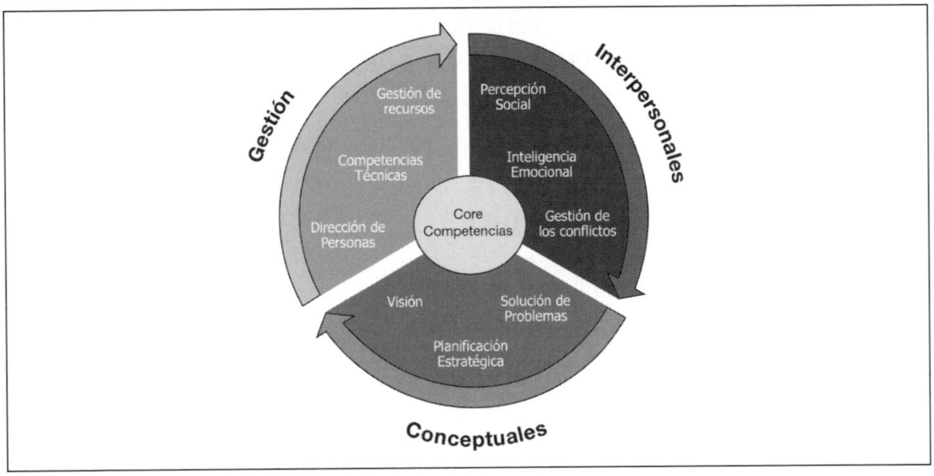

Fuente: Adaptado y traducido de Northouse, 2009.

33 ZACARRO, S. J.; GILBERT, J.; THOR, K. K. y MUMFORD, M. D. (1991): «Leadership and social intelligence: Linking social perceptiveness and behavioral Flexibility to leader effectiveness». *Leadership Quarterly, 2*, 317-331.

Son líderes que transforman y cambian las organizaciones, siendo conscientes de las posibles resistencias que se pueden producir, pues a la mayoría de las personas les gusta que las organizaciones no cambien y se queden como están. Genera cambios efectivos, sin embargo para tener éxito es necesario comprender en qué medida afecta a todas y cada una de las personas de su equipo esos cambios y los gestiona de forma personalizada.

1.6.2.2. Inteligencia Emocional

Otra habilidad importante para el líder es mostrar inteligencia emocional. Este término surge hace relativamente pocos años, siendo en las dos últimas décadas un concepto que ha generado múltiples publicaciones, reflexiones y críticas. Este concepto fue descrito en 1990 por Salovey y Mayer y paso desapercibido durante cinco años hasta la aparición del *best seller* Inteligencia Emocional de Daniel Goleman. Es partir de 1995, cuando la Inteligencia Emocional (IE) se populariza y lleva a que numerosos autores investiguen y escriban sobre sus implicaciones y aplicaciones en diferentes ámbitos (ver Tabla 1.6).

Consiste en comprender las emociones propias y las de los demás, así como su aplicación a los diferentes ámbitos en los que interviene una persona. Esta habilidad puede ser definida como «*la habilidad para percibir y expresar emociones, usar esas emociones para facilitar las cogniciones o pensamientos, comprender las razones de las diferentes emociones, y gestionar las emociones de forma efectiva en las relaciones con los demás*» (Mayer, Salovey y Caruso, 2000[34]; Northouse, 2009:70). La premisa, más relevante, de la que parte la inteligencia emocional es que la gente que es sensible a sus propias emociones y reconoce el impacto que éstas generan en los demás, son sin duda líderes más efectivos.

¿Qué puede hacer un líder para potenciar sus competencias emocionales?

En primer lugar, primero hay que trabajar en el reconocimiento de sus propias emociones. Y por supuesto, identificar las consecuencias que estas conllevan. En segundo lugar, el líder debe recibir entrenamiento a este respecto para facilitar el reconocimiento de las emociones de los demás. Cuando sabe identificar las emociones que muestran otras personas, es probable que dé respuestas que se ajusten a las necesidades y demandas de estos. Es decir, es necesario empatizar con los demás para así comprender los sentimientos de los demás y los suyos propios. Salovey y Mayer (1990) sugirieron que la empatía es un componente crítico de la IE.

Y por último, un buen líder requiere saber regular y cómo manejar sus propias emociones. Es más, los procesos de toma de decisiones siempre conllevan implicaciones de tipo emocional. Cuando un líder es sensible con los demás y gestiona adecuadamente sus propias emociones, entonces favorece que las decisiones sean efectivas incluso cuando implican cambios importantes.

---

[34] MAYER, J. D.; SALOVEY, P. y CARUSO, D. R. (2000): *Models of emotional intelligence*. Citado en STERNBERG, R. J. (ed.): *Handbook of intelligence*. Cambridge, MA: Cambridge University Press.

Tabla 1.6

MODELOS DE INTELIGENCIA EMOCIONAL

AUTORES	DIMENSIONES		
SALOVEY Y MAYER, 1990	o *Valoración y expresión de las emociones*	o *Utilización de las emociones*	o *Regulación de las emociones*
GOLEMAN, 1995[a]	o *Autoconciencia* o *Empatía*	o *Autorregulación* o *Gestión de las relaciones*	o *Automotivación*
MAYER Y SALOVEY, 1997	o *Percepción, valoración y expresión de las emociones* o *Regulación reflexiva de la emociones para promover el crecimiento emocional intelectual*	o *Facilitación emocional de Pensamiento*	o *Comprensión y análisis de las emociones; empleo de conocimiento emocional*
BARN-ON, 1997a,1997b	*INTRAPERSONAL* o *Autoconciencia emocional* o *Asertividad* o *Autoestima* o *Autorrealización* o *Independencia*	*INTERPERSONAL* o *Empatía* o *Relaciones interpersonales* o *Responsabilidad social*	*ADAPTACIÓN* o *Solución de problemas* o *Prueba de realidad* o *Flexibilidad*
	MANEJO DEL ÉSTRES o *Tolerancia al estrés* o *Control de impulsos*	*ESTADO DE ÁNIMO GENERAL* o *Felicidad* o *Optimismo*	
COOPER Y SAWAF, 1997	o *Alfabetización emocional* o *Alquimia emocional*	o *Agilidad emocional*	o *Profundidad emocional*

TABLA 1.6 (cont.)

MODELOS DE INTELIGENCIA EMOCIONAL

AUTORES	DIMENSIONES		
GOLEMAN, 1998	*AUTOCONCIENCIA* o *Autoconciencia emocional* o *Autoevaluación adecuada* o *Autoconfianza*	*AUTORREGULACIONES* o *Autocontrol* *Confiablidad* o *Responsabilidad* o *Adaptabilidad* *Innovación*	*AUTOMOTIVACIÓN* o *Motivación de logro* o *Compromiso* o *Iniciativa* o *Optimismo*
	EMPATÍA o *Empatía* o *Conciencia organizacional* o *Orientación al servicio* o *Desarrollo de los demás* o *Aprovechamiento de la diversidad*	*HABILIDADES SOCIALES* o *Liderazgo* o *Comunicación* o *Influencia* o *Construcción de alianzas* o *Colaboración y cooperación*	o *Catalización del cambio* o *Gestión de conflictos* o *Capacidades de equipo*
WEISINGER, 1998	o *Autoconciencia* o *Gestión emocional*	o *Automotivación* o *Habilidades de comunicación efectiva*	o *Pericia interpersonal* o *Orientación emocional*
HIGGS Y DULEWICZ, 1999	*CONDUCTORES* o *Motivación* o *Intuición*	*LIMITADORES* o *Responsabilidad* o *Elasticidad emocional*	*FACILITADORES* o *Autoconciencia* o *Sensibilidad interpersonal* o *Influencia*
PETRICES Y FURNHAM, 2001	o *Adaptabilidad* o *Asertividad* o *Valoración o percepción emocional de uno mismo y de los demás* o *Expresión emocional*	o *Gestión emocional de los demás* o *Regulación emocional* o *Baja impulsividad* o *Habilidades de relación*	o *Autoestima* o *Automotivación* o *Competencia social* o *Manejo del estrés* o *Empatía* o *Felicidad* o *Optimismo*

Fuente: Pérez-González, Petrides y Furrham, (2007:95-96[35]).

35 PÉREZ-GONZÁLEZ, J.C.; PETRIDES, K.V. y FURHHAM, A. (2007): La medida de la inteligencia emocional rasgo. En MESTRE, J.M. y FERNÁNDEZ BERROCAL, P. (2007): *Manual de inteligencia emocional.* Madrid: Pirámide, pp. 81-97.

1.6.2.2.1. *El liderazgo Resonante*

Si recurrimos a la etimología el término, comprobamos que deriva la palabra latina *resonans, -antis*, que significa que resuena. Según el Diccionario de la Real Academia de la Lengua, resonancia es un «sonido producido por repercusión de otro». Si pensamos de forma metafórica y buscásemos la analogía humana, pensaríamos en la necesidad entre dos o personas que sintonizan y se sienten en <<sincronía>>. «*Y al igual que ocurre con el significado original del término resonancia, la sincronía <<resuena>> y prolonga el tono emocional positivo. En ese sentido, las personas más resonantes son aquellas que sintonizan mejor con los demás y las que mantienen relaciones más transparentes, porque la resonancia minimiza el ruido del sistema.*» (Goleman, Boyatzis y Mckee, 2009:50[36]). Esto se da entre dos o más personas cuando sintonizan en la misma longitud de onda emocional, es decir, cuando se sienten en sintonía. La clave del liderazgo se fundamenta en las competencias de inteligencia emocional que tengan los líderes, y por tanto, en la forma en que gestionan la relación consigo mismo y con los demás.

Cuando el líder carece de resonancia, sus colaboradores simplemente muestran un compromiso racional o ético y llevan a cabo su trabajo sin dar lo mejor de sí mismos (compromiso emocional). Por consiguiente, esa falta de emocionalidad permitirá mandar pero hará imposible dirigir (liderar) a sus colaboradores. Por el contrario, un líder resonante despierta de manera natural la resonancia, y su entusiasmo y pasión repercuten en su equipo. Saben movilizar y utilizan la empatía para sintonizar con el estado emocional de sus colaboradores.

Las cuatro dimensiones de la inteligencia emocional

El modelo de Inteligencia Emocional de Goleman, Boyatzis y Mckee ha evolucionado hacia cuatro dimensiones: conciencia de un mismo, autogestión, conciencia social y gestión de las relaciones (ver Tabla 1.7). Además, de veinticinco competencias se ha pasado a dieciocho. Una de las peculiaridades del modelo es que las competencias de la inteligencia emocional no son cualidades innatas, sino habilidades aprendidas, cada una de las cuales aporta una herramienta básica para potenciar la resonancia, y en consecuencia aumenta o disminuye la eficacia de los líderes.

La hipótesis central del Modelo es que el liderazgo primal requiere de líderes emocionalmente inteligentes que promuevan la resonancia. Sus autores reconocen que nunca se han encontrado un líder que dominase todas y cada una de las competencias de la IE. Los lideres eficaces poseen «al menos una competencia de cada uno de los cuatro dominios fundamentales de la IE» (Goleman, Boyatzis y McKee, 2009:71).

---

[36] GOLEMAN, D.; BOYATZIS, R. y MCKEE, A. (2009): *El líder resonante crea más*. Barcelona: Rosés.

TABLA 1.7

LAS COMPETENCIAS DEL LIDERAZGO

DIMENSIONES

GOLEMAN, BOYATZIS, y McKEE, 2009	***CONCIENCIA DE UNO MISMO***	***CONCIENCIA EMOCIONAL DE UNO MISMO*** ***(ser conscientes de las propias emociones y reconocer su impacto)*** *El líder que posee esta competencia conoce en qué medida sus sentimientos le afectan e influyen en su rendimiento laboral. Posee una visión global de una determinada situación, incluso cuando es compleja, y es capaz de establecer la acción más adecuada. Se caracteriza por ser sincero y auténtico, habla de sus emociones abiertamente y se expresa de forma convincente la visión que les guía.*	***VALORACIÓN ADECUADA DE UNO MISMO*** ***(conocer las propias fortalezas y debilidades)*** *Conoce sus puntos fuertes y áreas de mejora, incluso es capaz de reírse de sí mismo. Aprende cuando tiene que mejorar, admite las críticas y el Feedback constructivo. Cuando necesita ayuda la pide. Además, sabe que habilidades de liderazgo tiene que desarrollar y mejorar.*
		CONFIANZA EN UNO MISMO ***(seguridad en la valoración que hacemos de nosotros mismos y de nuestras capacidades)*** *El conocimiento que tiene sobre sus habilidades le permite apoyarse en sus fortalezas. Asume tareas complejas. Tiene una buena imagen y transmite seguridad, lo que le permite destacar en los grupos.*	
	AUTOGESTIÓN	***AUTOCONTROL*** ***(capacidad de manejar adecuadamente las emociones y los impulsos conflictivos)*** *El líder que posee esta competencia sabe gestionar sus emociones e impulsos. Demuestra serenidad y gran lucidez para afrontar las situaciones ansiógenas o estresantes, y permanece imperturbable ante situaciones realmente críticas.*	***TRANSPARENCIA*** ***(sinceridad e integridad; responsabilidad)*** *Representa de modo práctico sus valores. Expresa de forma sincera sus sentimientos, creencia y sus acciones demuestran integridad. No tiene miedo a la hora de admitir sus errores y no pasan por alto las conductas poco éticas, al contrario, se enfrenta abiertamente a ellas.*
		ADAPTABILIDAD ***(flexibilidad para afrontar los cambios y superarlos obstáculos que se presenten)*** *Este tipo de líder hace frente a situaciones bien distintas, no pierde ni la concentración ni el entusiasmo, y se siente a gusto en las organizaciones en las que están, incluso cuando se dan algunas ambigüedades. Su flexibilidad le permite afrontar nuevos retos, adaptarse rápidamente a los cambios, y no muestra problemas para cambiar de opinión cuando los datos o nuevas realidades así lo requieren.*	***LOGRO*** ***(esforzarse por encontrar y satisfacer criterios internos de excelencia)*** *Tiene ambiciones personales que le impulsan a mejorar y la forma en que sus colaboradores pueden hacerlo. Es tremendamente pragmático y no tiene problemas en ponerse objetivos difíciles, al tiempo que evalúa los riesgos para que sus objetivos sean alcanzables. Un rasgo característico es que siempre están aprendiendo –y enseñando– la forma de hacer mejor las cosas.*
		INICIATIVA ***(prontitud para actuar cuando se presenta la ocasión)*** *El líder, que posee lo necesario para controlar su propio destino, es excelente en esta competencia. No espera a que las oportunidades aparezcan, sino que las busca o la genera. Deja, si es posible, la burocracia o reglas de lado para mejorar las posibilidades de futuro.*	***OPTIMISMO*** ***(ver el lado positivo de las cosas)*** *Percibe las situaciones adversas como una oportunidad o contratiempo más que como una amenaza. Considera los aspectos positivos de los demás, luego espera lo mejor de ellos/as. Su actitud positiva, le lleva a considerar de forma positiva los cambios que le ofrece el futuro.*

TABLA 1.7 (cont.)
LAS COMPETENCIAS DEL LIDERAZGO - DIMENSIONES

GOLEMAN, BOYATZIS, y McKEE, 2009	***CONCIENCIA SOCIAL***	***EMPATÍA*** ***(Ser capaz de experimentar las emociones de los demás, comprender su punto de vista e interesarse activamente por las cosas que les preocupan)*** *El líder empático es capaz de entender y conectar las señales emocionales, lo que le permite experimentar las emociones que sienten los demás. Escucha con atención y comprende el punto de vista de los demás. Además, demuestra sensibilidad y comprensión con personas de otras culturas o niveles socioeconómicos.*	***SERVICIO*** ***(Capacidad para reconocer y satisfacer las necesidades de los colaboradores y clientes)*** *Genera un clima emocional adecuado a su alrededor, tanto interna como externamente. Garantiza la satisfacción del cliente y son personas con las que se puede contar en cualquier momento.*
		CONCIENCIA ORGANIZACIONAL ***(Capacidad de darse cuenta de las corrientes, redes de toma de decisiones y política de la organización)*** *Posee una aguda conciencia social que le permite conocer las relaciones de poder y comprender las diferentes redes sociales que son inherentes a una organización concreta. Comprende las influencia de las diferentes fuerzas que operan en una organización, sus reglas y normas tacitas que regulan las relaciones y los valores que les guían.*	
	GESTIÓN DE LAS RELACIONES	**LIDERAZGO INSPIRADO** **(Capacidad de esbozar visiones claras y convincentes que resulten altamente motivadoras)** El líder que inspira a los demás se caracteriza porque alienta la resonancia y moviliza a sus colaboradores hacia la visión y un proyecto compartido. Es un ejemplo a seguir y consigue que el trabajo sea estimulante pues establece objetivos comunes que van más allá de las tareas cotidianas.	**INFLUENCIA** **(Utilizar un amplio abanico de tácticas de persuasión)** *Se adapta a cada persona y entorno, se rodea de las personas o redes de apoyos clave para afrontar determinadas iniciativas. Está altamente comprometido/a y son muy persuasivo/a cuando dirige equipos.*
		DESARROLLO DE LOS DEMÁS **(Saber desarrollar las habilidades de los demás mediante el Feedback y la guía adecuada)** *Tiene un interés real por las personas y comprenden sus objetivos, fortalezas y áreas de mejora. Proporciona Feedback adecuado y constructivo. Es un excelente mentor y coach.*	**GESTIÓN DE LOS CONFLICTOS** **(Capacidad de negociar y resolver los desacuerdos)** *Saca partido de todas las situaciones y comprenden los distintos puntos de vista y buscan una solución satisfactorias para todos/as. Sabe sortear los conflictos, reconoce los sentimientos e ideales de las diferentes partes.*
		CATALIZAR EL CAMBIO **(Alentar, promover y encauzar el cambio en una nueva dirección)** *Reconoce la necesidad de cambiar y modifican el status quo de las personas. Es líder y facilitador/a del cambio. Convence a los resistentes y encuentra la forma de superar las barreras que obstaculizan el cambio.*	**ESTABLECER VÍNCULOS** **(Cultivar y mantener una red de relaciones)** *Es una habilidad que contribuye a la adecuada gestión de las emociones de los demás para lo cual es vital sintonizar empáticamente con sus colaboradores. Se basa en la autenticidad.*
		TRABAJO EN EQUIPO Y COLABORACIÓN **(Cooperación y creación de equipos)** Genera un clima positivo y de colaboración. Es un modelo de respeto y cooperación. Mantiene un equilibrio entre el compromiso activo y entusiasta con el esfuerzo y la dedicación, generando una identidad colectiva y alentando el espíritu de equipo. Invierte tiempo en la generación y consolidación de las relaciones que van más allá de las obligaciones o requerimientos laborales.	

Fuente: Goleman, Boyatzis y McKee, 2009:309-313[37]).

[37] GOLEMAN, D.; BOYATZIS, R. y MCKEE, A. (2009): *El líder resonante crea más.* Barcelona: Rosés.

Estilos de dirección del líder resonante

Los mejores líderes son aquellos que utilizan las diferentes modalidades del liderazgo y saben utilizar uno u otro en función de las circunstancias. Cuatro de los estilos (visionario, coaching, afiliativo y democrático) propician la resonancia que promueve el rendimiento, mientras que el resto (timonel y autoritario) son útiles en determinadas situaciones pero su aplicación ha de realizarse con cautela. Según Goleman, Boyatzis y McKee, los líderes que obtienen mejores resultados son aquellos que utilizan estilos que provocan un efecto emocional positivo. Las investigaciones realizadas por estos autores han permitido determinar el efecto de los distintos estilos de liderazgo en el clima emocional, y en consecuencia, en el rendimiento (ver Tabla 1.8).

TABLA 1.8
ESTILOS DE LIDERAZGO

	Como alienta la resonancia	Impacto sobre el clima	Apropiado para ...
VISIONARIO	Establece un objetivo común que resulta movilizados	Es el más positivo de todos	Cuando la necesidad de cambiar requiere de una nueva visión o cuando es necesario una dirección clara.
COACHING	Estableciendo punto de conexión entre los objetivos de los empleados y las metas de la organización.	Muy positivo	Contribuir a que un trabajador mejore su actividad o le ayuda a desarrollar su potencial a largo plazo.
AFILIATIVO	Estableciendo un clima de relación armónica	Positivo	Cuando se necesita salvar las diferencias existentes entre los miembros de un equipo, motivarlos en situaciones críticas o fortalecer las relaciones.
DEMOCRÁTICO	Tiene en cuenta los valores personales y estimula el compromiso mediante la participación	Positivo	Cuando es necesario llegar a un acuerdo o un consenso y para conseguir la participación de los empleados
TIMONEL	Establece objetivos desafiantes y estimulantes	Inadecuadamente aplicado suele ser negativo	Conseguir que un equipo competente y motivado alcance resultados excelentes
AUTORITARIO	Elimina el temor proporcionando una dirección clara en situaciones críticas	Muy negativo porque suele aplicarse de un modo inadecuado	Cuando se requiere realizar un cambio muy rápido o con trabajadores conflictivos

Fuente: Goleman, Boyatzis y Mckee, 2009:90[38].

[38] GOLEMAN, D.; BOYATZIS, R. y MCKEE, A. (2009): *El líder resonante crea más*. Barcelona: Rosés.

1.6.2.3. Gestión de Conflictos

Los conflictos son inevitables e inherentes a las organizaciones y surgen por las necesidades de cambio, y son una consecuencia de los cambios en la mayoría de los casos. Por ello, un líder tiene que saber gestionar las situaciones de conflicto.

«Los conflictos pueden ser definidos como una lucha entre dos o más individuos sobre las diferentes percepciones acerca de un asunto o cuestión» (Northouse, 2009:71). Si un conflicto es gestionado de forma efectiva, el resultado es que se reduce el estrés, se incrementa la creatividad para la resolución de problemas, y además produce mejoras en las relaciones entre el líder y los miembros de su equipo.

1.6.3. Competencias conceptuales

Hace referencia a los pensamientos o cogniciones inherentes al liderazgo. Las competencias conceptuales pueden dividirse en tres partes: solución de problemas, planificación estratégica y visión.

1.6.3.1. Solución de problemas

La competencia de solución de problemas hace referencia a las habilidades cognitivas de un líder para adoptar las acciones correctas en una situación problema o de mejora relacionados con los objetivos deseados. Esta competencia incluye conductas propias de la identificación del problema, de la generación de alternativas, de la selección de las alternativas más idóneas, y de la puesta en marcha de la solución.

1.6.3.2. Planificación estratégica

«Un líder debe ser capaz de pensar y estudiar ideas para desarrollar estrategias eficaces para un grupo u organización. Se requiere el desarrollo estratégico de los planes de acción basados en los recursos y el personal disponible para alcanzar una meta u objetivo» (Northouse, 2009:77). A este respecto, Boal y Hooijberg (2000) sugieren que un líder estratégico requiere de la habilidad de aprender, de adaptarse y la sabiduría de gestionar. «La *habilidad de aprender* incluye la habilidad de adquirir nueva información y aplicarla para alcanzar nuevos objetivos. Implica tener la predisposición a experimentar nuevas ideas o formas de hacer e incluso a aceptar los fracasos. La *capacidad para adaptarse* es ser capaz de responder rápidamente a los cambios en el entorno. Un líder necesita estar abierto y aceptar los cambios... Tener la *Sabiduría de Gestionar* se refiere a que poseen un profundo conocimiento de las personas y del entorno en el que trabajan» (Northouse, 2009:77).

1.6.3.3. Visión

Para crear visión un líder necesita poder explicar una imagen de un futuro que mejora la situación actual y, a continuación, transmitir a los demás un conjunto de nuevos ideales y valores que conduzcan al futuro.

1.7. El liderazgo auténtico

En apartados anteriores, se han hecho referencias a las competencias Emocionales y Sociales del líder, así como al Liderazgo Visionario, sin embargo no hemos hecho hincapié en la relación existente entre liderazgo y ética. Y en los últimos años, ha crecido el interés por el estudio de este tema, dada su trascendencia y su relación con diversos escándalos financieros y acontecimientos poco éticos que se han dado en el ámbito de las organizaciones, político, social, etc., y tienen muy preocupada a nuestra sociedad, y en consecuencia a las personas o empleados de las organizaciones de nuestro país y de otros países del mundo. Son muchos los autores que ahora más que nunca necesitamos líderes auténticos y, además, desde una orientación propia de la psicología positiva que favorezca la autorrealización tanto del líder como de las personas que trabajan con él o ella.

La autenticidad[39] tiene sus orígenes en la antigua Grecia («sé sincero contigo mismo»). En ese sentido, destacamos unas de las acepciones de la Real Academia Española de la Lengua, que hace referencia a «*honrado, fiel a sus orígenes y convicciones*». Los «*psicólogos positivos se refieren a la autenticidad como la posesión de experiencias positivas propias (pensamientos, emociones o creencia, "el verdadero yo interior") y a actuar de acuerdo con el yo verdadero (comportarse y expresarse conforme a lo que uno piensa y cree realmente*» (Harter, 2002). El término de liderazgo autentico incorpora conceptos de la psicología positiva aplicada al ámbito organizativo (autoeficacia, resilencia, optimismo, bienestar,...) y el desarrollo del liderazgo a lo largo de la vida (Gil, Alcover, Rico y Sánchez-Manzanares, 2011:40[40]).

El Liderazgo Autentico se define como «*un patrón de conducta que promueve y se inspira tanto en las capacidades psicológicas positivas como en un clima ético positivo, para fomentar una mayor conciencia de uno mismo, una*

[39] Del latín. *authentĭcus,* y este del griego .

[40] Gil, F.; Alcover, C-M.; Rico, R. y Sánchez-Manzanares, M. (2011): Nuevas formas de liderazgo en equipos de Trabajo. *Papeles del Psicólogo,* vol. (32 (1), pp. 38-47.

moral internalizada, un procesamiento de la información equilibrado y transparencia en las relaciones entre el líder y los seguidores» (Walumbwa et al., 2008:94[41]). Estos autores han desarrollado un cuestionario *(«Authentic Leadership Questionnair», o ALQ)* que permite evaluar el liderazgo a través de cuatro factores: «conciencia de sí mismo» (self-awareness); transparencia en las relaciones (relational transparency); «procesamiento equilibrado» (balanced processing), y moral internalizada (internalized moral perspective).

FIGURA 1.15

FACTORES DEL CUESTIONARIO DEL LÍDER AUTÉNTICO

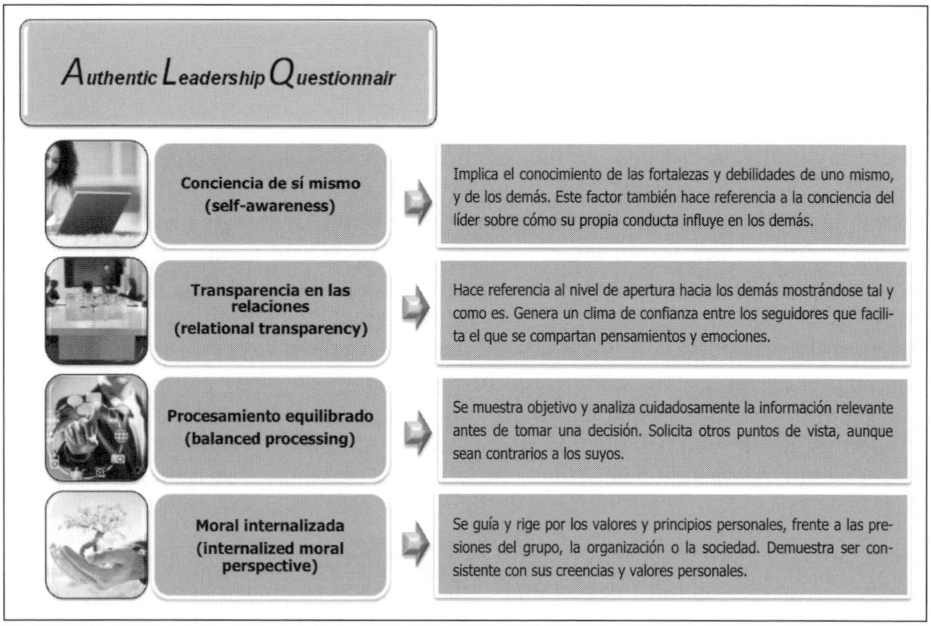

Fuente: Walumbwa, Avolio, Gardner, Wersing y Peterson, 2008.

Los líderes auténticos conocen sus fortalezas y áreas de mejora, sus creencias y lo que valoran. Actúan siendo coherentes y consecuentes con sus valores y creencias, y de manera abierta y explícita. Sus colaboradores les consideran personas éticas y saben cómo ganarse su confianza. Para ello, comparten información, favorecen la comunicación abierta y se mantienen fieles a sus ideales. Se puede concluir que una de las cualidades principales del liderazgo autentico es la confianza y la lealtad que genera en sus colaboradores.

[41] WALUMBWA, F. O.; AVOLIO, B. J.; GARDNER, W. L.; WERNSING, T. S. y PETERSON, S. J. (2008): Authentic leadership: Development and validation of a theory-based measure. *Journal of Management,* 34(1), 89-126.

1.7.1. Comportamiento organizacional positivo, capital psicológico y liderazgo auténtico

La teoría del liderazgo autentico enfatiza en las interacciones positivas y de desarrollo entre el líder y sus seguidores, y ha facilitado el impulso del enfoque del Comportamiento Organizacional Positivo (COP). Término acuñado y definido por Luthans (2002: 59) como *«el estudio y la aplicación de las fortalezas y las capacidades psicológicas de los recursos humanos, que se miden, desarrollan y administran eficazmente para la mejora del desempeño en el lugar de trabajo actual»*. Según Luthans, Youssef y Avolio (2007), además de la connotación positiva y basarse en las fortalezas, un constructo de COP debe cumplir los siguientes criterios:

a) Basarse en la **teoría y en la investigación**, y tener **medidas fiables y válidas**.
b) Incluir **conceptos únicos** o relativamente nuevos en cuanto a la aplicación en el lugar de trabajo.
c) Debe de **ser tipo estado**, es decir, situacional, abierto al aprendizaje, susceptible de cambio y desarrollo.
d) Estar relacionado y tener **impacto en la mejora del desempeño**.

Los únicos constructos psicológicos que cumplen estos cinco criterios son la autoeficacia; el optimismo; la esperanza; y la resiliencia. Existen otras capacidades que pueden ser incluidas como son la felicidad o bienestar subjetivo (BS) y la inteligencia emocional (IE). (Luthans, 2010:219).

Capital Psicológico

Luthans et al. han usado la psicología positiva y el COP, así como los constructos de autoeficacia, optimismo, esperanza y resiliencia como acicate para proponer el término de ***capital psicológico*** (CapPsi). Este constructo se concibe como un «*estado de desarrollo psicológico positivo del ser humano que se caracteriza por: a) tener confianza en sí mismo (autoeficacia) para emprender y dedicar el esfuerzo necesario con el propósito de lograr el éxito en tareas desafiantes; b) hacer una atribución positiva (optimismo) sobre ser exitoso ahora y en el futuro; c) perseverar hacia el cumplimiento de metas y, cuando sea necesario, reorientar las trayectorias de éstas (esperanza) para tener éxito y; d) cuando está abrumado por problemas o adversidades, mantenerse y recuperarse, y aún mucho más, (resiliencia) para lograr el éxito*» (Luthans, Avolio, Avey, y Norman, 2007; Luthans y Youssef, 2004; Luthans, Youssef, y Avolio, 2007[42]). El CapPsi es un constructo que cumple todos los criterios COP y se ha investi-

[42] LUTHANS, F.; YOUSSEF, C. M. y AVOLIO, B. J. (2007): *Psychological Capital*. Oxford University Press, Oxford.

gado su relación con variables organizacionales, tales como desempeño, absentismo; empleabilidad, satisfacción y compromiso, etc.

Modelo de desarrollo del liderazgo autentico

En la Figura 1.16, se presenta el modelo de desarrollo del liderazgo auténtico de Luthans (2010:430). El proceso de **liderazgo** implica **capacidades psicológicas positivas** (autoeficacia, optimismo, esperanza y resiliencia) y **un contexto organizacional positivo** (organización altamente desarrollada, basada en las fortalezas) que da lugar al autodesarrollo positivo (autoconciencia y autorregulación) y al producto del **líder autentico** (confiado, esperanzado, optimista, fuerte, transparente, moral y ético; orientado hacia el futuro y desarrollo de personas).

En resumen, el modelo de desarrollo del liderazgo autentico se centra en los positivo, tanto a nivel personal como organizacional, para que la persona se conozca y controle así mima.

FIGURA 1.16

MODELO DE DESARROLLO DEL LIDERAZGO AUTÉNTICO

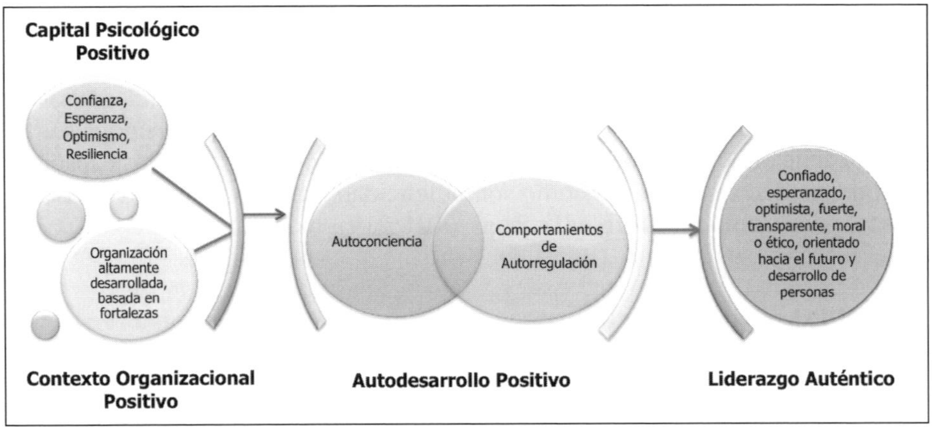

Fuente: Luthans (2010:430); adaptado de Luthans, Cameron, Dutton, y Quinn (2003:251); Avolio y Luthans (2006).

1.8. Para liderar a tus colaboradores, empieza por liderarte a ti mismo

El concepto de autoliderazgo fue definido por primera vez por Manz(1986) como un constructo psicológico, a través del cual ponemos en marcha un repertorio de estrategias a nivel cognitivo, conductual y motivacional que nos permite

[25] www.clubcalidad.es.

autodirigirnos y automotivarnos en la dirección adecuada para lograr los niveles de rendimiento que deseamos (Manz, 1986, Manz y Neck 1999). «*Es un conjunto amplio de estrategias centradas en las conductas y pensamientos que pueden utilizarse para ejercer influencias sobre uno mismo. autoliderazgo es guiarse a sí mismo*» (Manz y Sims: 1993:27[43]). Implica la autoevaluación y autoobservación, y fijarse metas y reforzarse por los logros conseguidos, así como establecer un sistema de recompensas o de autorefuerzo, y en consecuencia, conlleva comprometerse emocionalmente.

Desde entonces hasta ahora, el concepto ha sido definido por varios autores como proceso de influenciarse a uno mismo para establecer la autodirección y automotivación necesaria para el desempeño. Además, es un concepto que tiene que ver con conocerse a uno mismo (autoconocimiento), comprender su propia realidad interior (autoconcepto), y aceptarse a uno mismo (autoaceptación). De ahí la importancia de las competencias emocionales propuestas por Goleman, Boyatzis y McKee (2009[44]). Según estos autores, la gestión de las propias emociones, la identificación y el reconocimiento de las emociones de los demás son herramientas básicas a la hora de liderar personas. Es decir, el autoliderazgo es <<*conditio sine qua non*>> para poder generar relaciones emocionalmente sanas con los demás y conseguir un liderazgo efectivo. Es más, si no somos competentes a la hora de gestionar y dirigir nuestra vida, ¿cómo es posible liderar a nuestros colaboradores?

El Autoliderazgo está basado en las competencias intrapersonales, y es el resultado de un trabajo de introspección que propicia el autoconocimiento. Es un proceso donde la persona ordena sus pensamientos, sentimientos y emociones con el pretensión de mejorar sus actuaciones. Y en ese proceso, la persona (líder) debe orientarse hacia una integridad emocional para ser referente y ser coherente con sus hechos, sus palabras, sus creencias y valores. Y tener claro que su posición (poder) no otorga privilegios, sino que entraña muchas responsabilidades, tales como: **LIDERAR EL CAMBIO** y transformar las organizaciones; **INFLUIR E INSPIRAR** a los colaboradores hacia una visión común del trabajo y del proyecto de empresa; tener un buen nivel de autoconocimiento y de autoaceptación (**DOMINIO DE SÍ MISMO**; convertirse en un **EJEMPLO** o referente a seguir, y comprender que las personas cuando están suficientemente motivadas (**RECONOCIMIENTO**) se comprometen y dan lo mejor de sí mismas.

Es imposible liderar a los demás, si uno mismo no puede autoliderarse (**LIDERAZGO DE UNO MISMO**). Lógicamente, se fundamenta en una elevada necesidad de autoconocimiento sincero, en un trabajo serio de mejora personal, en una clara voluntad de mejora continua, aprendizaje e innovación, y por supuesto, en demostrar humildad, disciplina y perseverancia. En definitiva, saber ser. Superado el estadio anterior, podremos hablar de liderar a otras personas (liderazgo de

---

[43] MANZ, C. C. y SIMS, H. P. (1993): *Superliderazgo. Como enseñar a otros a autodirigirse en la empresa.* Barcelona: Paidós.

[44] El modelo de Inteligencia Emocional de Goleman, Boyatzis y Mckee ha evolucionado hacia cuatro dimensiones: conciencia de un mismo, autogestión, conciencia social y gestión de las relaciones.

FIGURA 1.17
MODELO DE LIDERAZGO

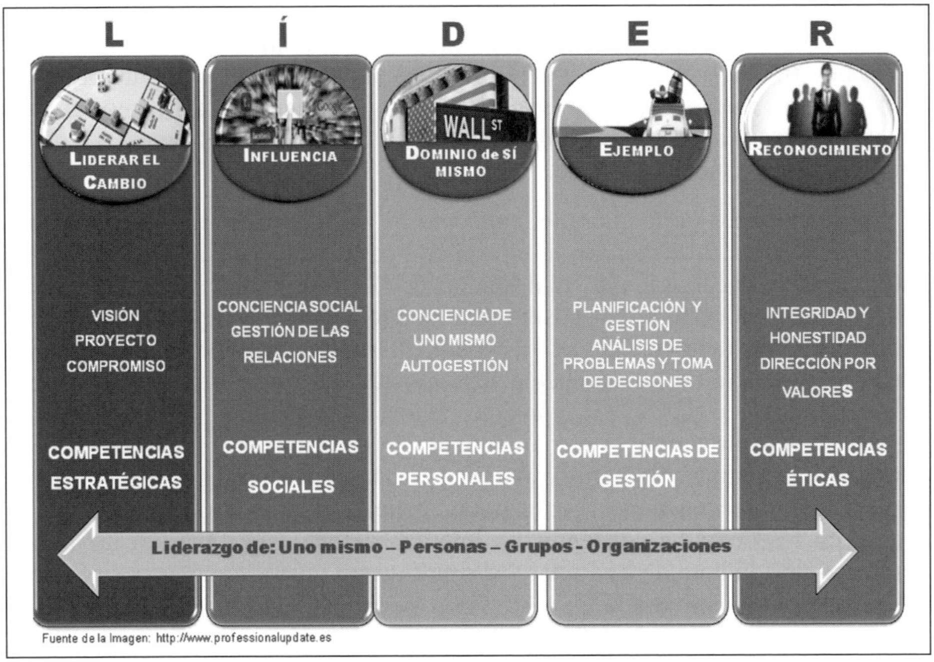

Fuente: Adaptado de Goleman, Boyatzis y McKee, 2009:309-313[45]; Segarra, 2010:49[46].

personas). El **LIDERAZGO DE PERSONAS** está relacionado con la inteligencia emocional (competencias interpersonales), pues requiere relacionarse con los demás, escucharlas empáticamente, mostrar un interés sincero por ellas, etc. Ahora bien, deberíamos hablar, también, de necesidad de una elevada inteligencia social (saber social), que es dar respuestas adaptativas y de éxito a las diferentes situaciones sociales que tengo que afrontar, siendo coherente con los valores, misión, proyecto de empresa, cultura, etc. de mi organización (Palomo, 2008:38[47]).

Cuando se han activado las competencias relacionadas con el liderazgo de personas y el Liderazgo de uno mismo, entonces podemos hablar del **LIDERAZGO DE EQUIPOS**. En este caso, es imprescindible tener un conocimiento profundo de las características diferenciadoras o de la fase de desarrollo en la que se encuentra el equipo (ver fases de los equipos en el capítulo 3).

---

45 GOLEMAN, D.; BOYATZIS, R. y MCKEE, A. (2009): *El líder resonante crea más.* Barcelona: ROSÉS.

46 SEGARRA, O. (2010): *Liderazgo peregrino. Una guía práctica para liderar el cambio*. Barcelona: Libros de Cabecera.

47 PALOMO, M. T. (2008): *El perfil competencial del puesto de director/a de marketing en organizaciones de la Comunidad de Madrid.* Madrid: ESIC Editorial.

Y por último, en nivel superior está el **LIDERAZGO DE ORGANIZACIONES**. En definitiva, son equipos más grandes que exigen aplicar de forma práctica los conocimientos adquiridos en las fases anteriores, y además requiere poner en valor los sistemas de gestión y las herramientas que posee la organización (desde el despliegue de los diferentes planes estratégicos hasta la más pequeña rutina organizativa). Y sin ninguna duda, implica desarrollar una cultura propia que apoye las políticas y estrategias de la organización, así como los intereses y demandas de los grupos de interés (stakeholders[48]). «*Un buen líder tiene que recorrer los cuatro niveles del liderazgo (liderarse a uno mismo, a otras personas, a equipos y a organizaciones de forma adecuada) y tener un conjunto de competencias que podríamos agrupar en cinco tipos*» (Segarra, 2010:84).

1.9. Coaching = ayudar a aprender

1.9.1. ¿Qué es el coaching?

Son muy dispares las diferentes teorías respecto del origen del coaching y los supuestos padres de la criatura. La historia apunta hacia los siglos XV y XVI, cuando empezó a hacerse muy popular la ciudad húngara de Kocs, situada a unos 70 kilómetros de Budapest, (entre Viena y Pest). Kocs se convirtió en parada obligada para todos los viajes entre estas dos capitales.

De esta manera se empezó a hacer muy común el uso de un carruaje caracterizado por ser el único provisto de un sistema de suspensión para dichos viajes. Además, destacaba por su comodidad frente a los carruajes tradicionales. Así comenzó a hablarse del kocsi szekér, o sea el 'carruaje de Kocs', símbolo de la excelencia.

De esta forma, el término kocsi pasó al alemán como kutsche, al italiano como cocchio y al español como coche. En serbocroata, se dice kocsikázik para designar la acción de dar un paseo en coche. Por tanto, la palabra coach (coche) es de origen húngaro. Designaba un vehículo tirado por animales para transportar personas, tal y como declara Luis de Ávila en 1548 (Guerra de Alemania): «Se puso a dormir en un carro cubierto, al que en Hungría llaman coche».

De la ciudad Kocs, se formó la palabra kocsi (pronunciada cochi). En una obra de Fonseca de 1569, «coche» aparece integrada en el léxico español, según atestigua el Diccionario de Autoridades (1729, s. v.).

Es así como la palabra «coach», derivado de «coche», cumplía la función de transportar personas de un lugar a otro. El coaching, de alguna manera, también transporta a las personas de un lugar a otro. Es decir, del lugar donde están, adonde quieren llegar. La única distinción, dentro de esta analogía, es que el

[48] Accionistas, clientes internos y externos, proveedores, sociedad, etc.

coach no es quien carga con el viaje, ni es responsable del rumbo y decisiones que el «conductor» (cliente/coachee) tome a lo largo del proceso.

FIGURA 1.18
CARRUAJE TRADICIONAL

El termino Coaching es el resultados de sustantivar el verbo to coach que parece tener su origen en el ambiente universitario británico de mediados del siglo XIX. Según el Oxford English Dictionary hace una primera referencia en 1849 y lo define como «To prepare (a candidate) for a examination; to instruct as special subjects; to tutor; also, to train for an athletic contest; as a boat-race. También: «To read or to study with a Coach». El uso de esta expresión en ámbito deportivo comienza en la misma época, en 1985, y es utilizado en las carreras de botes, el OED lo define como «one who trains otrers for an ath leti contest, esp. a boat-race».

El verbo «To coach» en inglés significa <<entrenar>>. En este ámbito se considera que el aprendizaje se acelera cuándo el entrenador es hábil y objetivo, siendo el objetivo de un coach o entrenador obtener los mejores resultados en cada partido. Paralelamente, en el ámbito organizacional, el coaching persigue el mismo objetivo (Soler, 2003:27[49]).

Definimos el coaching como « *un proceso de introspección y entrenamiento, bien individualizado y/o grupal, que se caracteriza por estar bien planificado y estructurado, ser confidencial, y estar dirigido a que las personas desarrollen o inhiban determinadas competencias para mejorar su desempeño y garantizar la utilización de todo su potencial, o adaptarse a las necesidades de la organización»*. En definitiva, «*la manera en la que alguien facilita el meta-aprendizaje de otro*» (Payeras y Castella, 2004: 20[50]) o «*llevar a una persona desde lo que es, hasta lo que quiere ser*» (Mantel de Ferreira, 2004:14[51]).

---

49 SOLER, M.R. (2003): *Mentoring. Estrategia de Recursos Humanos.* Barcelona: Gestión 2000 Epise Training Club.

50 PAYERAS, J. y CASTELLA, J.C. (2004): «El coaching: Aprender a aprender». *Capital Humano,* 180, pp. 20-21.

51 MANTEL DE FERRIRA, P. (2004): «Historia del coaching». *Capital Humano,* 182, pp. 14-16.

Existen dos escuelas del Coaching relacionadas con los objetivos (Cantera, 2003:XXII[52]):

- *Coaching para el desarrollo directivo (Coaching for Leadership).* Implica generar aprendizaje para alcanzar posiciones directivas a partir de la enseñanza de un coach con experiencia.
- *Coaching para el desarrollo del Desempeño (Coaching for performance).* Favorece el aprendizaje para mejorar competencias relacionadas con el puesto actual o situaciones de futuro.

1.9.2. ¿Qué es y qué no es un coach?

El coach ayuda a reflexionar de forma estratégica (Carchak, 2008:95[53]). En todo momento, tiene que ser un espejo que refleja una imagen fiel, proporcionando un feed-back oportuno. No es un amigo que te ayuda porque tiene claro que es lo mejor para ti (Cubeiro y Sáinz, 2004:36[54]).

El coach no se involucra en las soluciones, es un catalizador que favorece la búsqueda de nuevas alternativas o enfoques a los problemas plantados, y un acelerador de los procesos. No es una sesión de psicoanálisis en la que se pretende la transferencia y la contratransferencia, y estudiar las causas profundas de la situación.

Proporciona un trato basado en la equidad, siendo muy cuidadoso y prudente con las relaciones que establece. En situaciones de coaching de equipo, no hace diferencias de trato entre el directivo y sus colaboradores. Luego no centra su atención sólo en quien tiene poder.

Actúa con gran generosidad pues acepta de forma plena e incondicional a las personas con las que trabaja, sin juicios de valor ni prejuicios, además da lo mejor de sí mismo para avanzar y desarrollar al máximo el talento y el potencial de sus coachees.

El coach ayuda a identificar los puntos fuertes y las áreas de mejora. El objetivo es potenciar los puntos fuertes y convertir las áreas de mejora en puntos fuertes. Para ello, la persona tiene que descubrir que comportamientos o estrategias son poco efectivas, de manera que sea el principio de su desarrollo y mejora de su actuación profesional. Luego, un coach no es quien tiene que aportar las soluciones o estrategia adecuadas. Ni tampoco es una cuestión de formación, ni de consultoría. Los formadores suelen dirigir sus acciones a la transmisión de conocimientos o propiciar el aprendizaje, y los consultores también son grandes profesionales que plantean soluciones.

---

52 Cantera, J. (2003): *Coaching. Mitos y realidades*. Madrid: Pearson Educación-Aedipe.

53 Escuela Europea de Coaching (2008): «El coaching de equipo». *Capital Humano*, 220, pp. 94-98.

54 Cubeiro, J.C y Sainz, J.A. (2004): «Novedades en el desarrollo del talento». Eurotalent. En línea: http://www.aedipecatalunya.com/filemanager/formacio /2J.ppt. [Consulta: 6 de Junio de 2008].

El coach facilita el seguimiento y la evaluación personalizada del desarrollo tanto a corto como a medio y largo plazo. Lo que no se mide no se mejora. Ayuda a pensar en escenarios posibles de futuro y en sus efectos o consecuencias. No se centra en los resultados o éxitos del coach.

El coach va a colaborar con su coachee para que éste tenga posibilidades de alcanzar el éxito. El máximo responsable de este éxito es el propio coache pues es quien toma las decisiones, el coach actúa como facilitador o intermediario del cambio.

FIGURA 1.19

QUÉ ES Y NO ES UN COACH

Qué es un coach	Qué no es un coach
Un espejo que transmite una imagen fiel	Un amigo que sabe lo que te conviene
Un facilitador del desarrollo	Un confesor que enjuicia
Alguien que actúa con generosidad	Un consejero que evalúa
Alguien que ayuda a descubrir los puntos fuertes y oportunidades de mejora	Un consultor que da soluciones hechas
Alguien que ayuda a desarrollarte	Una estrella, en torno a quien gira todo
Alguien que sirve para pensar en el futuro centrado en los efectos	Un protagonista que se centra en sí mismo
Un método de autodescubrimiento y de desarrollo personal y profesional	Un proceso de evaluación de objetivos o del desempeño
Un Catalizador, centrado en las soluciones	Un Psicólogo/Psiquiatra que se centra en las causas profundas

Fuente: Adaptación de Cubeiro y Sáinz, 2004 y CarChack, 2008.

1.9.3. El coaching es una metodología para la gestión de personas

El COACHING es metodología dirigida a **invertir**[55] **en**: directivos/as reconocidos/as por su valía, personas clave o con futuro dentro de la organización, perso-

55 Según últimas investigaciones, con la inversión en coaching se obtiene una rentabilidad de entre el 570 por ciento y el 1.000 por ciento. En CUBEIRO, J.C. (2004): «Cómo maximizar la rentabilidad del coaching». *Capital Humano*, 183, pp. 14-16.

nas de bajo rendimiento, directivos, mandos o colaboradores que se resisten a un cambio, etc. En los primeros casos, es para desarrollar el talento, potencial e intelecto de las personas, mientras que los últimos es para modificar o cambiar algunos de los comportamientos asociados a las competencias[56]. A su vez, también es una metodología orientada **a resultados** en un determinado entorno organizacional que se centra en la mejora profesional y favorezca la obtención de mejores resultados; y es **sistemática** (Payeras y Castella, 2004:20). Además, una cultura de coaching *«es un modo de actuar **orientado al desarrollo**, al crecimiento personal y profesional de los integrantes de la empresa»* (Cubeiro, 2004:16[57]). Según el Profesor del IESE, Pablo Cardona (2003[58]), un buen directivo debe estar orientado a resultados pero debe procurar el desarrollo de sus colaboradores, pues considera que *«los buenos directivos son conscientes de que los objetivos se alcanzan a través de personas, y deben trabajar para conocer sus **competencias y potencial**... El directivo coach sabe que no depende únicamente de sus competencias, también depende de las competencias de los colaboradores, y el proceso de mejora de éstos comienza cuándo puede mejorar las personas que trabajan para él»*. Es condición, pasar de una dirección por objetivos a una ***dirección por competencias*** pues la consecuencia es la obtención de mejores resultados; el aprendizaje es una realidad; y produce grandes satisfacciones el comprobar cómo los colaboradores mejoran como consecuencia de la actuación profesional de los directivos.

Asimismo, es una finalidad del COACHING es **proporcionar ayuda profesional**. Es un proceso por el cual, se establecen relaciones entre el entrenado (coachee) y el entrenador (coach) pero no se centra en la persona, sino en su relación profesional con otros, procesos, sistemas,... En la relación que se establece no es cuestión de enseñar, es ayudar a aprender.

El COACHING es un proceso que **busca el compromiso y la confianza** en una alianza de colaboración por ambas partes para establecer y clarificar la fiabilidad y los objetivos, y desarrollar un plan de acción destinado a alcanzar el éxito. Según Payeras y Castella, se tiene que producir tanto si el Coach es externo como interno (ya sea el líder u otro), el proceso es de «igual a igual».

Otra finalidad del COACHING es favorecer que el capital humano (nuestros directivos, mandos y colaboradores) consigan **hacer más de lo que nunca hubieran imaginado**. Luego, persigue el desarrollo de su potencial y talento, y apoya para que la persona haga más de lo que hubiera hecho solo.

En resumen, el coaching interno es una ***herramienta clave de gestión de personas*** que permite promover el desarrollo de los profesionales y de sus competencias y talento.

---

[56] Repertorio de comportamientos observables y medibles asociados con un rendimiento alto o excelente en el puesto de trabajo de un determinado contexto profesional, y con una contribución notable al éxito y futuro de la organización. (Palomo, M. T., 2004)

[57] Cubeiro, J.C. (2004): Ídem.

[58] Cardona, P. (2003): «Aprender a enseñar». *Revista de Antiguos Alumnos del IESE, nº 89.* [En línea]. http://www.ee-iese.com/89/noticia12.asp. [Consulta: 29 de Diciembre de 2004].

1.9.4. ¿Qué competencias se requieren para este proceso?

- ✓ Observar la actuación profesional del colaborador e identificar sus áreas de mejora. La proximidad y la cercanía entre el jefe y el colaborador facilita la observación basada en evidencias de desempeño.
- ✓ Antes de informar y dar retroalimentación a su colaborador sobre cómo actúa, debe observarle directamente y no actuar de oídas. Incluso si es posible recurrir a un «Feedback en 360º», pues el aprendizaje se da de la discrepancia entre la opinión que tenemos de nosotros mismos y la percepción de terceras personas sobre nosotros (jefes, colegas, colaboradores,…). *«Esa diferencia nos debe hacer pensar para actuar»*. (Cubeiro, 20004:16[59])
- ✓ Identificar los factores o variables relacionados con las áreas de mejora observadas. Siempre contemplada como una oportunidad para mejorar.
- ✓ Explorar con el colaborador las razones que explican su conducta. Escucha activamente, evitando juicios y siendo tolerante, es esencial es este proceso.
- ✓ Dar retroalimentación (feedback al colaborador), de manera que el coachee tome conciencia de sus puntos fuertes y de sus áreas de mejora, y se dé la oportunidad de mejorar. Cómo se ha indicado anteriormente, la retroalimentación (feedback) tiene que sustentarse en la confianza mutua, ser concreto, no evaluativo, y darse en el momento oportuno. A continuación, se reflejan algunas recomendaciones sobre cómo dar retroalimentación en un proceso de COACHING:
  - Establezca los objetivos y planifique las estrategias (Soler, 2003:33[60]) más adecuadas para conseguir las mejoras.
  - Describa una conducta concreta. (Lawson, 1999:89[61]) *«El directivo se debe centrar en las conductas y comportamientos de su colaboradores y no en sus rasgos de personalidad»* (Gonzalez, 2009: 23[62]).
  - Haga hincapié en los aspectos positivos para así reforzar las conductas efectivas y favorecer que siga haciéndolo así (Lawson, 1999:89[63]).

---

59 CUBEIRO, J.C. (2004): Ídem.

60 SOLER, M.R. (2003): *Mentoring. Estrategia de Recursos Humanos.* Barcelona: Gestión 2000 Epise Training Club.

61 LAWSON, H. (1999): Cómo mejorar la formación y el entrenamiento en el puesto de trabajo. Madrid: Centro de Estudios Ramón Areces.

62 GONZÁLEZ, P. (2009): «Desarrollo de una cultura de feedback en las organizaciones. El inevitable papel del Desarrollo Directivo y la Formación». *Capital Humano*, 234, pp. 22-23.

63 LAWSON, H. (1999): Ídem.

FIGURA 1.20

ESTRUCTURA DEL PROCESO DE DESARROLLO DE COLABORADORES

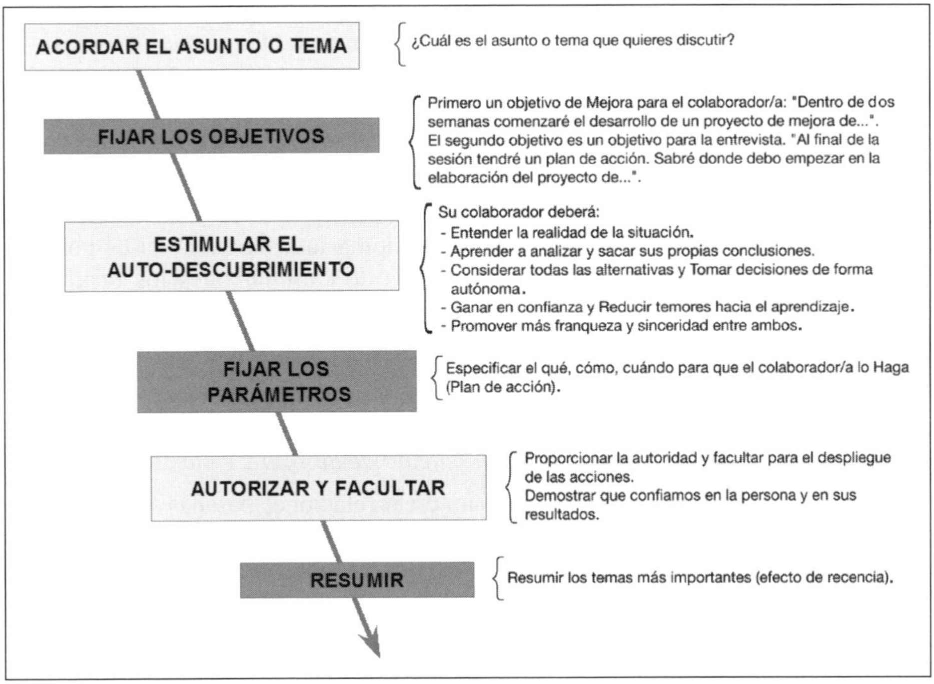

Equilibra lo positivo y lo negativo. Para ello, puede utilizar la Técnica del sándwich que consiste en comenzar con algún aspecto positivo, seguir con temas a cambiar o que se pueden mejorar, y finalizar con una actitud de confianza hacia el cambio futuro de reconocimiento.

FIGURA 1.21

EFECTO SANDWICH

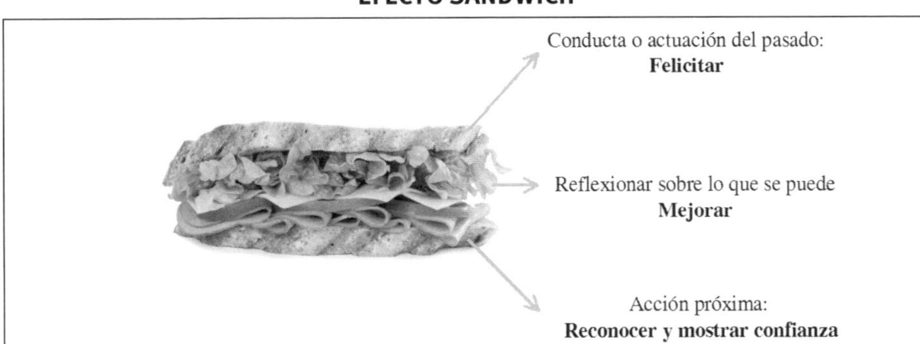

Los procesos de feedback más efectivo son los que dedican una parte del tiempo a conductas de pasado y otra parte dedicada a que aparezcan determinadas conductas a futuro que garantizan la mejora del rendimiento. Es una evolución del concepto de feedback hacia otro más centrado en el futuro y más constructivo que es el «feedforward». (Gonzalez, 2009:23). Luego, Sea constructivo y con visión de futuro. En ese caso, hay algunas preguntas que son convenientes y que favorecen la autoevaluación(González, 2011:34[64]): «*¿Qué aspectos te ayudan y cuáles podrían ser un obstáculo de cara a conseguir los objetivos?; ¿Qué efecto tienen este tipo de factores en tu desempeño?; ¿Qué has intentado hacer hasta este momento para resolver esta situación?; ¿Qué te influye más?*»

- Seleccione y priorice los comportamientos que la persona necesita mejorar primero. No intente abarcar demasiadas áreas, y si es posible, empiece por las que sean más fáciles de cambiar pues los resultados motivan (Lawson, 1999:89[65]).
- Sea constructivo y con visión de futuro.
- Genere un clima profesional, empático y respetuoso. Según Giménez Plana (2009:76[66]), una de las claves de un líder-coach es «*Crear una atmósfera agradable basada en el sentimiento de desafío y en la confianza*».
- Mantenga la confidencialidad para crear relaciones basadas en la confianza. «*...es importante que los miembros del equipo se sientan libres para cometer errores y aprender de ellos*» (Mántel de Ferreira, 2004:16[67]).
- Básese en evidencias de desempeño, y al tiempo, evite dar opiniones o juicios de valor. (Feldman, 2001:56[68]). Asegúrese de tener hechos y actuaciones profesionales relevantes y de dar ejemplos concretos. Una de las claves es recopilar datos y hechos acontecidos durante el proceso de evaluación, de esa manera se dotara al proceso de una mayor validez aparente y mayor rigor.
- No tardes (nunc), proporciónalo cuanto antes, y cuando la actitud de la persona que va a recibirlo es positiva. Una respuesta fuera de tiempo pierde consistencia y valor.
- No mine la seguridad y la autoestima de la persona que los recibe. En caso contrario, es muy difícil que se produzcan las mejoras y que se asuman responsabilidades. «La opinión que sus empleados tengan acerca de sí mismos y de sus funciones en el lugar de trabajo produce una gran diferencia en su desempeño» (Cook, 2000:9[69]). «*Es importante que el colaborador reciba refuerzos en su autoestima y en su seguridad que no le hagan eludir los temas de su responsabilidad, sintiéndose apoyado y con la confianza de su jefe*» (Jimenez, 2011:54).

---

[64] González Alonso, R (2011): «Formar a directivos». *Capital Humano*, nº 259, 32-34.

[65] Lawson, H. (1999): Cómo mejorar la formación y el entrenamiento en el puesto de trabajo. Madrid: Centro de Estudios Ramón Areces.

[66] Giménez Plano, F. (2009): «El directivo en tiempos de crisis». Capital Humano, 229, pp. 72-76.

[67] Mántel de Ferrira, P. (2004): «Historia del coaching». *Capital Humano,* 182, pp. 14-16.

[68] Feldman, D.A. (2001). *Coaching.* Madrid: Centro de Estudios Ramón Areces-HRD Press.

[69] Cook, M.J. (2000): Coaching efectivo. Cómo aprovechar la motivación oculta de su fuerza laboral. Bogotá: McGraw-Hill Interamericana.

- Mantenga un equilibrio entre las exigencias del puesto y las necesidades de la persona. No se puede olvidar que gestionamos personas que tienen necesidades, emociones, expectativas y motivaciones diferentes en cada caso.
- Diga lo que se tenga que decir pero sin hacer daño, ni ofender. Exprese sus emociones puede ser constructivo (Feldman, 2001:37[70]). «Requiere que la persona que lo proporciona sienta interés por la persona que va a recibirlo» (Soler, 2003:126[71]).
- De la retroalimentación tal y como le gustaría recibirlo (empatía). «Requiere que la persona que lo proporciona sienta interés por la persona que va a recibirlo» (Soler, 2003:126[72]).

✓ Favorecer el autodescubrimiento, es necesario experimentar nuevas maneras de hacer. Déjale hacer. «*No se trata de dar consejos, sino de extraer del coachee* lo mejor que lleva dentro» (Enebral, 2004:20[73]). Y, por supuesto, la autoevaluación al final de cada actuación, de manera que siga haciendo lo que ha funcionado y evalué lo que es mejorable y piense sobre otras formas de actuar (¿cómo podría actuar de otra manera ante esa situación?) (Debordes, 1998:83[74]).

✓ Estimular y animar al colaborador.

1.9.5. Condiciones para un buen coaching

Teniendo en cuenta lo expuesto con anterioridad, para que el entrenamiento sea efectivo han de darse unas condiciones:

1. El colaborador debe **estar dispuesto a recibir el entrenamiento**, y esta disposición sólo se producirá si realmente este proceso de convierte en una oportunidad de mejora. El entrenamiento debe generar expectativas positivas, en el entrenado, sobre su rendimiento y el proceso de mejora. Es decir, el colaborador debe estar motivado para recibir el entrenamiento, y esta motivación se producirá cuando se den dos condiciones:

   a) El colaborador deberá percibir que su rendimiento va a mejorar, va a tener éxito.

   b) El colaborador deberá percibir que la mejora de su rendimiento traerá para él consecuencias atractivas.

---

70 FELDMAN, D.A. (2001): *Ídem.*
71 SOLER, M.R. (2003): *Mentoring. Estrategia de Recursos Humanos.* Barcelona: Gestión 2000 Epise Training Club.
72 SOLER, M.R. (2003): *Ídem.*
73 ENEBRAL, J. (2004): «Coaching para mayor eficacia y calidad de vida del directivo». *Capital Humano,* 179, pp. 20-22.
74 DEBORDES, P. (1998): *Coaching. Entrenamiento eficaz de los comerciales.* Barcelona: Gestión 2000.

Para que se cumpla la condición anterior requiere por parte del COACH (jefe y/o consultor externo) una actitud de máximo respeto y **consideración hacia el colaborador**, y una actitud de **ayudarle a aprender a mejorar**, evitando en todo momento los juicios personales, opiniones y creencias. «No debe emitir juicios ni aportar conocimientos técnicos del negocio, tampoco tiene que formar o recomendar tal o cual camino a seguir (Martín Gil, 2010:86)[75]». El refuerzo, cuándo se consiguen avances en el proceso, es un factor claramente motivador.

2. **Un «pacto o contrato»** entre el COACH y el COACHEE en el que no hay «vuelta a atrás» (Payeras y Castella, 2004:21). Es más, el primero adquiere el compromiso de ayudar a aprender y el segundo aprender del entrenamiento. Este «pacto» implica que el jefe y el colaborador se convierten, en cierto modo, en «socios». Ambos se comprometen en la mejora continua para alcanzar la excelencia. Asuma su compromiso personal y explicito con el desarrollo de su coachee (Mántel de Ferreira, 2004:16[76]).

3. **Definir** con claridad y de forma consensuada **la situación problema o de mejora** para facilitar el estudio de las **causas potenciales y reales**. «*Conseguir los objetivos ha de costar, para que el profesional dé un salto de gigante en su desempeño, en cómo afronta situaciones conflictivas y en cómo aprovecha su potencial*» (Cubeiro, 2004:16[77]).

4. Establecer **objetivos de mejora** y diseñar un **plan de mejora** que facilite el cambio. Manteniendo «*un equilibrio entre lo que el individuo demanda y los requerimientos de la organización a medio y largo plazo*» (Mántel de Ferreira, 2004:14[78]).

5. Un **clima de confianza y dialogo**, que facilite que el entrenamiento se desarrolle según lo esperado.

6. Un **estilo de dirección flexible y versátil** y gestión de las personas que facilite adaptarse a situaciones y personas.

7. Evaluar y hacer **un seguimiento** de los objetivos fijados a través de indicadores de medida. Lo que no se evalúa, no se mejora.

8. **Reconocer el éxito** del *entrenado (coachee)* por sus esfuerzos personales y la consecución de los objetivos de mejora. ***Evitando los falsos elogios*** pues su colaborador (coachee) lo detectará (Feldman, 2001:27[79]). No juegue con su confianza.

9. **Establecer relaciones a corto y largo plazo** que guía y facilita el desarrollo de la carrera y las aspiraciones profesionales (Mántel de Ferreira, 2004:14[80]).

---

75 Martín Gil, J.F. (2010): Coaching organizacional. Capital Humano, 240, pp. 90-82.

76 Feldman, D.A. (2001): *Coaching*. Madrid: Centro de Estudios Ramón Areces-HRD Press.

77 Cubeiro, J.C. (2004): «Cómo maximizar la rentabilidad del coaching». *Capital Humano,* 183, pp. 14-16.

78 Mántel de Ferrira, P. (2004): «Historia del coaching». *Capital Humano,* 182, pp. 14-16.

79 Feldman, D.A. (2001): *Idem*.

80 Mántel de Ferrira, P. (2004): *Idem*.

1.10. Mentoring

1.10.1. ¿Qué es el mentoring?

La palabra *mentor* tiene su origen en la obra *La Odisea*[81]. Cuando Odiseo (Ulises) se estaba preparando para ir a luchar a la guerra de Troya, se da cuenta de que su único heredero Telémaco debía prepararse para ser rey mientras él estuviese luchando fuera; por esto, confía en su fiel y sabio amigo Mentor para que fuese el tutor de su hijo (Bell, 1997:25[82]). Terminada la guerra, Ulises es condenado a viajar inútilmente durante diez años. Telémaco decidió ir en busca de su padre acompañado por Atenea[83], quien durante el viaje asume el papel de Mentor. Finalmente, se produce el encuentro entre padre e hijo quienes se alían para luchar contra el usurpador del trono de Ulises. De este relato, se puede inferir que la palabra mentor es un sinónimo de amigo, asesor, profesor y persona sabia (Soler, 2003:16).

Definimos el mentoring como «*un proceso de orientación, guía, ayuda y aprendizaje de carácter individual que es realizado por una persona experimentada (mentor); que se caracteriza por estar bien planificado a medio y largo plazo, ser confidencial; y estar dirigido a un tutelado (mentees) para que desarrolle y/o inhiba determinadas competencias de manera que favorezca su crecimiento personal y profesional y mejora del desempeño actual y futuro*». En definitiva, «*La estrategia del mentoring como el proceso mediante el cual una persona con más experiencia (el mentor) enseña, aconseja, guía y ayuda a otra (el tutelado) en su desarrollo personal y profesional, invirtiendo tiempo, energía y conocimientos» (Soler, 2003:27*[84]*) o bien, como «Un proceso de <<alimentación>> intencional llevado a cabo por un mayor más experimentado que fomenta el crecimiento y desarrollo en el protegido*» (Ortiz, 2003:99[85]).

El MENTORING es metodología dirigida a ***promover un mejor desarrollo profesional y personal***. Esta función dependerá del nivel del directivo, su antigüedad y experiencia, y del interés y dedicación por parte de los mentores y del tutelado. Otra finalidad es ***ayudar al asesorado en las épocas de transición de un nivel de desarrollo a otro.*** «Se trata de ayudar al asesorado a través de las crisis que se presentan en la vida» (Megginson, 1988:38[86]). Gracias al mentoring se ***consolida la cultura organizacional*** a través de las diferentes generaciones y se facilita la incorporación y adaptación de las personas de nueva

---

[81] Poema griego en veinticuatro cantos atribuido a Homero (siglos IX-VIII a.C.). Homero: Odisea. Traducción de José Manuel Pabón (1997). Barcelona: Planeta.

[82] Bell, C.R. (1997): *Mentoring*. Barcelona: Gestión 2000.

[83] Diosa griega de la guerra y de la sabiduría.

[84] Soler, M.R. (2003): *Mentoring. Estrategia de Recursos Humanos*. Barcelona: Gestión 2000 Epise Training Club.

[85] Ortiz, E. (2003): La Práctica del Mentoring en la empresa. Orcoyen: Universidad de Navarra (Eunsa).

[86] Megginson, D. (1988): «Instructor, Coach, Mentor: Three Ways of Helping for Managers». *Management Education and Development*, vol. 19, nº 1, pp. 33-46.

incorporación. Además, el tutelado puede acceder a personas influyentes de la organización, por tanto favorece el ***crear redes de influencia y relación*** dentro de la empresa. Según Soler (2003:23[87]) es una metodología que: optimiza la selección y desarrollo de nuevos talentos; permite el desarrollo de futuros líderes y promocionar a directivos; posibilita reclutar y retener personas con alto potencial y alto niveles de competencias; reduce la rotación de personal; y aumenta el aprendizaje de los tutelados en relación a los clientes, el negocio, las políticas más representativas, la filosofía, y el know-how.

1.10.2. ¿Qué competencias se requieren para este proceso?

Los comportamientos esenciales asociados con las funciones de un mentor son (Cohen, 2004:28-60[88]):

- ✓ Favorecer e involucrarse en una interacción personal de colaboración. Por ello, el mentor debe definir el propósito de la interacción personal, y en el caso de que ya se conociesen con anterioridad, explicar las diferencias de la interacción mentor/asesorado que se va a dar en el futuro y sus relaciones profesionales del pasado.
- ✓ Al principio de la relación, el mentor tiene que abstenerse de comunicar con rapidez sus interpretaciones de la realidad, sobre todo cuándo son contrarias a las del mentor, pues éste lo puede interpretar cómo que se infravalora su punto de vista. De esta manera, se evitan las discrepancias inmediatas y se demuestra la aceptación y la posibilidad de tener el mentor sus propias opiniones. También, tiene que saber comunicarse de forma asertiva. «*Quien sabe comunicarse eficazmente tiene el poder de influir, transformar, sensibilizar, conmover, explicar, debatir y constatar conocimientos y sentimientos en otra persona*» (Soler, 2003:62[89]).
- ✓ Comprender con precisión el punto de vista del asesorado. Es decir, la escucha empática es, especialmente, útil para crear un entorno positivo de aceptación y serenidad. Así cómo, demostrar un alto nivel de sensibilidad hacia los demás y de apertura. Siendo fundamental, «*...proporcionar feedback de forma constructiva, guiar, proveer información e ideas, confrontar, alentar y explorar opciones*» (Soler, 2005:102[90]).

---

[87] SOLER, M.R. (2003): «Mentoring: Limites y diferencias con el coaching». *Capital humano,* 181, pp. 22-23.
[88] COHEN, N. (2004): *Mentoring.* Madrid: Centro de Estudios Ramón Areces.
[89] SOLER, M.R. (2003): *Mentoring. Estrategia de Recursos Humanos.* Barcelona: Gestión 2000 Epise Training Club.
[90] SOLER, M.R. (2005): «El mentoring como herramienta de motivación y retención del talento». *Capital humano,* 184, pp. 100-109.

- ✓ Desarrollar un clima de confianza, pues es imprescindible para establecer las bases de una relación de mentoría fructífera. Siendo fundamental, que se produzca un dialogo honesto, sincero y reflexivo. «*El individuo que transmite confianza está proporcionando seguridad y un trato agradable y facilitando, a su vez, la lealtad de su interlocutor*» (Soler, 2003:60[91]).
- ✓ Dar consejos con precaución, primordialmente, al principio de la relación en buena medida es mejor evitarlos. Conforme avance la relación, estos consejos deben dar respuesta las características, necesidades y expectativas del asesorado. Para ello, debe reunir toda la información disponible sobre el asesorado (antecedente, metas profesionales y/o planes de futuro, objetivos y planes formativos, evaluaciones del desempeño, aspectos personales y familiares, recursos disponibles,…).
- ✓ Resistir las presiones de los asesorados cuándo pasen por situaciones de tensión o estrés porque querrán soluciones mágicas o milagrosas.
- ✓ Ayudar a mejorar las competencias sociales y a crear redes de influencia y relación con las personas adecuadas. «*Un individuo que no desea ayudar a otras personas no va a invertir el tiempo y la energía necesarios para crear una relación óptima y, de esta forma, alcanzar los objetivos propuestos para el tutelado*» (Soler, 2003:58[92]).
- ✓ Dar información de retorno constructiva y de apoyo para favorecer la autorreflexión del asesorado.
- ✓ Identificar las estrategias o comportamientos improductivos del asesorado.
- ✓ Perseverar para superar los problemas que conlleva un proceso que es largo en el tiempo y que requiere afrontar situaciones de dificultad.
- ✓ Animar y expresar su confianza en que las metas son viables y alcanzables por el asesorado.
- ✓ Revelar y compartir experiencias personales y profesionales y conocimientos del propio mentor que pueden ser jugosas para el asesorado. «*La acción de compartir consiste en que el mentor traspase su conocimiento y experiencia al tutelado, para que éste pueda mejorar en su toma de decisiones, alcanzar objetivos y establecer un plan de acción*» (Soler, 2003:59[93]). En esta misma línea, Robinson (2001:1[94]) define el mentoring como «*la manera más eficaz de transferir habilidades y conocimiento rápidamente y para inspirar lealtad en los empleados*».

---

91 Soler, M.R. (2003): *Mentoring. Estrategia de Recursos Humanos.* Barcelona: Gestión 2000 Epise Training Club.

92 Soler, M.R. (2003): *Idem.*

93 Soler, M.R. (2003): *Idem.*

94 Robinson, T. (2001): «Mentoring Speeds the Learning Curve: Company Programs take on a New Role as Training and Retention tools. *Information Week*, pp. 1-3.

1.10.3. Condiciones para un buen mentoring

Teniendo en cuenta lo expuesto con anterioridad, para que este proceso sea efectivo han de darse unas condiciones (Soler, 2005:105-106[95]):

1) Prepararse y el buen comienzo en la relación entre mentor y tutelado es crítico en un proceso de mentoring. Al principio, el objetivo es, simplemente, consolidar la relación.
2) El mentor y el tutelado deben construir una relación basada en la confianza, y dedicar tiempo a conocerse. Dependiendo de la interacción que se produzca, se estarán construyendo unos cimientos sólidos y fuertes para su relación de futuro.
3) Establecer de forma conjunta los objetivos a alcanzar y planifican las sesiones.
4) Hacer sentir a los tutelados que son importantes, y por esto se les proporciona atención y asesoramiento.
5) Transmitir los valores y su perspectiva a los tutelados.
6) Transcurrido un tiempo, las personas son menos idealistas, y se perciben de forma más realista, y además se desarrolla la estabilidad y la satisfacción mutua.
7) El tutelado debe tomar el mando de la relación y demostrar que es proactivo. Siempre que el, objetivo sea aprender todo lo que pueda del mentor y alcanzar los objetivos que al inicio del proceso se establecieron.
8) Con regularidad, hay que evaluar los progresos y avances del tutelado, a partir de los indicadores de medida establecidos.
9) Cuándo el tutelado ha conseguido los objetivos, hay poner fin al programa de mentoring. Es el momento, de fijar nuevos objetivos y determinar si es necesario un cambio de mentor que tenga diferentes habilidades o bien continuar con el mismo.

[95] Soler, M.R. (2005): «El mentoring como herramienta de motivación y retención del talento». *Capital humano*, 184, pp. 100-109.

1.10.4. Diferencias entre coaching y mentoring

TABLA 1.9
COACHING VS MENTORING

COACHING	MENTORING
✍ Interno o Externo. En el primer caso, es el superior inmediato del *coachee*.	✍ Interno o Externo. En el primer caso, el mentor puede ser cualquier persona de la organización.
✍ De carácter formal.	✍ De carácter formal y/o informal.
✍ Individual y/o grupal.	✍ Individual.
✍ Dirigido a: Toda la organización.	✍ Dirigido a: Personas con alto potencial.
✍ Objetivo: Desarrollar o inhibir determinadas competencias para mejorar su desempeño; garantizar la utilización de todo su potencial.	✍ Objetivo: Desarrollar personal y profesionalmente.
✍ El *Coach* conoce en profundidad la organización, departamento o unidad de negocio.	✍ El Mentor conoce o debe tener alguna vinculación con la organización, departamento o unidad de negocio.
✍ La agenda la establece el *Coach*.	✍ La agenda la establece el Mentor.
✍ La responsabilidad de la relación es del *Coach*.	✍ La responsabilidad es del tutelado (*mentees*).
✍ Duración estimada: Entre 3 y 6 meses.	✍ Duración estimada: Entre 1 ó 2 años.
✍ Marco Temporal: Claro.	✍ Marco Temporal: Indefinido.
✍ Necesidades: Alto compromiso del *Coachee*.	✍ Necesidades: Encontrar el Mentor adecuado para el tutelado (*mentees*).
✍ Competencias a Desarrollar: Profesionales.	✍ Competencias a Desarrollar: Profesionales y/o Personales.

Anexo I: Cuestionario sobre competencias de liderazgo (Northouse, 2009[96])

- ***Objetivo:*** Identificar tus competencias de liderazgo, y proporcionar un perfil de las mismas ***que muestra tus puntos fuertes y tus áreas de mejora.***
- ***Instrucciones:*** Ponte en el papel de un líder cuando respondas a este cuestionario (en el caso de no desempeñar puesto de responsabilidad). En cada uno de los ítems que aparecen a continuación, indica el grado de acuerdo o desacuerdo con cada afirmación.

  En la mayoría de las preguntas sólo tienes que marcar con una cruz la opción elegida:

  Ejemplo:

1. Por favor, señala el grado desacuerdo o desacuerdo con las siguientes afirmaciones. Para ello, utiliza la escala que se presenta a continuación:

1	Totalmente en desacuerdo
2	Bastante en desacuerdo
3	Ni de acuerdo, ni en desacuerdo
4	Bastante de acuerdo
5	Totalmente de acuerdo

Afirmaciones	1	2	3	4	5
Conductas asociadas al liderazgo					
1. Soy eficaz con los aspectos detallados de mi trabajo				X	

[96] Northouse, P.G. (2009): *Introduction to leadership. Concepts and Practice.* California: SAGE.

1	Totalmente en desacuerdo
2	Bastante en desacuerdo
3	Ni de acuerdo, ni en desacuerdo
4	Bastante de acuerdo
5	Totalmente de acuerdo

Afirmaciones	**1**	**2**	**3**	**4**	**5**
Conductas asociadas al liderazgo					
1. Soy eficaz con los aspectos detallados de mi trabajo.					
2. Sé de antemano como la gente responderá ante una nueva idea o propuesta.					
3. Soy eficaz en la solución de problemas.					
4. Rellenar formularios y trabajar con detalle es fácil para mí.					
5. Conocer las redes sociales de la organización es importante para mí.					
6. Cuando los problemas surgen, inmediatamente los gestiono.					
7. Dirigir personas y recursos es una de mis fortalezas.					
8. Soy capaz de sentir las emociones que se generan en mi grupo.					
9. Visualizar lo que va ocurrir es fácil para mí.					
10. En mi trabajo, me divierto respondiendo a los requerimientos y preocupaciones de las personas.					
11. Utilizo mi inteligencia emocional para motivar a otros.					
12. Me gusta realizar los planes estratégicos de mi compañía.					
13. La obtención y asignación de recursos es un aspecto difícil de mi trabajo.					
14. La clave del éxito en la resolución de conflictos es respetar a mi oponente.					
15. Me divierto discutiendo los valores y filosofía de mi empresa.					
16. Soy eficaz en la obtención de recursos para apoyar nuestros programas o proyectos.					
17. Trabajo duro para llegar al consenso en situaciones de conflicto.					
18. Yo soy flexible cuando se producen cambios en mi organización.					

Puntuaciones:

1. Suma las respuestas de los ítems 1, 4, 7, 10, 13 y 16 (Competencias administrativas /Gestión).

   PUNTUACIÓN TOTAL = _______

2. Suma las respuestas de los ítems 2, 5, 8,11, 14 y 17 (Competencias Interpersonales).

   PUNTUACIÓN TOTAL = _______

3. Suma las respuestas de los ítems 3, 6, 9, 12, 15 y 18. (Competencias Conceptuales)

   PUNTUACIÓN TOTAL = _______

Interpretación de las Puntuaciones

El cuestionario de Competencias de liderazgo de Northouse (2009) mide tres tipos de competencias directivas: administrativas (de gestión), interpersonales y conceptuales. Mediante la comparación de sus puntuaciones, puedes determinar cuáles son tus fortalezas y cuáles son tus áreas de mejora en la competencia de liderazgo.

- Si tu puntación está entre 26-30, tú estás en un muy alto rango.
- Si tu puntación está entre 21-25, tú estás en un alto rango.
- Si tu puntación está entre 16-20, tú estás en un rango moderado.
- Si tu puntación está entre 11-15, tú estás en un bajo rango.
- Si tu puntación está entre 6-10, tú estás en un muy bajo rango.

Anexo II: Feedback sobre su estilo de liderazgo

Usted proporciona feedback de D./Dª. ______________________________
(su actual superior/a inmediato/a)

¿Le gustaría conocer qué opinan sus colaboradores sobre su estilo de liderazgo? Si la respuesta es afirmativa, a continuación le presentamos una herramienta que le va permitirá conocer el estado de opinión de tus colaboradores en cuanto a su manera de dirigir, motivar, comunicar e informar, trabajar en equipo, evaluar a sus colaboradores, etc., aspectos claves que le facilitarán conocer cuáles son los puntos fuertes y áreas de mejora con respecto al liderazgo que Ud. Ejerce.

1. INSTRUCCIONES

A continuación encontrará una serie de frases relacionadas con el modo en que su superior/a lidera a personas y a equipos, así como sus comportamientos ante determinadas situaciones.

Cada frase tiene CINCO opciones de respuestas:

1. **Nunca.**
2. **A veces.**
3. **Con frecuencia.**
4. **Casi siempre.**
5. **No sabe no contesta.**

Al contestar, tenga en cuenta los siguientes puntos:

- Sólo puede dar una respuesta en cada una de las frases.
- No piense demasiado las cuestiones ni emplee mucho tiempo en decidirse. Debe contestar pensando en lo que es la forma más habitual que tiene su superior/a de hacer las cosas o comportarse.
- No deje ninguna cuestión sin contestar. Es posible que alguna no haya sucedido. Elija la respuesta que se aproxime más al modo en que su superior/a actúa habitualmente.
- Conteste sinceramente y siempre intentando reflejar la situación actual. No marques las respuestas pensando en lo que *«es bueno»* o *«lo que es deseable»* o *«lo que a su superior/a le gustaría escuchar»*.

1	Totalmente en desacuerdo
2	Bastante en desacuerdo
3	Ni de acuerdo, ni en desacuerdo
4	Bastante de acuerdo
5	Totalmente de acuerdo

¿Con qué frecuencia muestra su superior/a los siguientes comportamientos...?

	1	2	3	4	5		1	2	3	4	5
1. Describe con claridad los objetivos y tareas de mi puesto.						16. Cuando se producen errores, no busca culpables sino soluciones.					
2. Forma y asesora cuando se requiere.						17. Es accesible y es fácil hablar con él/ella.					
3. Comprueba y verifica que cada persona desempeña adecuadamente sus tareas.						18. Siento que me dedica el tiempo que necesito.					
4. Me comunica cómo hago el trabajo y qué se espera de mí.						19. Es coherente con lo que dice y con lo que hace.					
5. Colabora en el plan de desarrollo de mejora de cada colaborador.						20. Me ayuda a pensar en los problemas para así generar diversas alternativas.					
6. Reconoce individual y grupalmente las mejoras que se producen.						21. Me anima a solucionar problemas con autonomía y a generar ideas nuevas.					
7. Me trata con respeto y educación, no es un jefe tóxico/a.						22. Estimula nuestra creatividad e innovación.					
8. Me informa de manera oportuna sobre las decisiones que afectan a mi trabajo.						23. Cuando toma decisiones utiliza y optimiza toda la información disponible.					
9. Transmite claramente la misión y visión de nuestra organización.						24. Facilita que sus colaboradores desarrollen su potencial.					
10. Me informa acerca de asuntos y cambios importante.						25. Intenta aunar mis intereses y objetivos con los de mi equipo de trabajo.					
11. Confia en sus colaboradores y no está supervisándonos continuamente						26. Participo en la fijación de objetivos relacionados mi trabajo.					
12. Me apoya para que lleve a cabo cambios y mejoras en mi trabajo.						27. Comunica con claridad y transparencia las informaciones que repercuten a mi trabajo.					
13. Promueve la adquisición y desarrollo de nuevas competencias.						28. Facilita las discusiones y la puesta en común de los diferentes puntos de vista.					
14. Prepara a sus colaboradores para que se adapten y anticipen a los nuevos cambios.						29. Genera un clima que favorece la crítica constructiva.					
15. Admite nuestros errores y nos hace aprender de ellos.						30. No demuestra favoritismos hacia nadie del equipo.					

1	Totalmente en desacuerdo
2	Bastante en desacuerdo
3	Ni de acuerdo, ni en desacuerdo
4	Bastante de acuerdo
5	Totalmente de acuerdo

¿Con qué frecuencia muestra su superior/a los siguientes comportamientos...?

	1	2	3	4	5		1	2	3	4	5
31. Es una persona comprometida con la compañía y con su equipo.						44. Me informa periódicamente de la consecución de mis objetivos y de cómo es mi contribución a los del equipo.					
32. Se adapta sin problemas a cualquier situación y/o persona.						45. Cuando hago un buen trabajo mis resultados son reconocidos.					
33. Me motiva a hacer más de lo que yo esperaba.						46. Fomenta el trabajo en equipo en nuestro departamento.					
34. Me siento orgulloso/a de pertenecer al equipo.						47. Favorece la cooperación con otros departamentos de la empresa.					
35. Me anima para que asista a acciones de formación que facilitan mi desarrollo personal y/o profesional.						48. Habla abierta y honestamente, incluso cuando las noticias no son buenas.					
36. Planifica y organiza adecuadamente el trabajo del equipo de trabajo.						49. No genera falsas expectativas y cumple con sus promesas.					
37. Favorece que exista un clima de colaboración entre los miembros del equipo de trabajo.						50. Tengo plena confianza en las decisiones que toma mi jefe/a.					
38. Potencia una comunicación bidireccional en el equipo de trabajo.						51. Las decisiones que toma son generalmente justas y equitativas.					
39. Se muestra ilusionado/a y motivado/a en el trabajo.						52. Comprende y acepta los cambios sin mostrar resistencia.					
40. Cuando delega tiene en cuenta las competencias y nivel de compromiso de sus colaboradores.						53. Genera las condiciones adecuadas para retener y comprometer a las personas con talento.					
41. Demuestra un interés sincero hacia mí como persona, no sólo como empleado/a.						54. Anticipa y tiene visión de futuro.					
42. Se preocupa y ocupa por gestionar los casos de bajo rendimiento.						55. Derriba, si es necesario, aquellas barreras culturales y actitudinales que entorpecen el cambio.					
43. Su actuación profesional se basa en principios éticos y morales.						56. Evalúa las mejoras a partir de resultados reales y de evidencias de desempeño.					

1	Totalmente en desacuerdo
2	Bastante en desacuerdo
3	Ni de acuerdo, ni en desacuerdo
4	Bastante de acuerdo
5	Totalmente de acuerdo

¿Con qué frecuencia muestra su superior/a los siguientes comportamientos...?

	1	2	3	4	5		1	2	3	4	5
57. Muestra gran sensibilidad hacia temas medioambientales.						62. Se preocupa por satisfacer las necesidades y expectativas del cliente interno.					
58. Conoce y aplica los principios de la calidad total.						63. Demuestra optimismo, en situaciones de crisis o dificultad, al tiempo que es realista.					
59. Usa el sentido del humor para suavizar los momentos más difíciles.						64. Aprecia el buen trabajo y el esfuerzo extra.					
60. Me hace sentirme entusiasmado/a y motivado/a con mi trabajo.						65. Afronta bien la adversidad. Persevera, dedica tiempo y esfuerzo hasta superarla.					
61. Se preocupa por satisfacer las necesidades y expectativas de nuestros clientes.											

Capítulo 2
La motivación

2.1. Las necesidades humanas.

2.2. La satisfacción en el trabajo.

2.3. ¿La conclusión...?

2.4. De la Motivación a la Gestión del Compromiso.

Cuestionario: Causas de satisfacción e insatisfacción en el trabajo.

2.1. Las necesidades humanas

Para estudiar la motivación en el trabajo es preciso partir del conocimiento de las necesidades humanas y de cómo actúan sobre la conducta. De esta forma, se pondrán los cimientos que permitirán analizar desde un punto de vista crítico las diferentes teorías de la motivación.

2.1.1. La teoría de Maslow: el punto de partida

En los años cuarenta/cincuenta es cuando se inicia el gran avance en el conocimiento de las necesidades humanas y, como consecuencia de ello, empiezan a entenderse reacciones y conductas laborales hasta entonces inexplicables.

A. H. Maslow (1908-1970) puede ser considerado como el primer autor que trata de sistematizar las necesidades humanas en un todo coherente, pudiéndose considerar sus resultados como el motor impulsor o punto de partida de posteriores investigaciones sobre la motivación en el trabajo. Si bien sus trabajos no se refieren específicamente al mundo laboral, su amplitud permite aplicarlo con éxito al mismo.

Maslow presenta en su teoría una organización jerárquica de predominio relativo de las necesidades humanas (ver Figura 2.1). Ahora bien, según este autor, para comprender la conducta de las personas dicho conjunto de necesidades hay que concebirlo como un todo.

El sistema de necesidades humanas está en constante expansión, de forma que las más elevadas inician su influencia sobre la conducta como resultado de la satisfacción de las necesidades de orden inferior. Ahora bien, esta necesidad inferior no desaparece, sino que su influencia puede volver a aparecer cuando su nivel de satisfacción desciende por debajo del mínimo. El concepto clave en el sistema de necesidades de Maslow es el de **autorrealización**; esto es, la tendencia de la persona a ser realmente lo que puede llegar a ser. Como consecuencia, esta teoría hace hincapié en la singularidad de cada individuo.

FIGURA 2.1
JERARQUÍA DE NECESIDADES DE MASLOW

De la formulación de la teoría de Maslow se deduce que si el comportamiento de las personas se orienta directamente a la satisfacción de sus necesidades, sus intereses les dirigirán hacia aquellas actividades que les procuren esa satisfacción y tenderán a evitar las que les impidan alcanzarla.

Aunque la teoría de Maslow, tal y como ya se ha dicho, no se refiere específicamente al campo laboral, su amplitud permite aplicarla con éxito al mismo.

Desde el punto de vista de Maslow, las primeras necesidades que se activan en el hombre son las fisiológicas; esto es, aquellas que le llevan a sobrevivir: hambre, sed, etc.

Una vez que las necesidades fisiológicas han quedado satisfechas a un determinado nivel, se activa la influencia de las necesidades de seguridad sobre la conducta humana; esto es, cuando la persona ha comido quiere asegurarse la comida.

El tercer grupo de necesidades que se activa cuando las de seguridad han alcanzado el nivel crítico de satisfacción son las de afiliación o afecto; esto es, las necesidades de pertenencia al grupo y de relación con las demás personas; de querer y ser querido. Así, cuando la persona ha comido y se ha asegurado la comida, buscará relacionarse con otras personas.

El cuarto grupo de necesidades que se activa cuando se han satisfecho suficientemente las de afecto, son las de autoestima; esto es, las que llevan al sujeto a querer conocer sus posibilidades y valores reales.

Por último, aparece la necesidad de autorrealización, o, lo que es lo mismo, la tendencia de la persona a ser cada vez más ella misma. Esta necesidad se activa cuando la de autoestima ha alcanzado un nivel aceptable de satisfacción.

Estas necesidades, según Maslow, forman una escala jerárquica de predominio relativo. Este término de «predominio relativo» se debe entender de dos **formas**:

a) Aunque, en la mayoría de las personas, las necesidades siguen esta estructura, puede haber casos, y de hecho los hay, en que alguna o varias de las necesidades superiores se activan antes de que las inferiores estén satisfechas; e, incluso, pueden llegar a dificultar la satisfacción de dichas necesidades inferiores.

b) No es preciso que una necesidad inferior esté satisfecha al 100% para que se active una superior. De esta forma, una conducta determinada puede estar causada por la influencia simultánea de varias necesidades. En realidad, la opinión de Maslow es que, salvo en casos excepcionales (por ejemplo, una guerra), la mayoría de las conductas humanas responden a la influencia conjunta de varias necesidades.

En la Figura 2.2, se presenta la postura de Maslow en forma gráfica. En dicha figura, la conducta «A» estaría causada por la influencia conjunta de los cinco grupos de necesidades.

FIGURA 2.2
EJEMPLO SOBRE LA TEORÍA DE MASLOW

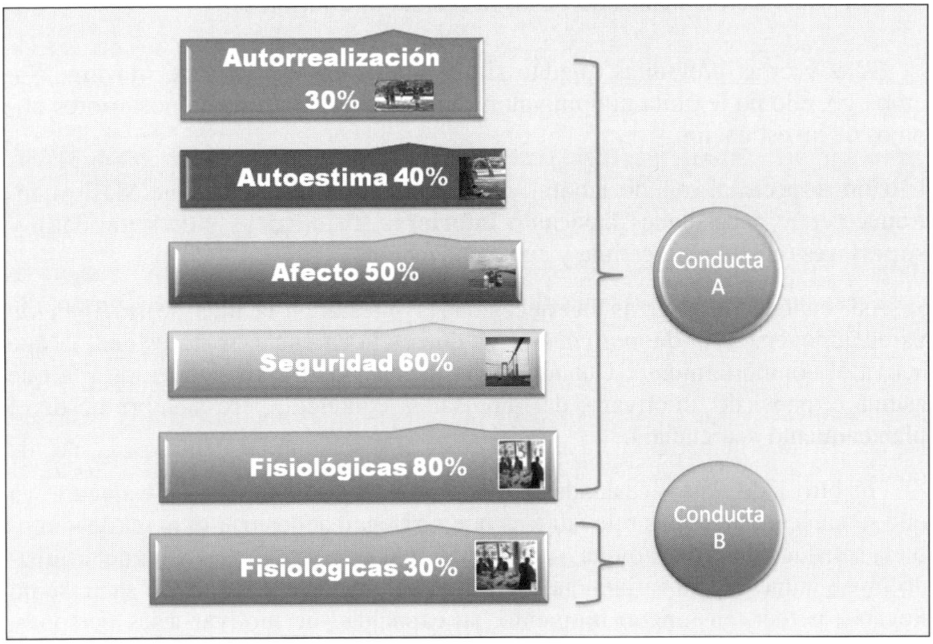

En este caso, las necesidades fisiológicas están satisfechas a un nivel del 80%, por lo que se han activado las de seguridad, que han alcanzado un nivel de satisfacción del 60%, lo que, por su parte, ha hecho que se activen las de afecto, que ya han alcanzado un nivel de satisfacción del 50%. Esto ha hecho que se activen las de autoestima, que han alcanzado un nivel de satisfacción del 40%, lo que ha activado las necesidades de autorrealización, que, hasta el momento, se han satisfecho a un nivel del 30% (los porcentajes indicados sólo tienen un valor de ejemplo, no representando ningún valor cuantitativo real).

La conducta «A» correspondería, por tanto, a una persona en la que ya se ha activado la necesidad de autorrealización, aunque las restantes necesidades inferiores no estén satisfechas al 100% y, como consecuencia, sigan determinando, en parte, la conducta del individuo.

La conducta «B», por su parte, correspondería a la de una persona que tiene satisfechas sus necesidades fisiológicas sólo a un nivel del 30%, por lo que no se ha activado aún ningún otro grupo de necesidades y, por tanto, sólo son las más básicas las que determinan la conducta del individuo.

Es claro que, a partir del ejemplo presentado en la Figura 2.1, surgen una serie de preguntas, tales como:

- ¿Cómo se puede medir el nivel de satisfacción de una necesidad?
- ¿Cuál es el nivel de satisfacción que debe alcanzar una necesidad inferior para que se active la inmediatamente superior?
- ¿Hasta qué punto es importante el deseo de la persona de mantener el nivel de satisfacción alcanzado en las necesidades inferiores?

Estas y otras preguntas quedan sin respuesta en la teoría de Maslow. Sin embargo, ello no le quita ningún valor como punto de partida de posteriores trabajos de investigación.

Con respecto al mundo laboral, es importante la distinción que Maslow introduce entre necesidades **básicas** o **inferiores** (fisiológicas y de seguridad), y **superiores** (afecto, autoestima y autorrealización).

Así, cuando se analizan las necesidades inferiores, la idea de *satisfacción* parece oponerse a la de *motivación*, ya que es la carencia, la necesidad, la que activa el comportamiento. Cuando dicha necesidad se satisface, es otra la que asume el papel de «motivar», de impulsar la conducta, pero siempre desde el planteamiento «carencial».

Por otro lado, las necesidades superiores no se adaptan a este esquema, ya que su característica más relevante es que no llegan a alcanzar el nivel de «completa satisfacción», puesto que, cuando han quedado satisfechas a un determinado nivel, aumentan su influencia sobre la conducta. Por tanto, al no saciarse no llegan a perder, en ningún momento, su capacidad de motivar a las personas.

Esto llevará a McGregor, como se verá un poco más adelante, a equiparar la motivación con la satisfacción de las necesidades superiores.

Pongamos un ejemplo del mundo laboral. Supongamos una persona que tiene un contrato de trabajo temporal en una empresa. Sus necesidades fisiológicas, por tanto, pueden estar satisfechas a un determinado nivel. Sin embargo, no ocurrirá lo mismo con las de seguridad, ya que el trabajador no sabe qué ocurrirá cuando termine su contrato. En este caso, todas sus conductas, según Maslow, vendrán determinadas por el deseo de satisfacer la necesidad de seguridad; esto es, de conseguir un puesto de trabajo fijo y estable.

Cuando su contrato temporal finaliza, la empresa le ofrece un contrato, que él acepta, por tiempo indefinido. Suponiendo que la empresa está en una buena situación económica y su futuro es prometedor, es de esperar que las necesidades de seguridad del trabajador hayan quedado satisfechas y, como consecuencia, tenderán a dejar de influir sobre su conducta, activándose las de afecto.

Siguiendo con el ejemplo, supongamos que, transcurrido un cierto tiempo, el trabajador se ha integrado perfectamente en el grupo de los compañeros de trabajo, lo que le permite satisfacer su necesidad de afiliación. En ese momento se activará la necesidad de autoestima, pero la de afiliación no dejará de actuar sobre la conducta de la persona, puesto que seguirá deseando dar y recibir cada vez más afecto.

Las investigaciones posteriores sobre la teoría de Maslow han permitido establecer una serie de conclusiones sólidamente apoyadas en evidencias empíricas:

a) No se ha encontrado, desde el punto de vista empírico, la escala de necesidades de que hablaba el autor americano. Por el contrario, sí se han podido dividir las necesidades humanas en dos grandes grupos: **fisiológicas** y **psicológicas** o **sociales**. Las primeras se corresponderían con las inferiores de Maslow, y las segundas con las superiores. Para que las necesidades psicológicas influyan sobre la conducta, es preciso que previamente se hayan satisfecho las fisiológicas.

b) Se han descubierto otras necesidades que complementan las que planteó Maslow (logro, poder, competencia, etc.).

c) Las necesidades fisiológicas una vez satisfechas dejan de actuar sobre la conducta; por su parte, tal y como se ha explicado, las psicológicas, a medida que se van satisfaciendo, van incrementando su influencia sobre el comportamiento de las personas.

En definitiva, se puede afirmar que el valor de la teoría de Maslow es el de ofrecer un esquema sencillo y comprensible del proceso que determina la activación o no de ciertas necesidades, y el haber impulsado las investigaciones sobre el tema.

Para terminar este apartado, parece oportuno explicar algunas de las necesidades de orden superior importantes en el mundo del trabajo.

2.1.2. Otras necesidades importantes

A) LA NECESIDAD DE AFILIACIÓN

Es el deseo de establecer, mantener o renovar una relación afectiva positiva con otra/s persona/s.

Para la Escuela de las Relaciones Humanas, éste es el factor motivacional más importante en el ámbito laboral. Así, los autores de dicha Escuela sostienen que la insatisfacción o desmotivación de los trabajadores proviene de las dificultades que encuentran para satisfacer la necesidad de afiliación en el contexto del propio trabajo.

Las investigaciones más recientes sobre el tema llegan a la conclusión de que esta necesidad, aunque existe en todas las personas, está activada con diferentes intensidades en cada una de ellas. Asimismo, se ha comprobado que la necesidad de afiliación se manifiesta con mayor intensidad en circunstancias que impliquen un cierto grado de ansiedad para las personas. Si se piensa que muchos trabajos industriales siguen siendo repetitivos y despersonalizados y provocan, en el trabajador, estados permanentes de ansiedad e insatisfacción, se comprenderá que la aparición de los grupos informales es una forma de reacción defensiva ante esa situación. Así, a través de dichos grupos informales, se tratará de adquirir seguridad y superar la ansiedad.

Esto ayuda a comprender la opinión, existente entre muchos directivos, de que los grupos informales son peligrosos para la organización, ya que los miembros de los mismos pueden tender a crear normas defensivas y de reacción contra las de la organización para aumentar su cohesión y seguridad. Obviamente, la solución no es eliminar los grupos informales, sino solucionar el problema de fondo.

B) LA NECESIDAD DE PODER

Es el deseo de las personas de obtener o mantener el control de los medios que les permitan dirigir, dominar o influir en el comportamiento de los demás.

La necesidad de poder es una de las más desacreditadas en el mundo laboral, porque siempre se piensa que las personas con un alto nivel en la misma van a comportarse de forma despótica y autoritaria. Esto no es así, ya que entre las personas con elevada necesidad de poder existen distintos tipos de comportamientos:

- Las personas con necesidad de poder personal se caracterizan por ejercerlo de forma ruda y desconsiderada en sus relaciones con los demás, tratando de explotarlos en su propio beneficio. Se preocupan por obtener símbolos de prestigio personal.
- Las personas cuya necesidad de poder está compensada por un buen grado de inhibición y autocontrol tienden a ser altruistas en beneficio de otros o de la institución en que participan.

En general, la necesidad de poder es una de las que, como consecuencia de las condiciones en que se realiza el trabajo industrial, se encuentra especialmente activada, por lo que es preciso tenerla muy en cuenta a la hora de hablar de la satisfacción en el trabajo. Esto no es extraño, puesto que si, como afirman muchos autores, la necesidad de poder se activa como reacción defensiva ante un sentimiento de inferioridad, es claro que los adultos en el trabajo se encuentran, en muchas ocasiones, en situaciones de dependencia, subordinación e indefensión frente a las arbitrariedades de sus superiores. Estas situaciones hacen que se desarrolle un sentimiento de inferioridad y que se active su necesidad de poder.

Para satisfacer esta necesidad, la mayoría de los trabajadores y empleados pretenden acceder a puestos directivos y, al no ser posible que esto ocurra de forma generalizada, se producen tensiones, frustraciones e insatisfacción.

Esta situación puede generar hoy día aún más problemas, dado que las organizaciones tienden a ser cada vez más «planas», por lo que esta necesidad se deberá tratar de satisfacer a través, sobre todo, del prestigio profesional.

C) LA NECESIDAD DE AUTORREALIZACIÓN

Esta necesidad puede definirse como ***la tendencia de las personas a ser lo que pueden ser, a utilizar y aprovechar plenamente su capacidad, su potencial***. En definitiva, como afirma Maslow, esta necesidad podría definirse como el deseo de llegar a ser cada vez más lo que uno es.

Aunque la tendencia a la autorrealización genere comportamientos muy diversos en las distintas personas, suelen aparecer ciertas características conductuales básicas similares sobre cómo se manifiesta esta tendencia hacia la autorrealización, hacia la maduración psicológica:

- Las personas aprenden, durante su proceso de maduración psicológica, **a controlar el entorno en el que viven y a influir sobre él** para que les sea favorable. La necesidad de autorrealización se manifiesta y concreta en un deseo de controlar y dominar el entorno, de no estar a su merced.
- Durante su proceso de maduración, las personas tienden a desarrollar su **capacidad de autodirigirse** a pesar de que, como seres sociales, no puedan conseguir una independencia total. La necesidad de autorrealización se

manifiesta y concreta en un deseo de independencia y de evitar aquellas situaciones en las que su comportamiento viene exclusivamente determinado por la influencia de otros.

- La persona, al madurar, tiende a **ser más versátil, más adaptable y menos previsible en sus reacciones y comportamientos**. Por ello, la necesidad de autorrealización se manifiesta en la búsqueda de situaciones que no exijan constantemente la misma actitud y comportamiento.
- La necesidad de autorrealización se manifiesta, también, en un deseo de la persona de **evitar aquellas situaciones que no exijan trabajar en la dirección de sus propios intereses** que, al madurar psicológicamente, se hacen más estables y profundos.
- La necesidad de autorrealización lleva a las personas a **evitar las situaciones de subordinación y servilismo ante las opiniones de los demás**. Desean ser y que se les considere, en lo esencial, igual a los otros.
- La persona madura tiene ideas y actitudes formadas hacia el mundo que la rodea y hacia sí misma, por lo que **se ha marcado unos objetivos que orientan su comportamiento**. La necesidad de autorrealización se manifiesta en su incomodidad cuando se la trata como a un autómata y no como a un individuo con necesidades e ideas propias.

Así pues, la necesidad de autorrealización es una necesidad de maduración psicológica, de crecimiento personal, que se manifiesta y concreta en un deseo o tendencia a desarrollar, a lo largo de toda la vida, cada una de las dimensiones antes mencionadas hasta un nivel óptimo, de acuerdo con la propia personalidad y con las exigencias de una sociedad organizada.

El entorno sociocultural moderno favorece la activación de las necesidades de autorrealización. Ahora bien, ¿ocurre lo mismo con su satisfacción?

En general, se puede afirmar que, en el mundo laboral, las diferencias fundamentales que existen entre las características psicológicas de los individuos y las de las organizaciones en que están incluidos pueden dificultar el llegar a una satisfacción efectiva de la necesidad de autorrealización. Así ocurre, por lo general, en las organizaciones laborales que reúnen una serie de características:

- **Especificación de las tareas**. Partiendo del supuesto de que las personas actuarán con mayor eficacia a medida que se especializan en la tarea que deben realizar. Se puede hallar, atendiendo a criterios técnicos, el mejor modo de definir el método de trabajo, pero se pueden ignorar las diferencias individuales al transferir tareas de unas personas a otras de forma indiscriminada.
- **Estructura organizativa muy formalizada**. El jefe define y controla los objetivos hacia los que los empleados deben dirigir sus esfuerzos: cómo deben trabajar para alcanzarlos; qué obstáculos encontrarán y cómo evitarlos.

En definitiva, se puede apreciar que las organizaciones tayloristas dificultarían la satisfacción de la necesidad de autorrealización en sus empleados.

D) LA NECESIDAD DE LOGRO

Se puede definir como el deseo de hacer las cosas bien, de tener éxito en sus actuaciones y de alcanzar ciertos estándares de excelencia**. Se refiere a la alegría o tristeza con que la persona reacciona ante los resultados de sus esfuerzos.**

La persona con elevada necesidad de logro suele sentirse inclinada hacia tareas que considera retadoras o difíciles, de forma que, cuando alcance el éxito en su realización, sienta la satisfacción de haber conseguido un logro personal.

Para estas personas, el logro es un fin en sí mismo; por el contrario, las que tienen una baja necesidad de logro, a mayor esfuerzo exigen mayores recompensas tangibles.

La necesidad de logro es uno de los factores motivacionales no fisiológicos mejor estudiados, desde que McClelland y sus colaboradores elaboraron la que se puede considerar la primera teoría estructurada sobre la misma, a finales de los años cincuenta.

La necesidad de logro es un factor motivacional susceptible de aprendizaje; esto es, puede ser activada y desarrollada. Así, aunque los factores climatológicos, geográficos, religiosos, culturales, etc., puedan influir en el desarrollo de la necesidad de logro, será fundamental la educación que los niños reciban de sus padres.

Según McClelland, la necesidad de logro se adquiere y se activa cuando los padres dan a sus hijos la oportunidad de experimentar la sensación de placer asociada al éxito conseguido a raíz de sus propios esfuerzos y decisiones. Ahora bien, estas oportunidades hay que dárselas a una edad adecuada, ya que si se hace demasiado pronto pueden desarrollar una inseguridad en sí mismos, al no tener aún la capacidad que exigen las tareas asignadas; ni demasiado tarde, cuando ya se han activado otros factores motivacionales. En definitiva, la edad adecuada para activar la necesidad de logro parece situarse entre los 6 y los 8 años.

En realidad, la necesidad de logro no es más que una de las facetas de la tendencia de las personas hacia la autorrealización, hacia la maduración psicológica. Por ello, lo que se ha explicado sobre las dificultades existentes en el mundo laboral para satisfacer la necesidad de autorrealización, se puede aplicar también a la de logro.

Sin embargo, según muchos autores, una elevada necesidad de logro es una de las características de los directivos que tienen éxito en las empresas.

E) LA NECESIDAD DE COMPETENCIA

Este factor motivacional puede adoptar dos aspectos:

- **El deseo de la persona de conocer su entorno físico y social y de aprender a conseguir del mismo lo que precisa.**
- **El deseo de tener éxito en las acciones que se llevan a cabo**.

Las formas de manifestación, en el adulto, de la necesidad de competencia, son:

- Deseo de conocer a fondo las peculiaridades de su propio trabajo.
- Deseo de conocer nuevas cosas, técnicas y procedimientos.
- Deseo de enfrentarse con problemas y situaciones nuevas.
- Deseo de conocer su entorno e influir en el mismo, de ser actor, más que espectador, de los acontecimientos.
- Rechazo de trabajos rutinarios y muy conocidos que no le permitan utilizar plenamente sus capacidades o adquirir nuevas aptitudes.
- Rechazo de trabajos o situaciones sobre las que no pueda influir.

En general, aunque sólo se hayan revisado algunas de las múltiples necesidades que se han investigado en el mundo del trabajo, se puede concluir que las personas buscarán situaciones en las que el entorno las estimule y les exija poner en juego sus capacidades y conocimientos. Se evitarán, por tanto, aquellas situaciones monótonas, repetitivas y estereotipadas que prorroguen aburrimiento, desidia y, cuando sea posible, el abandono.

2.2. La satisfacción en el trabajo

2.2.1. La teoría de McGregor

Los trabajos de Douglas McGregor se desarrollan en el campo de los estilos de dirección y la motivación de los trabajadores, y suponen un esfuerzo continuo para demostrar que la importancia del potencial humano, para ayudar a la empresa a conseguir sus objetivos, era mucho mayor de lo que suponían la mayoría de los directivos del momento. Desde su punto de vista, tanto las personas como las organizaciones obtendrían importantes beneficios de la implantación, en las empresas, de un clima de mayor libertad y flexibilidad, apoyado en una supervisión más abierta y participativa.

Douglas McGregor, por medio de sus difundidas Teoría X y Teoría Y, planteó una distinción entre los supuestos relativos a la motivación humanas sobre gerencia de personal.

- **La Teoría X** asume que a las personas les desagrada el trabajo y deben ser obligadas, controladas y dirigidas hacia los objetivos que persigue la organización.
- **La Teoría Y** (integración de los objetivos) hace hincapié en el interés intrínseco que, por término medio, tienen las personas en su trabajo, y su deseo de actuar con propia iniciativa para resolver los problemas de la empresa.

Por supuesto, McGregor (1972) concluye que la segunda postura es la más aceptable y la que deberían seguir todos los directivos.

Es importante destacar dos suposiciones de gran interés teórico que se encuentran implícitas en la obra de McGregor:

a) La satisfacción de las necesidades superiores de las personas en su trabajo equivale a su motivación.

   Así pues, según McGregor, cuanto más altos sean los niveles de las necesidades que puedan satisfacerse en el trabajo, tanto más motivados estarán los trabajadores.

b) Las necesidades incluidas en la jerarquía de Maslow se deberían agrupar en tres niveles:

   - Las necesidades **primarias**, las fisiológicas y las de seguridad, que se encontrarían en la base de la pirámide.
   - El siguiente grupo de necesidades correspondería a necesidades **sociales**, tales como la de participación, la aprobación y el afecto.
   - En la cúspide de la pirámide, se encontrarían las necesidades **psicológicas personales**, tales como la de autonomía, realización personal, autorrespeto, etc.

Dado que las necesidades que tienen mayor importancia para las personas son las sociales y las psicológicas personales, todos aquellos sistemas organizacionales que se basen en la satisfacción de las necesidades primarias estarán condenados al conflicto y al fracaso.

En la teoría de McGregor, por tanto, no es la dirección la que consigue motivar y satisfacer a los trabajadores; sin embargo, sí es responsabilidad suya poner los medios y disponer de las condiciones de forma que las personas puedan satisfacer sus necesidades inferiores y dispongan de los cauces adecuados de participación y asunción de responsabilidades que permitan desarrollar y satisfacer las superiores.

2.2.2. La teoría Z

La teoría Y fue desarrollada posteriormente por otros autores, Morse y Lorsch (1978), que la modificaron y denominaron su resultado «Teoría de la Contingencia». Según este modelo, las personas desarrollan diferentes necesidades y estímulos cuando trabajan en una empresa. Esto es debido a que una necesidad central e importantísima es lograr, en el propio trabajo, un sentido de competencia. Este estímulo del sentido de competencia, activo en todos los seres humanos, puede ser satisfecho de diferente modo por cada persona, de acuerdo con la forma en que esta necesidad se relacione con la intensidad de otras, tales como el deseo de poder, de independencia, de creatividad, de triunfo y de aceptación.

La satisfacción mayor en el trabajo se da cuando el estímulo de competencia produce una sensación de eficacia en el desempeño, derivada de la adecuación entre las características del trabajo, las necesidades del sujeto, y la organización de la empresa. Por otro lado, la sensación de competencia continúa siendo un estímulo incluso cuando se ha logrado alcanzar el objetivo considerado, pues entonces surge otro nuevo y más alto.

Otra línea de evolución de la Teoría Y de McGregor han sido los trabajos de Ouchi, cuyos resultados han sido la formulación de su Teoría Z y la aplicación en occidente de los círculos de calidad.

La teoría de Ouchi (1982) no es una teoría de la satisfacción en el trabajo, aunque en ella se haga equivaler a los trabajadores satisfechos con los motivados. Para Ouchi, las empresas occidentales tradicionales constituyen una adaptación natural a las condiciones de heterogeneidad e individualismo; por el contrario, él propone una organización cuyos logros sean la suma de los esfuerzos de los miembros, cuya identificación con su empresa les lleve a obtener su autoestima a través de los logros de la compañía.

Los círculos de calidad son un instrumento de las empresas que aplican la Teoría Z. Un círculo de calidad es un pequeño grupo de empleados del mismo lugar de trabajo que han sido adiestrados para identificar y analizar problemas vinculados a sus propias tareas. Una vez completado el análisis y formulada una solución, se presentan a la administración de la empresa las recomendaciones pertinentes.

La idea de los círculos de calidad motiva mediante la participación, tratando de satisfacer las necesidades superiores y utilizando los factores motivadores de Herzberg. Los participantes obtienen el reconocimiento, asumen responsabilidades, cumplen una labor útil, llegan a comprender mejor a su empresa.

2.2.3. Las teorías de las expectativas

Las teorías de las expectativas parten, en general, del supuesto de que las personas estarán motivadas para hacer cosas que piensan que tienen una alta probabilidad de permitirles obtener aquellas recompensas que consideran valiosas. Sin embargo, aunque parte de este supuesto básico, luego tiene múltiples enfoques y contenidos. Por ello, a continuación, exponemos algunas de las teorías más relevantes dentro de este planteamiento.

A) TEORÍA DE VROOM

Vroom (1964) parte de la teoría de campo formulada por Lewin (1951) y, al igual que él, utiliza el **concepto de valencia** para definir la satisfacción que se espera obtener de un hecho determinado.

La **valencia es la atracción de una meta,** de modo que Vroom postula que los premios obtenidos con la realización del trabajo serán más o menos valiosos para el trabajador en función del valor que éste les conceda y del grado en que percibe que un aumento en el rendimiento llevará, de hecho, a la consecución de dichos premios. Para él, los efectos de los premios están siempre relacionados con el valor que la persona concede a los mismos y con la expectativa de conseguir lo que es justo y equitativo. Así, una misma recompensa puede tener distinto valor motivacional para diferentes trabajadores.

Por ejemplo, en ocasiones, unos determinados beneficios sociales concedidos por la empresa (coche, piso, vacaciones, etc.) no tienen el efecto motivador que se esperaba. La razón, según esta teoría, es que los trabajadores valoran poco dichos beneficios sociales; en suma, tienen una **valencia baja** para ellos.

Por otro lado, las personas practicarán aquellas conductas que prevén les permitirán conseguir las metas con alta valencia para ellos. De esta forma, si un trabajador desea una promoción (valencia alta), tenderá a actuar de la forma que estima adecuada para conseguirla:

a) Si en la empresa existen unos criterios objetivos de promoción, uno de los cuales son los resultados de las evaluaciones del rendimiento, realizados anualmente, el trabajador se esforzará por mejorar en dichas evaluaciones.

b) Si, por el contrario, en la empresa no existen unos criterios objetivos de promoción, y lo que los trabajadores saben, o suponen, es que en la organización se promociona «a dedo», según las simpatías del jefe, e independientemente de la cantidad y calidad del trabajo realizado, es fácil que el operario que desee promocionar se desentienda de obtener un buen rendimiento y fije sus esfuerzos en «llevar la cartera» al jefe para conseguir sus simpatías.

c) Si la situación que se da en la empresa es la ausencia de posibilidades de promoción, el trabajador probablemente abandonará la organización para ingresar en otra donde poder conseguir la meta que desea, independientemente de las recompensas que le ofrezca su empresa actual.

En el ejemplo se ha simplificado en extremo la situación, ya que en la realidad, en función de su esquema de necesidades, las personas desearán alcanzar distintas metas, cada una con diferente valencia para ellas. Además, algunas de estas metas pueden ser sólo un paso intermedio para conseguir otras con valencias más altas, y normalmente no hay un solo camino para llegar a las distintas metas deseadas. Por tanto, encontramos que el esquema motivacional de Vroom no es tan simple como podría parecer en un principio.

Pongamos un ejemplo. Una persona acaba de terminar sus estudios de Psicología y se le ofrecen dos oportunidades de trabajo:

a) Entrar a formar parte de la dirección de recursos humanos de una empresa (meta inmediata con una alta valencia para la persona).
b) Incorporarse, como vendedor, a un equipo comercial (meta inmediata con una baja valencia para la persona).

Sería de esperar que el recién titulado, aplicando estrictamente la teoría de Vroom, aceptase el primer trabajo.

Sin embargo, supongamos que la meta que, a largo plazo, desea alcanzar la persona sea la de ocupar un puesto de director de recursos humanos, y que considera que, por su formación y experiencia, no tiene bien desarrolladas sus habilidades sociales y de negociación. Es posible que, en este caso, aceptase el segundo empleo, buscando desarrollar, a través de la actividad comercial, las competencias que considera que le faltan, para, posteriormente, volver al área de los recursos humanos.

En definitiva, estaría desarrollando, la persona de nuestro ejemplo, una conducta que muchos considerarían inexplicable, cuando en realidad está dirigiéndose a una meta con una alta valencia para él (dirección de recursos humanos), a través del camino que considera le conducirá más fácilmente a la misma (expectativa alta), aunque previamente haya alcanzado una meta (vendedor) que, aparentemente, tiene una baja valencia para él.

Por tanto, la aplicación práctica de la teoría de Vroom a una conducta concreta puede ser más compleja de lo que parece en un primer momento, ya que:

- Para una persona, la valencia de un objetivo (éxito) particular está directamente relacionado con la utilidad que tenga ese objetivo para conducir, a su vez, a otros de cierta valencia para la obtención de los resultados que el individuo desea.
- Cuanto mayor sea la valencia otorgada por la persona a un determinado resultado, mayor será su tendencia a dirigir sus esfuerzos hacia el objetivo y, por tanto, a actuar.

En resumen, se puede decir que, en la teoría de Vroom, la satisfacción en el trabajo refleja el grado en que una persona encuentra que su trabajo le resulta deseable, en cuanto le permite alcanzar sus metas personales.

B) TEORÍA DE LAWLER Y PORTER

Para Lawler y Porter (1967) la satisfacción del trabajador es, por una parte, función del valor y magnitud de las recompensas que obtiene realmente como consecuencia de la realización de su propio trabajo y, por otra parte, de las que considera que debería obtener.

Su teoría representa la novedad de diferenciar las relaciones entre las recompensas extrínsecas, y las intrínsecas en situaciones laborales, adjudicándoles diferentes papeles en el proceso motivacional:

- Las recompensas **extrínsecas** serían aquellas que son controladas por la organización, como el salario, los ascensos, el status y la seguridad, dirigidas fundamentalmente a satisfacer las necesidades de nivel inferior.
- Las recompensas **intrínsecas** están relacionadas con la satisfacción de las necesidades de autorrealización o de desarrollo o necesidades de nivel superior.

Para estos autores, las recompensas intrínsecas y extrínsecas no están directamente relacionadas con la satisfacción en el trabajo, ya que la relación se ve modulada por las recompensas «consideradas justas» por el trabajador. Esta variable se refiere al nivel o cantidad de la recompensa que un individuo considera que debe recibir por su rendimiento en el trabajo. Un individuo puede mostrarse satisfecho con una pequeña cantidad de recompensas si cree que es la cantidad justa que merece por su trabajo.

De acuerdo con esta teoría, si la satisfacción depende, en parte, de las recompensas realmente recibidas por el trabajador y, en parte, del nivel de rendimiento alcanzado, es evidente que *«es la satisfacción la que depende del nivel de rendimiento y no al revés»*.

En la revisión que Lawler y Porter (1968) hicieron de la formulación inicial de su teoría, plantean que la satisfacción derivada de determinadas recompensas afecta a la valencia de las mismas, la cual, según la teoría de las expectativas, es uno de los factores determinantes del esfuerzo y éste, a su vez, determina, junto con otras variables, el nivel de rendimiento. Por tanto, tomando en consideración estas relaciones indirectas, es posible que la satisfacción influya sobre el nivel de rendimiento.

El modelo, así revisado, se transforma en circular, presentando dos proposiciones básicas:

- El nivel de rendimiento es uno de los determinantes de la satisfacción en el trabajo, a través de su influencia sobre las recompensas que realmente obtiene el trabajador.

- La satisfacción en el trabajo es uno de los determinantes del nivel de rendimiento, a través de su influencia sobre la valencia de las recompensas.

Es importante resaltar del planteamiento de Lawler y Porter la importancia de conceder su valor real a las «percepciones subjetivas de los trabajadores» en la determinación de la satisfacción e insatisfacción en el trabajo. En efecto, no es importante sólo lo que objetivamente sucede en la empresa (por ejemplo, salarios más altos que la media de los que se pagan en el sector), sino cómo perciben dicha situación los trabajadores (por ejemplo, la sensación de que sus salarios son bajos en comparación con el esfuerzo que desarrollan).

C) TEORÍA DE MARCH Y SIMON

El modelo de March y Simon también sugiere la existencia de relaciones directas, indirectas y circulares entre la satisfacción y el rendimiento.

Para ellos, la motivación para producir surge de un estado, presente o anticipado, de descontento, el cual desencadena un sentimiento de búsqueda de alternativas tendentes a resolver ese estado de insatisfacción. A partir de aquí, las proposiciones básicas del modelo son:

- Cuanto mayor es el valor de las recompensas esperadas, mayor es la satisfacción en el trabajo.
- Cuanto mayor es el valor de las recompensas esperadas, mayor es el nivel de aspiración.
- Cuanto más alto sea el nivel de aspiración, menor será la satisfacción.

Por tanto, de acuerdo con estas proposiciones, un estado de satisfacción o insatisfacción, presente o anticipado, puede determinar tanto mejoras como reducciones en el nivel de rendimiento.

Considerando la primera proposición, la correlación entre satisfacción y rendimiento será positiva siempre que a mayor rendimiento correspondan mayores o más valiosas recompensas. No obstante, esto no siempre es así, ya que como dicen March y Porter (1969): «*Los individuos juzgan, con frecuencia, las recompensas que reciben como no dependientes de su productividad, o como dependientes de variables que no tienen nada que ver con el rendimiento y, por tanto, que no están relacionadas o están negativamente relacionadas con el comportamiento productivo*».

De nuevo se plantea aquí la importancia de las expectativas de los sujetos. Así, en uno de los ejemplos anteriores, si un trabajador percibe, independientemente de que su percepción se corresponda o no con la realidad, que la promoción (meta deseada) es independiente de su rendimiento en el puesto que ocupa actualmente, dejará de esforzarse por mejorarlo. De aquí, la importancia que tiene, en las empresas, que los procedimientos de gestión de recursos humanos especifiquen los criterios objetivos en que se apoyará la consecución de las recompensas por parte de los trabajadores, y que dichos criterios sean aplicados y conocidos por todos los empleados.

Considerando la segunda y tercera proposiciones, parece lógico que cuanto mayor sea el nivel de rendimiento conseguido, mayor será el nivel de aspiración, lo cual determinará una reducción de la satisfacción. Por tanto, en este caso, la relación entre satisfacción y nivel de rendimiento puede ser positiva, negativa o nula.

Como lo resumen los propios autores, la alta satisfacción «per se» no constituye un buen pronóstico de una gran producción en un sentido causal.

Entre los aspectos más relevantes de las teorías de Lawler y Porter, y March y Simon está la importancia de tomar en consideración las cogniciones del sujeto y, sobre todo, su descubrimiento de la existencia de relaciones circulares entre la satisfacción y el rendimiento.

2.2.4. Teoría de la satisfacción en el trabajo o teoría de los factores de Herzberg

En el panorama del estudio de la satisfacción y motivación laboral sobresale, por las alabanzas o por las críticas recibidas, la figura de Herzberg, autor que, sin ninguna duda, ejerce una influencia decisiva sobre los posteriores estudios del tema, ya sea a favor o en contra de sus postulados.

Herzberg (1968) resume su teoría de la forma siguiente: «*Los factores que contribuyen a la satisfacción (y motivación) en el trabajo son distintos e independientes de los factores que tienden a provocar insatisfacción. Se deduce, por tanto, que estos sentimientos no son opuestos entre sí, ya que según estudiemos la satisfacción o la insatisfacción en el trabajo, los factores a considerar son completamente diferentes*».

La expresión del concepto plantea un problema de semántica, ya que normalmente creemos que satisfacción e insatisfacción son conceptos opuestos… en este caso están involucrados dos conjuntos distintos de necesidades humanas. Se puede considerar que uno de esos conjuntos de necesidades está arraigado en la naturaleza animal: el impulso instintivo a evitar el sufrimiento y las molestias que ocasiona el entorno circundante, además de todos los impulsos adquiridos condicionados por las necesidades biológicas básicas. Por ejemplo, el hambre, un impulso biológico básico, nos obliga a ganar dinero, y en consecuencia el dinero se convierte en un impulso específico. El otro conjunto de necesidades se refiere a una característica exclusiva del hombre, la capacidad de realización y de experimentar, a través de ésta, una sensación de crecimiento psicológico. Los estímulos de las necesidades de crecimiento están constituidos por aquellas tareas que lo producen. En el ambiente industrial, es el contenido del puesto de trabajo.

Por el contrario, los estímulos que inducen un comportamiento tendente a evitar las molestias están comprendidos en el entorno del puesto de trabajo.

Los factores de crecimiento o motivadores, intrínsecos al trabajo, son: ***la realización, el reconocimiento, el trabajo en sí mismo, la responsabilidad y el desarrollo o promoción.*** *Los factores de evitación del descontento –o factores higiénicos– que son extrínsecos al trabajo mismo incluyen:* ***política y administración de la empresa, control, relaciones interpersonales, condiciones de trabajo, salario, status y seguridad.***

La hipótesis de Herzberg sobre la existencia de dos conjuntos de necesidades en el hombre y dos dimensiones independientes de satisfacción e insatisfacción en el trabajo fue sometida a prueba, por primera vez, con una muestra de 203 ingenieros y contables. En esa investigación, Herzberg, Mausner y Snyderman (1959) utilizaron, como instrumento de recogida de información, una entrevista semiestructurada.

Durante la entrevista se pedía al entrevistado que tratara de recordar situaciones de su vida laboral durante las cuales se hubiera sentido excepcionalmente bien o excepcionalmente mal a causa del trabajo.

Para cada caso, se le solicitaba al entrevistado que describiera la situación incidiendo en los siguientes aspectos:

- ¿Cuáles fueron los hechos que dieron lugar al excepcional sentimiento de satisfacción o de insatisfacción y en qué circunstancias se dieron?
- ¿Qué significado tuvieron los hechos para él?
- ¿Cuál fue la intensidad del sentimiento de satisfacción o de insatisfacción?
- ¿Cuál fue su duración?
- ¿Qué repercusión tuvo el sentimiento de satisfacción o de insatisfacción sobre el nivel de rendimiento, sobre sus actitudes hacia la empresa y hacia la profesión?

El análisis de los datos de esta primera investigación permitió identificar, para cada situación, una serie de elementos objetivos que eran, a juicio del entrevistado, la causa de su sentimiento de satisfacción o de insatisfacción, según el caso, en el trabajo. A estos elementos objetivos los denominó Herzberg **factores de primer nivel**.

Los factores de primer nivel, cada uno de los cuales incluían una dimensión positiva y otra negativa, identificados en esta primera investigación y, posteriormente, mantenidos por los sucesivos estudios sobre el tema, fueron los siguientes: remuneración, dirección y relaciones humanas, políticas, normas y procedimientos de gestión de la empresa, supervisión técnica, condiciones de trabajo, reconocimiento, logro, el trabajo mismo, promoción, responsabilidad, posibilidad de desarrollo personal, vida privada, status y seguridad en el trabajo.

Además se identificaron, en cada situación, los denominados **factores de segundo nivel**. Mientras que un factor de primer nivel es un hecho objetivo, uno de segundo nivel es la reacción psicológica que provocó el hecho en el sujeto. Así, un factor de segundo nivel puede definirse como «*un sentimiento de satisfacción o insatisfacción de determinado tipo de necesidades provocado por algún factor de primer nivel*».

Los factores de segundo nivel identificados por Herzberg, Mausner y Snyderman (1959) estaban constituidos por los siguientes tipos de necesidades: reconocimiento, logro, desarrollo personal, responsabilidad, afiliación, efectuar un trabajo interesante y retador, posición o status, seguridad, justicia y equidad, autoaprecio y dinero. Estos factores en la segunda formulación de la Tª ya no se utilizan.

A continuación se procedió a estudiar los cambios o efectos que se producían sobre el nivel de rendimiento, la rotación y el equilibrio psicológico del trabajador durante el periodo de tiempo considerado, a partir tanto de las opiniones dadas por los entrevistados como de los datos obtenidos sobre su rendimiento durante el mismo periodo de tiempo.

Los resultados de esta investigación sirvieron de base a la primera formulación de la teoría de la satisfacción en el trabajo de Herzberg. Los factores o hechos determinantes de sentimientos de gran satisfacción en el trabajo fueron, básicamente, distintos de aquellos que produjeron insatisfacción.

Concretamente, los hechos relacionados con los factores de primer nivel: reconocimiento, logro, trabajo en sí mismo, promoción y responsabilidad contribuyeron, normalmente, a producir satisfacción en el trabajo, y muy raramente fueron causa de insatisfacción; por ello, fueron denominados **satisfactores** o **motivadores**.

Por el contrario, los hechos relativos a remuneración, dirección y relaciones humanas, política, normas y procedimientos de gestión de la empresa, supervisión técnica y condiciones de trabajo fueron normalmente causa de insatisfacción, y muy raramente de satisfacción; por esta razón, fueron denominados **insatisfactores** o **higienizantes**, dado que, según Herzberg, ejercían el mismo papel que la higiene en la salud: no producían satisfacción pero permitían prevenir la insatisfacción.

Herzberg y colaboradores (1959) llamaron la atención sobre el hecho de que los satisfactores son *factores intrínsecos al propio trabajo, tales como el éxito en la realización del mismo, reconocimiento de tales éxitos, responsabilidad por los resultados conseguidos, trabajo variado y retador, etc. Por el contrario, los factores insatisfactores son extrínsecos al trabajo; es decir, corresponden al entorno en el que se desarrolla el mismo en cuanto a normas, capacidad directiva de los jefes, etc.*

La formulación inicial de su teoría, a partir de los resultados obtenidos, la realiza Herzberg de la forma siguiente: «*Unas deficientes condiciones de traba-*

jo, una mala administración de la empresa y un deficiente estilo de dirección determinarán, normalmente, insatisfacción en el trabajo. Una buena política, administración, estilo de dirección, condiciones de trabajo..., no determinarán, por sí mismas, satisfacción en el trabajo. Por el contrario, el reconocimiento, logro, trabajo interesante, responsabilidad y promoción determinarán satisfacción en el trabajo. Su ausencia conduce con poca frecuencia a la insatisfacción».

En cuanto a los factores de segundo nivel, los resultados se interpretaron en el sentido de que las necesidades de desarrollo personal, logro y autorrealización son la clave para comprender los sentimientos de satisfacción en el trabajo. Es decir, los hechos relativos a los factores satisfactores de segundo nivel posibilitan la satisfacción de las necesidades de logro, autorrealización y desarrollo personal, lo cual determina un sentimiento de satisfacción global en el trabajo. Por el contrario, los sentimientos de injusticia no debida al control del propio sujeto son la clave para comprender la insatisfacción en el trabajo.

Así, cuando el individuo percibe, a través de determinados hechos, que es tratado con poca atención y/o justicia por sus superiores o por la empresa en general desarrolla sentimientos generalizados de insatisfacción en el trabajo.

Las conclusiones que se pueden obtener de las investigaciones posteriores sobre la teoría de Herzberg son:

- Un determinado factor puede ser causa de satisfacción en el trabajo para una determinada persona y de insatisfacción para otra.
- La importancia que un determinado factor tiene como causa de satisfacción o de insatisfacción en el trabajo va a depender de variables tales como el nivel del puesto que ocupa el trabajador, su edad, formación, cultura, necesidades vitales, etc.
- Los aspectos que producen satisfacción en el trabajo son diferentes de aquellos que causan insatisfacción.
- Deben considerarse en cada caso las características socioeconómicas y culturales de los sujetos a la hora de analizar los aspectos satisfactores e insatisfactores, pues van a hacer que los factores motivadores e higienizantes sean ligeramente distintos, aunque siguiendo la misma línea general para cada empleado o grupo de empleados.
- En cada grupo de sujetos pueden variar los factores causantes de satisfacción e insatisfacción, aunque unos y otros siempre serán diferentes. Mientras que los intrínsecos tenderán a aumentar la satisfacción, los extrínsecos tenderán a prevenir la insatisfacción.
- En las empresas, por tanto, será preciso trabajar en dos direcciones: una la del enriquecimiento del trabajo, para aumentar la satisfacción; y otra sobre los factores extrínsecos, para evitar sentimientos de insatisfacción.

Herzberg, basándose en su modelo teórico, propone para incrementar la satisfacción en el puesto de trabajo un sistema que denomina **enriquecimiento del trabajo** (*job enrichment*). Consiste en un procedimiento de redefinición del contenido del trabajo con el fin de conseguir la mayor satisfacción de las necesidades superiores de quien lo desempeña. Para ello, los puestos de trabajo se deberán diseñar de modo que impliquen el mayor reto para el individuo, con el fin que éste pueda tener experiencias de logro, autoestima, promoción y autorrealización al realizar las tareas incluidas en el trabajo.

2.2.4.1. Factores de Higiene vs Factores Motivadores

Herzberg propone un repaso de su teoría motivación-higiene y respecto a los factores implicados en la generación de satisfacción (y motivación) en el trabajo y los factores que llevan a la insatisfacción (ver Gráfico 2.1). Lo contrario a la satisfacción en el trabajo no es la insatisfacción, sino la ausencia de satisfacción. De igual manera, lo contrario de insatisfacción no es la satisfacción, sino la ausencia de insatisfacción en el puesto de trabajo.

GRÁFICO 2.1

FACTORES QUE AFECTAN A LA ACTITUD EN EL TRABAJO

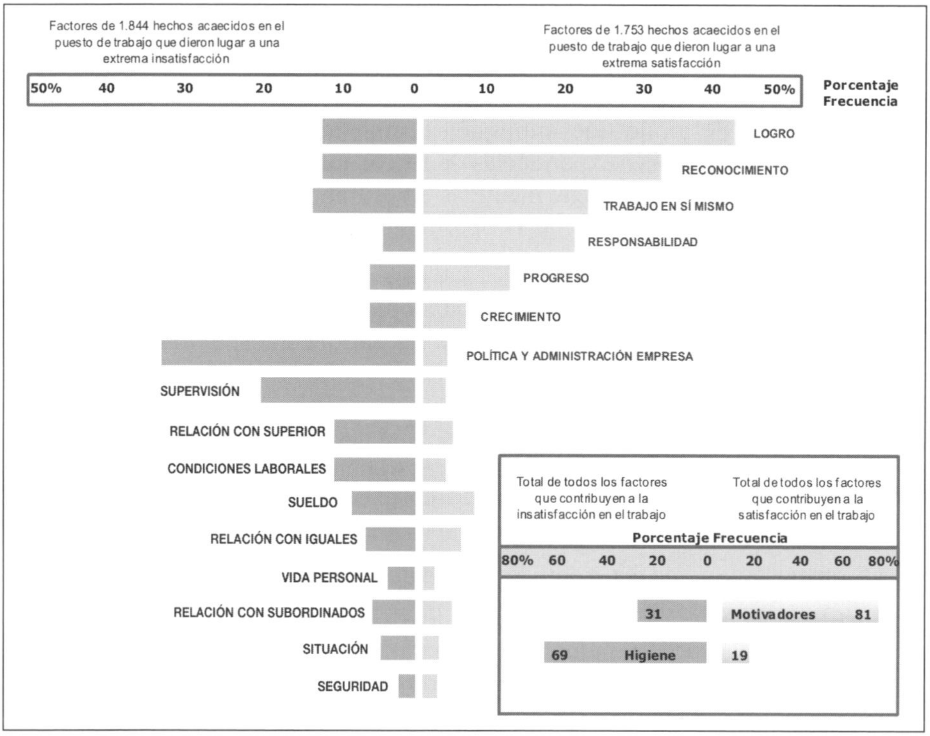

Fuente: Herzberg, 2004:64.

Los factores de crecimiento o motivación intrínsecos en el trabajo son: logro, reconocimiento, el trabajo en sí mismo, la responsabilidad y el crecimiento o progreso. Los factores que evitan la insatisfacción o de higiene y se caracterizan por ser de carácter extrínseco son: política y administración de la empresa, supervisión, relaciones interpersonales, condiciones laborales, sueldo, situación y seguridad.

Los resultados que aparecen en el Gráfico 2.1 muestran que los factores motivadores son la causa de la satisfacción, mientras que los higienizantes lo son de la insatisfacción. Surgen como consecuencia de 12 estudios diferentes, en los que se preguntaba a personas de diferentes puestos sobre hechos que habían ocurrido en su trabajo que les hubiera producido gran satisfacción o extrema insatisfacción. En la parte inferior derecha del gráfico, aparecen el peso de los factores que contribuyen a la satisfacción en el trabajo, el 81% son motivadores. Y de aquellos factores que contribuyen a la insatisfacción, el 69% están relacionados con factores de higiene.

2.2.4.2. El enriquecimiento del puesto de trabajo

Herzberg, basándose en su modelo teórico, propone para incrementar la satisfacción en el puesto de trabajo un sistema que denomina **enriquecimiento del trabajo** (job enrichment). Consiste en un procedimiento de redefinición del contenido del trabajo con el fin de conseguir la mayor satisfacción de las necesidades superiores de quien lo desempeña. Para ello, los puestos de trabajo se deberán diseñar de modo que impliquen el mayor reto para el individuo, de modo que éste pueda tener experiencias de logro, autoestima, promoción y autorrealización al realizar las tareas incluidas en el trabajo. El enriquecimiento del trabajo proporciona a las personas la oportunidad de crecer psicológica y profesionalmente.

El enriquecimiento del puesto de trabajo es una función directiva. Ahora bien, no todos los puesto de trabajo pueden ser enriquecidos, ni todos los necesitan. Los pasos que se han de seguir son (Herzberg, 2004:76-78):

- Seleccionar aquellos puestos que los cambios no supongan coste elevados para la organización o bien los factores higienizantes comienzan a ser elevados, y especialmente, hay que centrar la atención en aquellos que se detectan problemas actitudinales o de motivación.
- Comenzar con una clara convicción de que se pueden cambiar.
- Utilizar técnicas de generación de ideas (brainstorming; 6-3-5; diagramas de afinidad; grupos nominales, etc.) para generar ideas sobre posibles cambios que pueden enriquecer el puesto de trabajo.
- Seleccionar las ideas más viables que afectan claramente a factores motivacionales.

- Evitar aquellas ideas o alternativas que conlleven ambigüedad o sean generalidades.
- Filtrar aquellas ideas que supongan carga horizontal[1].
- Evitar la participación directa de los ocupantes de los puestos que van a ser enriquecidos. Pueden participar en las fases anteriores y sus propuestas serán consideradas, sin embargo su implicación directa puede modular los resultados y su efectividad.
- Al principio, hay que establecer condiciones experimentales coherentes. De esta manera, se elegirán dos grupos similares, uno como unidad experimental en la que los motivadores se vayan introduciendo a lo largo del periodo de tiempo establecido, y el otro será un grupo de control en el que no se hacen cambios. Son necesarias pruebas pre y post para valorar la eficacia del programa de enriquecimiento.
- Es normal que, inicialmente, se produzca una reducción de la eficacia durante las primeras semanas en el grupo experimental.
- Además, es lógico y natural que se produzcan conductas de ansiedad y de hostilidad inicial hacia los nuevos cambios.

2.3. ¿La conclusión...?

El título de este apartado aparece entre interrogantes y con puntos suspensivos. ¿Por qué? Desde nuestro punto de vista, falta aún mucho por conocer sobre los temas de la motivación y la satisfacción de necesidades humanas en general, y en el mundo laboral en particular.

Por ello pensamos que no se puede formular aún una conclusión definitiva sobre el tema (de ahí los interrogantes), y que todavía es preciso desarrollar técnicas, y llevar a cabo investigaciones, que permitan llegar a conocerlo de una forma más molar (por esta razón aparecen los puntos suspensivos).

Desde este marco, vamos a tratar de explicar nuestro punto de vista sobre el tema; punto de vista que trata de ser integrador de los aspectos que se han ido explicando y que, a pesar de lo que pueda parecer en un primer vistazo sobre ellos, no deben considerarse contradictorios, sino más bien complementarios.

Para seguir nuestro desarrollo, recordamos de forma muy esquemática los conceptos que se han ido exponiendo a lo largo de las distintas teorías:

- **Necesidades humanas**. Se pueden dividir en dos grandes grupos:

---

[1] «La dirección a menudo reduce la contribución personal de los empleados en lugar de darles la oportunidad de crecer en sus puestos habituales». Estos esfuerzos son considerados por Herzberg (2003:70) como carga horizontal del trabajo.

1. Necesidades básicas o fisiológicas.
2. Necesidades superiores.

Las necesidades básicas, una vez satisfechas, dejan de actuar sobre la conducta y, según las formulaciones de las teorías de Herzberg y Lawler y Porter, entre otros, son las causantes de los sentimientos de insatisfacción de los trabajadores.

Por otro lado, las necesidades superiores, una vez satisfechas, no dejan de actuar sobre la conducta, sino que incrementan su influencia sobre la misma. Estas necesidades son las causantes de los sentimientos de satisfacción en el trabajo.

- **Satisfacción en el trabajo**: entendida en el sentido del sentimiento producido cuando la persona obtiene lo que desea o alcanza sus objetivos.
- **Insatisfacción en el trabajo**: es el sentimiento que se produce cuando la persona siente que las recompensas recibidas por su trabajo no se corresponden con el esfuerzo realizado o no le permiten satisfacer sus necesidades.
- **Motivación**. Si un motivo es una variable que da lugar a una determinada conducta, esto es, un impulso a la acción y motivación, es un conjunto de motivos, y es claro que esta se podría definir como el conjunto de variables que dan lugar a una conducta determinada.
- **Expectativas**. Se corresponden con las esperanzas que la persona tiene de lograr lo que desea (o evitar una situación indeseada) en función de la conducta que lleve a cabo.
- **Valencia**. Valor que tiene una recompensa para la persona.
- **Recompensas**. Se refiere a lo que la persona recibe de la organización a cambio de su esfuerzo. Pueden ser de dos tipos:
  1. **Positivas**, esto es, aquellas que se utilizan para premiar el comportamiento de los trabajadores.
  2. **Negativas**, es decir, aquellas que se emplean para castigar el comportamiento de los trabajadores.

Veamos cómo se relacionan entre sí estos conceptos.

Las personas tendrán un conjunto de **necesidades básicas**, que en su mayor parte son **innatas** y que serán las primeras que se tratarán de satisfacer. Así, una persona que lleva sin trabajar un año y encuentra dificultades para satisfacer sus necesidades más básicas (las fisiológicas), aceptará cualquier trabajo que le aporte la solución a dicho problema. En este caso:

- Su expectativa será tener un salario que le permita satisfacer dichas necesidades fisiológicas.
- El salario tendrá, para él, una valencia alta.

- Las recompensas que podrían satisfacer sus necesidades de orden superior tendrán, en esos momentos, una valencia baja para él.

Ahora bien, supongamos que la persona de nuestro ejemplo es un titulado universitario que acaba de finalizar sus estudios y que tiene cubiertas sus necesidades básicas, porque sus padres le pueden seguir manteniendo. Al buscar trabajo, tratará de encontrar un empleo que le permita satisfacer otras necesidades (autonomía, logro, autoestima, etc.). Por ello, las recompensas que pueda ofrecerle la empresa, a cambio de su esfuerzo, tendrán, para él, valencias muy diferentes a las que tenían para la persona del caso anterior. Asimismo, a la hora de elegir un empleo, tratará de encontrar aquel en el que suponga que las recompensas que pueda obtener a cambio de su trabajo le permitan satisfacer sus necesidades (expectativas).

Sin embargo, no podemos olvidar en ningún momento que las necesidades superiores se activan en grado distinto en cada individuo, en función de sus experiencias personales y de los ambientes socioeconómicos, culturales y educativos en que se haya movido y se esté moviendo. Por tanto, aquí se afronta un nuevo problema: **Personas con características aptitudinales, de personalidad y de formación similares pueden tener (de hecho tendrán) activadas necesidades distintas y/o en grados diferentes**.

Por tanto, nos encontramos con que en función de que tengan **más fuerza** las necesidades básicas o las superiores y según las necesidades superiores **activadas y la intensidad de su activación** resultará que:

1. La persona tendrá **expectativas diferentes** sobre lo que desea obtener a cambio de su trabajo.
2. Las recompensas que ofrezca la empresa a sus trabajadores tendrán **valencias distintas** para cada persona.
3. Las personas estarán **motivadas** a actuar de una forma determinada en el trabajo si tienen la expectativa de que van a conseguir, a cambio de su conducta, la recompensa que para ellos tenga una alta valencia.

Luego la motivación surgiría a partir de un sentimiento de insatisfacción combinado con una expectativa de conseguir aquellas recompensas que tienen una valencia positiva porque permitirían reducir la insatisfacción.

Ahora bien, tal y como ya hemos explicado anteriormente, una vez satisfechas las necesidades actúan de forma distinta:

1. Cuando las **necesidades básicas están insatisfechas**, la conducta del sujeto se dirigirá a conseguir aquellas recompensas que permitan satisfacerlas (valencia alta).
2. Si consigue dichas recompensas y **las necesidades básicas se satisfacen**, entonces dejarán de actuar sobre la conducta y se activarán las superiores. Si, por el contrario, las expectativas del sujeto no se cumplen y **las necesi-**

dades básicas no se satisfacen, aparecerán los sentimientos de insatisfacción, las quejas y la **desmotivación**, al no cumplirse las expectativas y, por tanto, dejará de esforzarse y presentará conductas conflictivas (absentismo, quejas, poco esfuerzo, etc.).

3. Cuando **las necesidades superiores se han activado**, las valencias de las recompensas que la persona puede obtener a cambio de su trabajo se modifican. Por ello, dado que son estas necesidades las que determinarán la conducta de los sujetos, la motivación aparecerá cuando el trabajador considera (expectativa) que las recompensas que obtendrá le permitirán satisfacerlas.
4. Una vez que **las necesidades superiores se satisfacen**, al contrario de lo que ocurre con las básicas, no sólo no dejan de actuar sobre la conducta, sino que incrementan su nivel de activación y, como consecuencia, siguen influyendo sobre el comportamiento de la persona. De esta forma se crea un bucle que continúa actuando de la misma forma que hasta ahora.
5. Ahora bien, en este punto se produce una situación ligeramente diferente a lo que ocurría con las necesidades básicas. Así, **la motivación** aparecerá cuando las expectativas de la persona se van cumpliendo y se van alcanzando los sucesivos objetivos a que dan lugar los incrementos de los niveles de activación de las necesidades superiores. En este caso, por tanto, **la satisfacción llevaría a la motivación**.

Resumiendo todo lo explicado, nos encontramos con que, aparentemente:

- La satisfacción de las necesidades básicas lleva a la «saciedad»; esto es, a su desaparición como fuerzas impulsoras de la conducta. Por tanto, sólo actuarán como motivadoras cuando están insatisfechas y el sujeto tiene expectativas de que su comportamiento le llevará a obtener las recompensas que permitan satisfacerlas.
- Las necesidades superiores incrementarán su actuación como motivadoras a medida que el sujeto va satisfaciéndolas.

A partir de lo expuesto, una pregunta que seguramente a muchos de nosotros nos surgiría es: ¿Cuál debería ser el comportamiento del líder o responsable del equipo de trabajo para motivar?

A continuación exponemos el esquema director de los comportamientos del mando para motivar a sus colaboradores.

ESQUEMA DIRECTOR DE LOS COMPORTAMIENTOS DEL MANDO
1. Definir con claridad los objetivos oportunos de la unidad.
2. Verificar que los colaboradores perciben que los objetivos son: • Motivadores. • Alcanzables. • Divisibles. • Relevantes. • Específicos.
3. Hacer participar a los colaboradores en cómo pueden contribuir a la consecución de los objetivos de la unidad.
4. Indagar qué recompensas serán satisfactorias para cada uno y las posibilidades de disponer de ellas.
5. Acordar con los colaboradores los niveles de rendimiento requeridos.
6. Proporcionar la ayuda necesaria (formación, apoyo personal, recursos adicionales).
7. Hacer el seguimiento de los procesos de trabajo.
8. Crear sistemas simples de medida (tiempo, cantidad, costes...).
9. Prever incentivos frecuentes de escasa cuantía.
10. Reforzar los éxitos utilizando las recompensas valoradas por cada uno.

2.4. De la Motivación a la Gestión del Compromiso

Una de las principales implicaciones, que están suponiendo los constantes cambios en los que se ven envueltas las organizaciones, y su necesidad de adaptación a entornos inciertos o de crisis, es la importancia de la gestión del talento y la mejora del desarrollo directivo (talento directivo). En estos momentos, y ahora más que nunca, resulta de vital importancia el desarrollo y activación del talento directivo, y en concreto del desarrollo de aquellas competencias que tienen que ver con la gestión personal o autoliderazgo (competencias emocionales) que permiten a los directivos/as gestionar adecuadamente o a sobreponerse a acontecimientos o situaciones desestabilizadores. Así como otras competencias relacionadas con el liderazgo de personas (competencias emocionales y sociales), que sin ninguna duda, van a ser críticas para dar respuestas de éxito, y adaptativas a los acontecimientos que están sucediendo y a diferentes escenarios de futuro.

El talento es un valor diferencial que permite generar ventajas competitivas sostenibles y duraderas en el tiempo. Por ello, la competitividad y el futuro de la gran mayoría de las organizaciones de nuestro país está claramente relacionado con la capacidad que tengan éstas de ***retener, comprometer y desarrollar el talento de las personas.*** Y sin ninguna duda, el papel de mandos y directivos/as, en relación a este objetivo, es determinante por no decir definitivo. Lo que en tiempos era simple, cuando la oferta superaba claramente la demanda, ahora es bien diferente pues el gran reto de las organizaciones ya no es atraer (pues el mercado laboral lo facilita) sino retener y comprometer personas con talento. Hace cinco años numerosos estudios preveían que para el año 2015 habría una profunda escasez de profesionales con talento, y algunos criticaban estos pronósticos, sin embargo conforme nos acercamos a esa fecha más se agrava esta situación. De hecho, recientemente, se ha publicado el tercer informe conjunto realizado por **The Boston Consulting Group (BCG)** y la **World Federation of People Management Associations (WFPMA[2])** que refleja, que uno de los grandes retos para las empresas europeas es la gestión del talento, pues se «avecina una gran escasez». Otro de los retos estratégicos que refleja este informe, es la mejora del desarrollo del liderazgo pues existe «un gran déficit de talento directivo».

FIGURA 2.3

GLOBAL WORKFORCE STUDY 2012

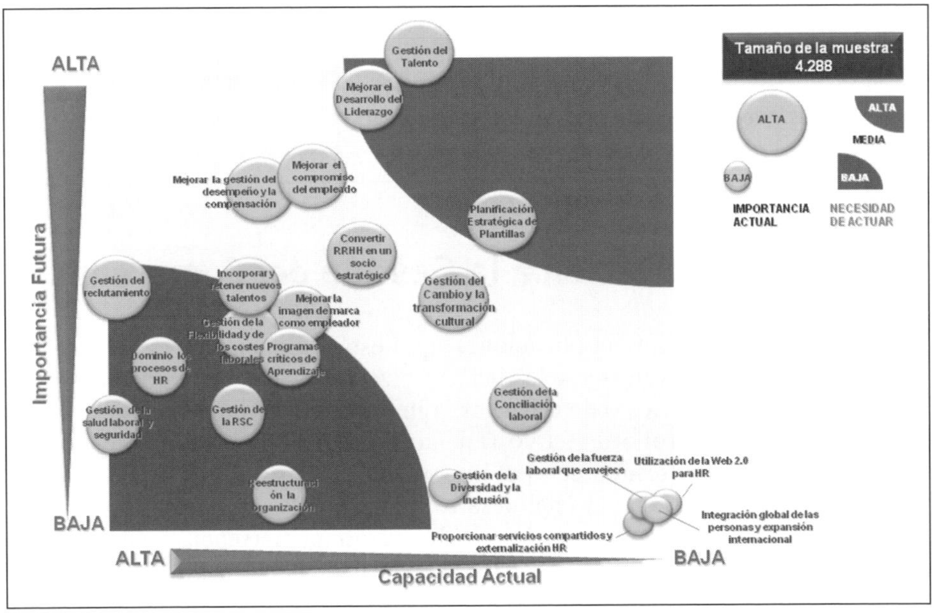

Fuente: 2012 BCG/WFPMA[3].

Sin ninguna duda, hay un talento diferenciador que nos permite ser más competitivos y establecer diferencias respeto a nuestros competidores. Luego, necesitamos de profesionales y de equipos que dispongan de ese talento diferencia-

[2] BGC y WFPMA (2012): Creating people advantagae 2012. Mastering HR challenges in a Two-Speed World. [En línea] http://www.eapm.org /index.phd /em /content /download /457 /189 7/file / BCG_Creating_People_Advantage_Oct_2012.pdf. (Fecha de Consulta: 11 de enero de 2013).

[3] TOWERS WATSON (2012): Estudio Global de la fuerza laboral. [en línea] http://www.towerswatson.com /assets /pdf /7177 /TW-GWS-At-a-Glance-Spanish-NA-2012-27653. pdf. (Fecha de Consulta: 22 de enero de 2013).

dor y con perfiles competenciales complementarios. Por otro lado, el talento diferenciador es escaso y solo tendremos a los mejores cuando diseñemos y propiciemos políticas que nos permitan ser organizaciones deseadas y atractivas para trabajar, directivos/as de gran talento y procesos que permitan identificar y captar a personas con talento, al tiempo que diseñemos políticas para retener y comprometer a las personas de nuestra organización.

Al hablar de talento, tenemos que hacer referencia a que no hay excedentes, ni estamos sobrados de talento, prueba de ellos es que cada vez que se marcha una persona con talento, se produce una fuga y un hueco que tiene consecuencias muy perniciosas para la organización. Esta situación se produce por no propiciar una cultura de compartir el conocimiento y las experiencias de las personas de una organización. Por otro lado, no podemos olvidar que el talento atrae al talento, y sin ninguna duda, también lo contrario. Un profesional con talento desea trabajar con personas con talento y detesta tener que trabajar con incompetentes.

La historia, y la actualidad más cadente, nos demuestra que profesionales con talento no son sólo extraordinarios, sino que han contribuido, junto con un equipo de personas, a la consecución de grandes gestas o éxitos que todavía seguimos recordando y forman parte de la historia o los hitos de una organización. De esta manera, algunos autores han considerado que un profesional con talento es «*un profesional comprometido que pone en práctica sus capacidades para obtener resultados superiores en un entorno y organización determinados*. En otras palabras, es la materia prima que constituye el talento organizativo» (Jerico, 2007). Coincidimos con el planteamiento de esta autora, pues un profesional con talento es «*una persona comprometida que muestra un repertorio de comportamientos observables y medibles asociados con un rendimiento alto o excelente en un determinado contexto profesional, y con una contribución notable al éxito y futuro de la organización*» (Palomo, 2007). Es decir, siguiendo los planteamientos iniciales de David Ullrich, profesor de la Universidad de Michigan, y a otros muchos autores, el talento es igual a competencias × compromiso × contribución.

Competencias × Compromiso Emocional × Contribución

Las competencias hacen referencia al saber, saber hacer, saber social, saber ser, querer hacer y poder hacer (ver definición en el capítulo 4). Sin embargo, el compromiso significa involucración e implicación con el proyecto de una organización concreta. Conviene aclarar que hay diferentes tipos de compromiso, pero nos vamos a centrar en tres:

- Compromiso emocional es el vínculo que generan las personas con la organización cuando perciben que sus necesidades y expectativas se satisfacen, y además, disfrutan con lo que hacen. Es la perfecta unión entre los intereses personales, los valores corporativos y el proyecto organizacional. En definitiva, es la identificación e implicación psicológica con los valores y proyecto organizacional.

- Compromiso racional o de continuidad se da cuando la persona percibe que se pueden producir pérdidas de carácter económico, de condiciones laborales, de aprendizaje y de desarrollo profesional si se marchasen de esa organización, o bien por la inestabilidad del mercado o por otras causas. La persona es consciente que existen costes asociados a dejar la organización. Es un compromiso calculado, que surge como consecuencia de la falta de alternativas (si pierdo el trabajo, lo pierdo todo). Permanecerán en la organización hasta que no encuentren algo mejor. Este tipo de compromiso lo podemos dividir en dos:
  - **El compromiso económico:** El motivo principal por el que la persona continua en una organización son las condiciones económicas que ésta proporciona pues son mejores que el resto de las opciones disponibles.
  - **El compromiso de crecimiento** es el que prevalece en aquellas personas cuyo motivo de permanencia en una organización son las oportunidades de aprendizaje y desarrollo profesional que ésta ofrece.
- Compromiso normativo o de lealtad es una creencia o sentido del deber que tienen las personas cuando hay una relación contractual con una organización, y por tanto, como reciben recompensas por el esfuerzo realizado, la persona se siente obligada y cumple.

Gestionar el compromiso es una de las responsabilidades de cualquier gestor de personas, independientemente de su posición dentro de la organización; no es un cometido que sólo compete a la Alta Dirección. Son muchas las investigaciones que señalan a los mandos y directivos como un factor clave a la hora de generar compromiso emocional en sus colaboradores respecto al proyecto de empresa, y en consecuencia ejercen una labor primordial en la retención de personas.

Una de las principales conclusiones resultantes del «Global Workforce Study 2007[4]» era que sólo el 19% de los empleados españoles se sienten totalmente comprometidos con la organización en la que trabajan. Tres años después, se produce un descenso en el nivel de compromiso de los españoles, baja a un 14%. En el estudio del año 2007, los resultados mostraban que el principal interés de los empleados españoles para permanecer en una empresa, era tener suficientes oportunidades de crecimiento. En el último estudio (2012), este factor pierde relevancia, y se produce un cambio pues el principal interés de los empleados de la muestra española es conservar su puesto de trabajo, aunque para ésto su crecimiento profesional se vea detenido.

En el Estudio Global de la Fuerza Laboral 2012 (**Study Global Workforce 2012),** la consultora Towers Watson (ver Figura 2.4) presenta los factores clave para atraer personas a la organización, retenerlas y promover niveles altos de compromiso.

---

[4] El Global Workforce Study es un estudio elaborado en varios países europeos (España, Francia, Alemania, Italia, Holanda, Reino Unido, etc.) por la consultora Towers Perrin que analiza los niveles de compromiso de los trabajadores.

FIGURA 2.4
FACTORES IMPULSORES GLOBALES DE ATRACCIÓN, RETENCIÓN Y COMPROMISO SUSTENTABLE

	ATRACCIÓN	RETENCIÓN	COMPROMISO SUSTENTABLE
1	Sueldo Base/ compensación	Sueldo Base/ compensación	Liderazgo
2	Seguridad en el trabajo	Oportunidades de desarrollo profesional	Estrés, equilibrio y carga de trabajo
3	Oportunidades de desarrollo profesional	Relación con el supervisor/gerente	Metas y objetivos
4	Ubicación conveniente del trabajo	Confianza dirección de la compañia	Supervisión
5	Oportunidades de aprendizaje y desarrollo	Gestionar/limitar el estrés relacionado con el trabajo	Imagen

Fuente: Study Global Workforce 2012[5].

Factores que atraen

Si bien en el estudio del año 2007, una retribución justa y competitiva no era lo más importante para las personas, pues un trabajo es algo más que ganar dinero o que realizar una serie de tareas. Un sueldo siempre puede ser mejorado por otra empresa, sin embargo el factor emocional es uno de los factores que marca la diferencia y el que hace que las personas sean leales y honestas con sus organizaciones. Por ello, un reto estratégico de las organizaciones era y es conseguir despertar el compromiso de las personas y conocer qué es lo que motiva realmente a cada uno. En definitiva, el salario emocional era y es un factor muy importante para generar automotivación en los colaboradores. Cinco años han pasado desde el estudio del 2007, y en este tiempo, se han producido cambios relevantes a este respecto, pues en el **Estudio Global Workforce 2012** de Tower Watson se destaca que la compensación impacta en la atracción, retención y el compromiso del empleado, y que deben buscarse formas más creativas de compensar. «*Esto no significa que los empleados demanden un salario mayor, sino que deben introducirse nuevos mecanismos de flexibilidad en el trabajo como elemento de compensación adicional. Un 48% piensa que no existe*

5 TOWERS WATSON (2012): Estudio Global de la fuerza laboral. [en línea] http://www.towerswatson.com /assets /pdf /7177 /TW-GWS-At-a-Glance-Spanish-NA-2012-27653. pdf. (Fecha de Consulta: 22 de enero de 2013).

una correlación entre su salario y sus funciones, y un 42% opina que no se les compensa adecuadamente» (TowerWatson, 2012[6]*).* Además, se concede una gran importancia a la seguridad en el trabajo *«un 46% declara que no tiene intención de dejar su empresa, aun en el caso de que se le ofrezca un trabajo similar en otra compañía»*. Otros factores relevantes son: oportunidades de desarrollo profesional (plan de carrera), conveniencias del lugar de trabajo y oportunidades de aprendizaje y de desarrollo.

Factores que retienen

En relación a la retención del talento, el factor más considerado por los españoles era trabajar en una organización que invierte en productos y servicios innovadores, en segundo lugar, tener una buena relación con sus jefes inmediatos, también influye que la alta dirección comunique una visión clara de cómo alcanzar el éxito a largo plazo. A este respecto, hay que destacar que, en el último **Estudio Global Workforce 2012** de Tower Watson, el panorama es bastante desalentador pues *«solo un 33% piensa que la alta dirección de su empresa tiene un interés sincero por el bienestar de los empleados y un porcentaje algo mayor, un 40% confía en el trabajo que hace la alta dirección»* (Tower Watson, 2012[7]). El estilo de liderazgo español necesita renovarse ya que impacta directamente en el compromiso. Además desean trabajar en organizaciones que estén claramente orientadas hacia la consecución del más alto nivel de excelencia ante sus clientes internos y externos, y hacia los diferentes grupos de interés. Por otro lado, aparece el factor del estrés, y tiene su lógica, pues la presión y el estrés de los españoles es superior a la media europea (35%). Es más, si en 2010 un 43% de los empleados españoles de la muestra decían tener presiones o estar sometido a situaciones de estrés, en 2012 el porcentaje aumenta a un 49%. Y al igual que en estudios anteriores, los factores de desarrollo y sueldo competitivo siguen siendo factores que favorecen la retención del talento.

Factores que comprometen

En la actualidad, no hay información publicada sobre los factores que más comprometen a los españoles, en la Figura 2.2 se presentan a nivel global los factores que más comprometen son el liderazgo; el estrés, equilibrio y carga de trabajo; las metas y los objetivos; la supervisión y la imagen. En definitiva, el compromiso depende en gran medida de la calidad directiva (talento directivo). Las personas se comprometen con personas.

---

[6] Towers Watson (2012): Study Global Workforce. [En línea] http://www.towerswatson.com/spain/press/7652. (Fecha de consulta: 10 de enero de 2013).
[7] *Ídem.*

2.4.1. La calidad directiva: factor clave en la gestión del compromiso

El papel de los gestores de personas en la gestión del compromiso supone trabajar desde dos perspectivas:

a) Como máximo valedor y garante de los valores y del proyecto organizacional, al tiempo que hace de interlocutor de sus colaboradores. Los mandos y directivos deben transmitir los valores corporativos y asegurarse que sus colaboradores comprenden el proyecto empresarial. Al tiempo, tienen que planificar estratégicamente siendo coherentes con la Misión y los valores e implicando a las personas adecuadas (no olvide que la participación lleva a la implicación).

Para conseguir que los colaboradores se identifiquen e impliquen con la misión, visión y valores de la organización, y poder hablar de gestionar el compromiso emocional es imprescindible que las personas entiendan lo que se espera de ellas y en qué medida están contribuyendo en la consecución de los objetivos organizacionales. Es una cuestión de expectativas y de contribución. Cumpla con las expectativas o promesas generadas, y observe con rigor y escrupulosamente que se consiguen.

Además, es clave generar una visión de forma atrayente, retadora, con capacidad de ilusionar y estimular. Para ello, proporcione los recursos (tangibles e intangibles) necesarios, y evite que sus colaboradores tengan que estar siempre «buscándose la vida». Y, sobre todo, muéstrese contento de pertenecer a su organización, procurando generar sentimientos positivos a su alrededor y de integración en los equipos y personas que gestiona.

b) Como gestor de las personas de su unidad de negocio o funcional, facilitando y promoviendo su mejora y desarrollo profesional. Luego, es un requisito imprescindible tener personas que lideren, apuesten por cambiar y transformar sus organizaciones, y generen una cultura corporativa basada en el compromiso y la implicación con el proyecto organizacional. Pero alcanzar este reto que entraña dificultades, y muy especialmente, porque supone la puesta en práctica de las siguientes conductas directivas:

- Anticiparse a situaciones o escenarios de futuros (proactividad). Favorezca que se proyecten hacia el futuro de la empresa, y hagan suyo el proyecto de empresa. «Es muy difícil comprometerse en un proyecto cuando sabemos que nuestro futuro inmediato está en otro lugar» (Martínez de Miguel, 2007:98[8]).
- Establecer objetivos con claridad y bien definidos, que sean razonablemente elevados pero factibles. Comprobando individualmente o grupalmente que se comprenden y aceptan, y sobre todo, ayudando a sus colaboradores a establecer y alcanzar aquellos objetivos que supongan superarse.

---

[8] Martínez de Miguel, G. (2007): «Generando compromiso en la empresa». *Capital Humano*, 207, pp. 98-100.

- Revisar y hacer un seguimiento de los objetivos. En este proceso, es conveniente analizar conjuntamente los problemas o circunstancias que están influyendo en su consecución, y estimulando a sus colaboradores para que aporten ideas y sugerencias.
- Enriquezca los puestos de trabajo de sus colaboradores, proponga los retos y desafíos de ambición creciente; y clarifique en qué medida cada persona genera valor y contribuye al proyecto organizacional y del equipo.
- Orientar las actuaciones de los colaboradores o de los equipos hacia los resultados clave. Haga ver que sus resultados son consecuencia de un esfuerzo personal, de la tenacidad, de la dedicación y de la consistencia de sus actuaciones.
- Proporcionar información y buena comunicación en todos los niveles, y muy especialmente, aquellas informaciones que requieren las personas con las que colaborar para su actuación. Transmita con seguridad que contamos y confiamos en ellos. Y aunque cuesta, procure escuchar con interés sus logros, problemas, ideas y sus sinsabores.
- Pedir de forma explícita el compromiso a sus colaboradores. «Las personas tendemos a hacer lo que sabemos que se espera de nosotros. Es importante que ellos sepan qué tipo de comportamiento y de actitudes espera usted de ellos. A partir de ahí, deles información sobre cómo les percibe según su criterio basada en sus expectativas de compromiso». (Martínez de Miguel, 2007:98[9]).
- Mostrar coraje y valentía a la hora de asumir riesgos y tomar decisiones.
- Promover el desarrollo personal y profesional de sus colaboradores. De retroalimentación sobre sus puntos fuertes (reconózcalos) y sobre sus áreas de mejora. Sin olvidar que se corrige en privado y se elogia en público, si sabemos que la persona lo va aceptar positivamente, en caso contrario, lo dará en privado.
- Ofrecer retroalimentación sobre la actuación profesional de sus colaboradores. La falta de retroalimentación produce frustración y a menudo tiene un efecto perjudicial en el rendimiento. Céntrese en conductas concretas y establezca prioridades.
- Potenciar el talento y desarrollar la potencialidad de las personas. Rodéese de los mejores porque Ud. también mejorará, y aunque ya sabemos que cuando promocionan es dura la pérdida, de igual forma es una satisfacción haber contribuido en su desarrollo.
- Proporcionar oportunidades de aprendizaje y de mejora continua, así como dar formación a los colaboradores. En un proceso de mejora o de aprendizaje, es conveniente que exprese con honestidad el reconocimiento y el aprecio por lo que hacen, valorando a las personas y proporcionando refuerzo positivo. Y además, acostúmbrese y acostumbre a los demás a celebrar el éxito.

---

9 Martínez de Miguel, G. (2007): «Generando compromiso en la empresa». *Capital Humano*, 207, pp. 98-100.

- Aprender de los errores, y fomentar el aprendizaje, el desarrollo y la mejora continua de sus colaboradores.
- Dar a conocer las mejores prácticas. Muéstrese generoso y comparta sus conocimientos, experiencias y las buenas prácticas, al tiempo que aprende de los errores propios o de otros.
- Comprender a los demás y saber empatizar cognitiva y emocionalmente. Póngase en el lugar del otro. Sólo se da si uno se conoce a sí mismo (a mayor autoconocimiento, mayores posibilidades de ser empático), y está muy ligado a la autoestima de cada cual (cuanto más alta es la estima propia, mayor capacidad para ponerse en el lugar del otro). Es más, si hay algo resulta preocupante para la otra persona y para Ud. no, se interesará e intentará entender porque él/ella lo siente así.
- Generar confianza mediante el ejemplo y los valores (tales como, la lealtad, la integridad, la autenticidad, el compromiso); y principalmente, mostrando coherencia en sus actuaciones en relación a ellos.
- Apoyarse más en la autoridad moral (influencia) que en el poder formal inherente a su puesto de mando o directivo. Consiga influencia en los comportamientos de sus colaboradores sin pedir obediencia y sumisión.
- Proporcionar un enfoque de relaciones sociales. Resuelva las necesidades psicológicas, esencialmente las de afiliación, y en algunos casos, las necesidades de prestigio social.
- Impulsar el espíritu de equipo estableciendo las condiciones y normas adecuadas.
- Es capaz de ver oportunidades dónde otros ven problemas, y además transmite optimismo.
- Dar respuestas adaptativas y de éxito en las diferentes situaciones en que se desenvuelve.
- Mantener la calma y el control en situaciones difíciles o de tensión. No se enoje por cosas triviales y no guarde resentimientos.
- Proporcionar autonomía y responsabilidad, y poner en práctica el empowerment de forma habitual y no de forma esporádica o excepcional.
- Animar y potenciar la creatividad y la innovación. Son las personas las que generan una cultura de creatividad e innovación.
- Dar reconocimiento sistemáticamente y compensar de forma oportuna. Actué con principios de justicia y de equidad. Por ello, no demuestre favoritismo, ni políticas de café para todos. Gestione las diferencias y la diversidad.
- Satisfacer la necesidad de pertenencia y gestionar las diferencias individuales. Sea uno de ellos, especialmente en situaciones de crisis o de dificultad, y demuéstreselo con hechos, no con palabras.
- Mantener un buen clima o ambiente de trabajo. Un buen gestor de personas se preocupa y ocupa por los demás, muestra respeto, agradece y tiene confianza en sí mismo y en los demás. Además, de muestras de alegría y de buen humor.

- Conciliar la vida personal y profesional propia y de sus colaboradores. Dialogue con ellos sobre la importancia que tiene tener una vida personal plena, y sea un ejemplo de equilibrio entre la vida profesional (negocio) y la vida personal (ocio).

2.4.2. El diseño del trabajo es clave para generar compromiso y motivación en los colaboradores

El Modelo de las Características del Trabajo (MCT) de Hackman y Oldham (1980[10], 2010[11]) predice que las cinco características básicas de trabajo (variedad de competencias, identificación de la tarea, transcendencia de la tarea, autonomía y retroalimentación) pueden producir estados psicológicos críticos (significatividad del trabajo, responsabilidad personal sobre los resultados y conocimiento de los resultados del trabajo) que generan resultados positivos en el trabajo, tales como satisfacción laboral, motivación, y compromiso, y en consecuencia aumenta la eficacia en el trabajo y se reduce el absentismo (tanto presencial como emocional) y la rotación. Desde sus orígenes hasta ahora, son muchas las investigaciones que han demostrado la relación entre estos aspectos (Cantera y Yáñez, 2008[12]; Pierce, Jussila y Cummings, 2009[13]; Ceja, 2011[14]):

A. **Las Dimensiones del Trabajo.** Según el MCT, cualquier trabajo puede describirse en base a cinco dimensiones implicadas en su realización, tales como:

   1. ***Variedad de Competencias.*** Nivel en el que el trabajo requiere que se realicen diferentes actividades o tareas, de modo que se necesitan diversas competencias y poner en valor todo su talento y potencial de la persona para facilitar y mejorar su desempeño. Es decir, implica poner en valor sus distingos o diferencias en el desempeño de las actividades. Para ello, la actuación de mandos y directivos/as es decisiva pues tienen que evaluar el nivel competencias y el desempeño de sus colaboradores e identificar su potencial para así favorecer su desarrollo profesional, y en consecuencia, aumentar su nivel de compromiso emocional y su motivación.

---

[10] HACKMAN, J. R. & OLDHAM, G. R. (1980): Work design. Reading, MA: Addison-Wesley.

[11] OLDHAM, G. R. y HACKMAN, R. J. (2010): Not what it was and not what it will be: The future of job design research. Journal of Organizational Behavior, 31, 463-479. ROBBINS y JUDGE (2009): Comportamiento Organizacional (Decimotercera edición). Pearson Educación: España.

[12] CANTERA, F. J. y YAÑEZ, J. L. (2008): Aportaciones del Liderazgo Positivo (III). La conciliación empieza en la calidad de la vida laboral. *Capital Humano,* 222, 87-96.

[13] PIERCE, J. I.; JUSSILA, I. y CUMMINGS, A. (2009): Psychological ownership within the job design context: revision of the job characteristics model. *Journal of Organizational Behaviour,* 30, 477-496.

[14] CEJA, J.: Un buen diseño del trabajo en la empresa familiar, clave para motivar a los miembros de las siguientes generaciones. IESE NEWSLETTER DE LA EMPRESA FAMILIAR. [En línea]. Http://www.iese.edu/es/ad/catedras/EmpresaFamiliar/2011/Articulos/Julio2011_temadelmes.asp. [Consulta: 26 de septiembre de 2012].

2. ***Identificación con la tarea y los objetivos.*** Nivel en el que la persona se compromete con sus tareas, con sus objetivos y con el proyecto de empresa. Para ello, es imprescindible saber para qué sirve el trabajo que realiza, y entender su relación y contribución al conjunto del negocio o proyecto organizacional. Además, implica tener clara su relación o conexión con otras áreas o unidades de negocio.

3. ***Trascendencia e importancia de la tarea***. Nivel de conciencia que tiene la persona sobre la actividad que realiza, y en consecuencia, comprende la importancia de su trabajo y el efecto en el trabajo de los demás. En este sentido, los directores/as de proyectos y/o de equipos tienen la responsabilidad de explicar:

   - Cómo contribuye su trabajo y el de los restantes miembros del equipo al objetivo común.
   - Lo que puede esperar de los demás miembros del equipo.
   - Lo que los demás miembros del equipo esperan de él.

   Un gestor de personas tiene que prestar atención personal a todos los miembros de su equipo, haciéndoles ver que su contribución individual es importante. Y además, tiene que gestionar de forma personalizada teniendo en cuenta las diferencias individuales, las necesidades y expectativas de cada uno de ellos/as.

4. ***Autonomía e iniciativa.*** Nivel en el que el trabajo proporciona libertad e independencia en los procesos de toma de decisiones, y por tanto, permite tener criterio propio y autonomía total a este respecto. Este factor está relacionado con el empowerment psicológico, y ésta es una necesidad de las organizaciones modernas. No en vano, se considera como una herramienta de gestión indispensable para lograr altos niveles de implicación y de satisfacción. Consiste en liberar a las personas de los controles rígidos establecidos en una organización, dándole la libertad para asumir las responsabilidades de sus propias ideas/acciones y para dejarse guiar por su propio juicio, y así obtener beneficios para la organización y los clientes (internos y/o externos). Si no existiesen líderes que fomentasen la responsabilidad y el poder entre sus colaboradores, está claro que nunca se podría dar un desarrollo pleno del potencial de nuestros colaboradores.

5. ***Retroalimentación.*** Nivel de conocimiento sobre las consecuencias y resultados de las tareas y funciones realizadas. De esta manera, la persona obtiene información directa y clara sobre la eficacia de su desempeño. Un buen gestor de personas debe dar retroalimentación (feedback al colaborador), de manera que su colaborador/a tome conciencia de sus puntos fuertes y de sus áreas de mejora, y se le dé la oportunidad de mejorar. Sin embargo, la calidad de la comunicación y el feedback de los directivos/as es bastante escasa e inadecuada. El feedback es una herramienta clave en la gestión de personas.

La retroalimentación (feedback) tiene que sustentarse en la confianza mutua, ser concreto, centrarse en conductas positivas (refuerzo positivo) o conductas mejorables (feedback constructivo), no ser evaluativo, resaltar el impacto que tuvo ese comportamiento (relación causa-efecto) y darse en el momento oportuno. En el capítulo 1 se reflejan algunas recomendaciones sobre cómo dar retroalimentación en un proceso de desarrollo del talento.

B. Los estados Psicológicos. Es decir, lo que las personas sienten y piensan cuando realizan su trabajo. Es el estado emocional y cognitivo mediante el cual las personas se identifican con algo, que puede ser material o inmaterial, y que sienten como parte de ellas (*Pierce*, *Kostova* y *Dirks*, 2001[15]). El concepto de propiedad o estado psicológico se asocia con el bienestar de los empleados y con los comportamientos altruistas y de responsabilidad social corporativa (*Avey*, *Avolio*, *Crossley* y *Luthans*, 2008[16]). Hay diferentes formas de generar esa propiedad o estados psicológicos, y estos van a depender en gran medida de:

1. ***Importancia y significado del trabajo*** (significatividad del trabajo). Nivel en que la persona considera su trabajo como significativo, valioso, útil, y de interés. Es consecuencia inmediata de las tres primeras características del trabajo: la variedad de las competencias, la identificación con la tarea, y el significado de la tarea.

2. ***Responsabilidad personal por los resultados del trabajo.*** Nivel en el que la persona se siente responsable del trabajo que realiza. Está en función del esfuerzo de la persona, y es consecuencia directa del nivel de autonomía que tenga. Esto genera que la persona se sienta partícipe de los resultados que propone la organización y los sienta como propios.

3. ***Conocimiento de los resultados y/o de la organización***. Nivel en el cual la persona se siente responsable por el trabajo que realiza. Luego, cuanta más información o conocimiento tenga la persona sobre su organización, y más estrecha sea su relación con ella, más fuerte será la propiedad o estado psicológico que experimentará la persona. Luego, pasar tiempo con otros miembros de la empresa, en reuniones, acciones formativas, convenciones, foros, intranet, chat, etc., es muy fructífero para involucrar a los miembros de una organización con el proyecto empresarial y con sus equipos. Además, hay determinados comportamientos directivos que ayudan a tener un conocimiento profundo de la organización o disponer de mayor información, como por ejemplo dar retroalimentación a la persona sobre en qué medida con-

---

[15] Pierce, J. L.; Kostova, T. & Dirks, K. T. (2001): Toward a theory of psychological ownership in organizations. *Academy of Management Review*, 26: 298-310.

[16] Avey, J. B.; Avolio, B. J.; Crossley, C. R. y Luthans, F. (2008): Psychological ownership: Theoretical extensions, measurement and relation to work outcomes. *Journal of Organizational Behavior*, 30: 173-191.

tribuye a la consecución de los resultados del equipo y la organización. De hecho, es consecuencia directa de la retroalimentación del trabajo ejecutado. Por el contrario, las experiencias negativas, tales como los conflictos o la falta de información sobre la organización, se asocian con un estado psicológico negativo o débil.

4. ***Fomentar la inversión de tiempo, esfuerzo, creatividad e innovación, y entusiasmo***. La combinación de estas cuatro variables implica consecuencias muy positivas para las organizaciones pues conlleva un aumento significativo del compromiso, la motivación y la satisfacción de la persona.

C. **Las consecuencias personales y organizacionales.** La combinación de las dimensiones del trabajo y los estados psicológicos conllevan las siguientes consecuencias, tanto personales como relativas al trabajo:

1. ***Alta motivación intrínseca y sentido de realización***. Nivel en que la persona está dispuesta a dar lo mejor de sí mimo/a, a esforzarse y a realizarse.
2. ***Alto compromiso emocional con el proyecto de empresa.*** Nivel en que la persona pone en valor todo su talento y potencial, y demuestra una clara implicación con su equipo y su organización.
3. ***Alto sentido de la responsabilidad.*** Nivel en que la persona se compromete con la consecución de los resultados, mostrando claras evidencias de sentido de la responsabilidad.
4. ***Altruismo y sacrificio personal en pos de los objetivos organizacionales y del equipo.*** Nivel en que la persona es capaz de anteponer el interés del equipo o de la propia organización a los suyos propios.
5. ***Alta calidad del trabajo realizado.*** Nivel en que la persona evita los errores o los defectos en el desempeño de su trabajo.
6. ***Adaptación al cambio.*** Nivel en que la persona muestra conductas adaptativas y de éxito en el entorno en el que desarrolla su trabajo.
7. ***Alta satisfacción en el trabajo.*** Nivel en que la persona experimenta satisfacción personal en el desempeño de su trabajo, luego da respuesta a sus necesidades tanto físicas como psicológicas.
8. ***Baja rotación y absentismo.*** Nivel en que la persona falta a su trabajo, llega tarde, presenta conductas de absentismo emocional, solicita un traslado o abandona la organización.

El enriquecimiento del puesto se asocia a un incremento de la satisfacción, el compromiso emocional, la motivación y el rendimiento en el trabajo. Más concretamente, se considera que cinco características del puesto: la variedad de competencias, la identidad de las tareas, la trascendencia de las tareas, la autonomía y la retroalimentación inciden sobre cuatro estados psicológicos críticos: la experiencia de la importancia y significado del trabajo, la experiencia de res-

Figura 2.5

MODELO DE LAS CARACTERÍSTICAS DEL TRABAJO

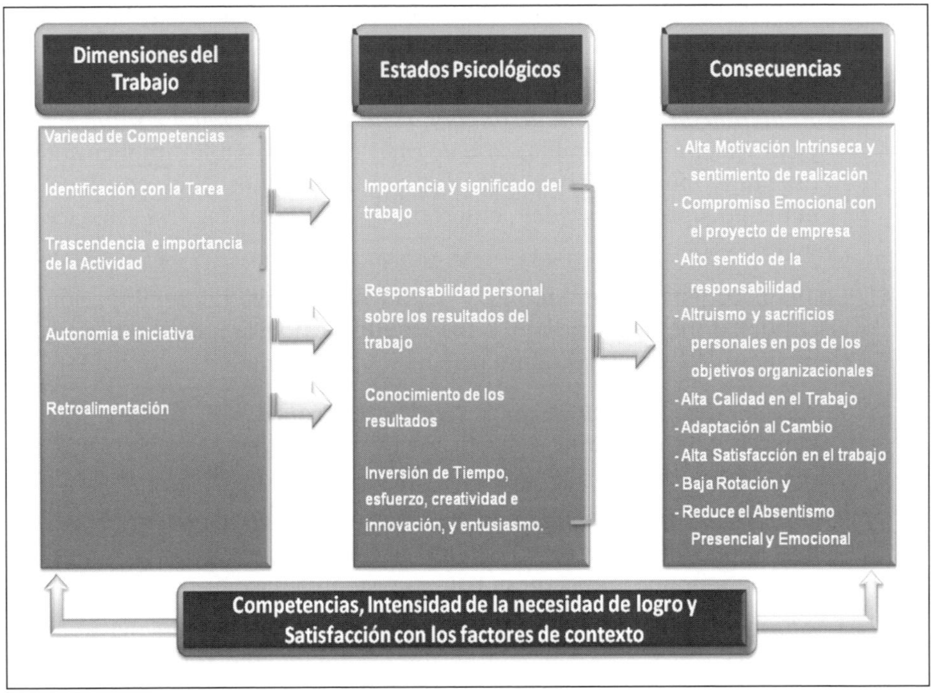

Fuente: Adaptado de Hackman y Oldham (1980[17], 2010[18]); Cantera y Yañez, 2008[19]; Pierce, Jussila y Cummings, 2009[20]; y Ceja, 2011[21].

ponsabilidad personal sobre los resultados del trabajo, el conocimiento de los resultados del trabajo y la inversión de tiempo, energía e ilusión; los cuales, a su vez, inciden sobre los resultados reales obtenidos en el trabajo, tales como: alta motivación intrínseca y sentido de realización, alto compromiso emocional con el proyecto de empresa, alto sentido de la responsabilidad, altruismo y sacrificio personal en pos de los objetivos organizacionales y del equipo, alta calidad del trabajo realizado, adaptación al cambio, alta satisfacción en el trabajo, baja rota-

[17] Hackman, J. R. & Oldham, G. R. (1980): Work design. Reading, MA: Addison-Wesley.

[18] Oldham, G. R. y Hackman, R. J. (2010): Not what it was and not what it will be: The future of job design research. Journal of Organizational Behavior, 31, 463-479. Robbins y Judge (2009): Comportamiento Organizacional (Decimotercera edición). Pearson Educación: España.

[19] Cantera, F. J. y Yañez, J. L. (2008): Aportaciones del Liderazgo Positivo (III). La conciliación empieza en la calidad de la vida laboral. *Capital Humano*, 222, 87-96.

[20] Pierce, Jussila, I. y Cummings, A. (2009): Psychological ownership within the job design context: revision of the job characteristics model. *Journal of Organizational Behaviour*, 30, 477-496.

[21] Ceja, J.: Un buen diseño del trabajo en la empresa familiar, clave para motivar a los miembros de las siguientes generaciones. IESE NEWSLETTER DE LA EMPRESA FAMILIAR. [En línea]. Http://www.iese.edu/es/ad/catedras/EmpresaFamiliar/2011/Articulos/Julio2011_temadelmes.asp. [Consulta: 26 de julio de 2012].

ción y absentismo. Adicionalmente, otros tres factores (competencias[22] ; intensidad de la necesidad de Logro[23]; y Satisfacción con los factores del contexto[24]), actúan como moderadores de las relaciones de las dimensiones básicas del puesto, los estados psicológicos críticos y los resultados del trabajo.

En consecuencia, aquellas organizaciones que diseñan los puestos de trabajo teniendo en cuenta las dimensiones expuestas, propiciarán unos estados psicológicos fuertes y positivos, y esto tendrá unas repercusiones altamente positivas con respeto a la motivación, el compromiso emocional, el disfrute y la pasión de las personas y de los equipos de esa organización. Y sin ninguna duda, habrá una indudable mejora de la Cuenta de Resultados de la Organización, y en la Cuenta de Resultados de las Personas (Salario Emocional).

---

22 Grado en que la persona dispone del saber, saber hacer, saber social, saber ser y querer hacer para desempeñar su puesto de trabajo.

23 Grado en que la persona está intrínsecamente motivado por los retos, por mejorar, por innovar y por crecer personal y profesionalmente.

24 Grado en que la persona considera justos y adecuados los factores higiénicos (sueldo, seguridad en el empleo, relaciones con jefe y compañeros, política y estrategia, etc.).

Cuestionario: Causas de satisfacción e insatisfacción en el trabajo

El objetivo principal del ejercicio que a continuación se presenta es permitirle conocer algunos de los principales factores que pueden actuar como causas de satisfacción y/o insatisfacción en los individuos en su trabajo. Para su desarrollo nos hemos basado en la metodología diseñada por Herzberg y explicada en este capítulo.

Para su realización debería seguir los siguientes pasos:

1. Describa brevemente tres situaciones de su trabajo actual que le hayan producido una acusada satisfacción:

Situación 1:	**Factores (*)**
Situación 2:	
Situación 3:	

2. De nuevo, describa brevemente otras tres situaciones de su trabajo actual que le hayan producido, en este caso, una acusada insatisfacción.

Situación 1:	**Factores (*)**
Situación 2:	
Situación 3:	

3. A continuación le presentamos once posibles factores que pueden haber sido la causa de sus sentimientos de satisfacción y/o insatisfacción, léalos con atención y escriba en la columna «factores» junto a cada situación, hasta un máximo de 3 (1, 2 ó 3) que considere que han sido los causantes de dicha satisfacción y/o insatisfacción.

FACTORES

1. **Remuneración**. Todo lo que se refiere a sueldos, primas, ventajas sociales, etc.

2. **Dirección y relaciones humanas**. Relaciones con los superiores, colegas y colaboradores.

3. **Política y dirección de la empresa**. Competencia de la organización y de la dirección de la empresa, claridad de las políticas y de los sistemas de dirección.

4. **Supervisión técnica**. Competencia o ineptitud de los superiores, su capacidad para contestar preguntas técnicas o ayudar en el trabajo.

5. **Condiciones de trabajo**. Ambiente físico (iluminación, ruido, etc.), cantidad de trabajo, medios materiales disponibles, condiciones de seguridad.

6. **Reconocimiento**. De su trabajo, procedente de otras personas (superiores, compañeros, clientes, colegas, etc.), elogios y críticas.

7. **Realización**. Terminar su trabajo con éxito, solucionar problemas complejos, ver los resultados del propio trabajo.

8. **El trabajo mismo**. Trabajo atrayente, creativo, desafiante y variado.

9. **Responsabilidad**. Trabajo con baja supervisión, responsabilidad sobre el propio trabajo o del de otros, trabajo importante.

10. **Formación y desarrollo**. Formación que proporciona la empresa y posibilidad de desarrollarse personal y/o profesionalmente.

11. **Promoción.** Cambio de posición o status en la empresa, puesto de trabajo con posibilidades de promoción.

4. Sume el número de veces que ha citado cada factor, diferenciando si ha sido como causa de satisfacción o de insatisfacción.

	RESPUESTAS INDIVIDUALES	
FACTORES	SATISFACCIÓN	INSATISFACCIÓN
1. Remuneración		
2. Dirección y relaciones humanas		
3. Política y dirección de la empresa		
4. Supervisión técnica		
5. Condiciones de trabajo		
6. Reconocimiento		
7. Realización		
8. El trabajo mismo		
9. Responsabilidad		
10. Formación y desarrollo		
11. Promoción		

5. Si el ejercicio ha sido realizado por un grupo de personas, por ejemplo, los miembros del equipo de trabajo, sume el número de veces que cada participante ha citado cada factor, halle el total y escríbalo en la siguiente tabla.

	RESPUESTAS GRUPALES	
FACTORES	SATISFACCIÓN	INSATISFACCIÓN
1. Remuneración		
2. Dirección y relaciones humanas		
3. Política y dirección de la empresa		
4. Supervisión técnica		
5. Condiciones de trabajo		
6. Reconocimiento		
7. Realización		
8. El trabajo mismo		
9. Responsabilidad		
10. Formación y desarrollo		
11. Promoción		

Capítulo 3

El trabajo en equipo

Gerardo de la Merced López Montalvo,
Francisca Berrocal Berrocal y
Mª Teresa Palomo Vadillo

3.1. Los grupos en las organizaciones.
3.2. Ventajas e inconvenientes del trabajo en equipo.
3.3. La curva de rendimiento de los equipos.
3.4. Los equipos de trabajo efectivos.
3.5. El papel del coordinador en el desarrollo de los equipos.
3.6. Las 10 C's del trabajo en equipo.

Una de las principales implicaciones que han supuesto los constantes cambios en los que se ven envueltas las organizaciones, y su necesidad continua de adaptación, con objeto de mantener su competitividad en un entorno cada vez menos predecible, es la forma de entender la organización del trabajo, adquiriendo los sistemas de trabajo en equipo una importancia fundamental. Se ha pasado de considerar al individuo la unidad laboral básica a considerar, también, al grupo como célula fundamental de toda la organización.

La mayor parte de las organizaciones reconocen la importancia del trabajo en equipo no sólo como un medio para mejorar su competitividad, sino también como un sistema de organización del trabajo que permite mejorar el clima laboral, la comunicación interna, la integración de los nuevos miembros, la transmisión de sus valores y cultura, etc.

Sin embargo, las ventajas que aportan a nivel organizacional los sistemas de trabajo en equipo no serían suficientes para explicar su éxito, es preciso, también, analizar las ventajas que aportan a las personas que integran los equipos, ya que son los individuos, los que van a actuar como verdaderas fuerzas impulsoras de su desarrollo y funcionamiento. Entre los principales beneficios podemos destacar la satisfacción de las necesidades de afiliación y el que posibilitan y facilitan el desarrollo personal y profesional de sus integrantes a través del reconocimiento, apoyo y retroinformación que proporcionan los compañeros.

Pero el trabajo en equipo es algo más que un grupo de individuos que colaboran en la realización de una serie de tareas para alcanzar unos objetivos comunes. Es necesario que los miembros del grupo:

- Perciban que tienen un objetivo común.
- Se autodefinan como miembros del equipo y se perciben como una unidad diferenciada de las demás.
- Desarrollen normas que regulen las relaciones de los miembros.

Sin embargo, el trabajo en equipo no es fácil, ni siempre sus resultados se han mostrado superiores a los conseguidos por los individuos, por ello, es necesario conocer, además de sus ventajas, los inconvenientes de esta forma de estructurar el trabajo puede suponer para la organización, en general, y las personas en particular, con el objeto de saber como prevenirlos o en su defecto como afrontarlos.

Asimismo, desde el momento en que se crea un grupo con una finalidad determinada, hasta que éste se convierte en un verdadero equipo de trabajo, pasa por una serie de fases que el líder deberá reconocer y adecuar su actuación a las necesidades de los miembros y a las exigencias de la situación concreta.

A lo largo de este capítulo utilizaremos indistintamente los términos coordinador, responsable y líder, ya que entendemos que toda persona que tenga como función la dirección de equipos, independientemente del puesto que ocupe en la organización, directivo, mando intermedio o jefe de taller, para ser realmente eficaz debe poseer la competencia del liderazgo, esto es, ser capaz de influir en el comportamiento de otras personas.

3.1. Los grupos en las organizaciones

Podemos decir que en la actualidad, los grupos constituyen la unidad laboral básica de trabajo en las organizaciones, coexistiendo en las mismas grupos de muy distintos tipos, los cuales se pueden clasificar a nivel teórico según distintos criterios (ver Figura 3.1):

FIGURA 3.1
TIPOS DE GRUPOS EN LAS ORGANIZACIONES

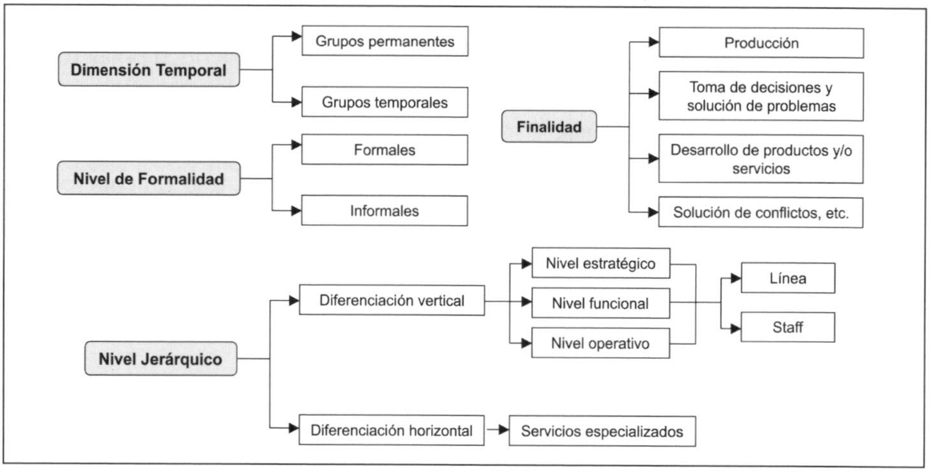

Fuente: Schein, 1970; Gil y García, 1996; Rodríguez Fernández, 2001[1].

[1] RODRÍGUEZ FERNÁNDEZ, A. (2001): *Introducción a la Psicología del Trabajo y de las Organizaciones.* Madrid: Pirámide.

a) **Dimensión temporal.** Incluye:

- **Grupos permanentes.** Son grupos estables en el tiempo, generalmente, están encargados de la realización de las actividades habituales o «permanentes» que permiten el funcionamiento diario de las organizaciones.
- **Grupos temporales.** También denominados «ad hoc», son grupos formados expresamente para alcanzar un objetivo determinado, por ejemplo, desarrollar un producto o servicio, solucionar un problema, negociar un convenio, rediseñar una planta de producción, etc. Por tanto, tienen un carácter transitorio, disolviéndose una vez alcanzada la meta para la cual fueron creados. Se ocupan de actividades no repetitivas, bien sean éstas preventivas (proyectos), o reactivas (crisis, imprevistos, ...).

  Estos grupos son cada vez más importantes debido a la necesidad de adaptación continua de las organizaciones a entornos cambiantes.

b) **Nivel de formalidad.** Se refiere a:

- **Formales.** Son grupos previstos por la organización (constituyen su estructura funcional y se reflejan en los organigrama), y están orientados a la consecución de sus objetivos.
- **Informales.** Son grupos que surgen de forma espontánea y con la finalidad de satisfacer las necesidades personales y sociales de sus integrantes y no cubiertas por la estructura formal.

c) **Finalidad.** Dentro de este tipo de grupos se incluyen todos aquellos que se crean con un objetivo concreto.

- **Producción.**
- **Toma de decisiones y solución de problemas.**
- **Desarrollo de productos y/o servicios.**
- **Solución de conflictos.**
- **Etc.**

d) **Nivel jerárquico.** A su vez se puede subdividir en:

- **Diferenciación vertical.** Los niveles que habitualmente se definen son:
  - **Nivel estratégico.** También denominado Dirección General, formado por los directivos encargados de definir los objetivos estratégicos de la organización, así como los planes para alcanzar dichas metas.
  - **Nivel funcional.** Formado por el conjunto de directivos funcionales y mandos intermedios que relacionan el nivel estratégico con el operativo. Su función principal es operativizar los objetivos y planes estratégicos definidos por la Dirección General, así como coordinar y supervisar el funcionamiento de su unidad.

- **Nivel operativo.** Formado por los empleados que están situados en la base del organigrama, desarrollan las funciones y tareas básicas para asegurar la producción de bienes y/o servicios.

  A su vez, estos tres niveles, pueden ser:

  - **Línea.** Están directamente implicadas en la toma de decisiones en la producción de bienes y/o servicios.
  - **Staff.** Son unidades de apoyo, asesoras, y, por tanto, no tienen capacidad para tomar decisiones directamente sobre la producción de bienes y/o servicios.

- **Diferenciación horizontal.** Donde se incluyen:
  - **Servicios especializados.** Son grupos multidisciplinares formados normalmente por especialistas en distintas materias y cuya función básica es asesorar o apoyar a la organización.

En la práctica nos encontramos que en un mismo grupo puede definirse en base a distintos criterios. Por ejemplo, el grupo formado por los técnicos de mantenimiento de una empresa de servicios, podría ser un grupo con carácter permanente, formal, orientado a proporcionar un servicio y que estaría situado en el nivel operativo del organigrama empresarial, en la plantilla de staff.

Una persona va a formar parte de distintos grupos. Por ejemplo, un jefe de ventas constituirá un grupo junto con sus colaboradores, otro distinto con los restantes jefes de venta y director comercial, podrá formar parte de grupos de proyectos con el objeto de desarrollar un producto, etc.

Sin embargo, para constituir un equipo de trabajo no es suficiente con juntar a varias personas que tengan intereses, objetivos o puestos similares.

3.2. Ventajas e inconvenientes del trabajo en equipo

Son múltiples las investigaciones que se han desarrollado para analizar las consecuencias para las organizaciones, y para los individuos, de la implantación de los sistemas de trabajo en equipo. Por ejemplo, se ha comprobado que la participación conjunta de superiores y colaboradores en el planteamiento de los objetivos y en la interpretación y análisis de los resultados, hace que las decisiones sean mejor comprendidas, aceptadas y llevadas a la práctica.

Por otro lado, cuando las personas se comprometen a actuar de una manera determinada, su decisión se ve fortalecida por el conocimiento de que los demás están comprometidos de una manera similar. Una de las más poderosas fuerzas motivadoras de los individuos, es sentirse respetados y apoyados por los integrantes del grupo al que consideran importante pertenecer y mantener su posición dentro de él. Este aspecto es uno de los más importantes a la hora de explicar la superioridad de la acción del grupo sobre la individual, mostrándose más productivo y creativo que cuando sus miembros trabajan de forma aislada; es decir, es superior a la suma de las contribuciones de sus componentes.

Pero las ventajas que los sistemas de trabajo en equipo tienen para mejorar la eficacia de la organización, no son suficientes para explicar el éxito de esta metodología de organización del trabajo en todo el mundo. Es preciso, tal y como hemos señalado, analizar las ventajas que tiene para las personas que forman parte de los equipos.

La mayoría de las personas estamos mucho más satisfechas cuando no solamente «hacemos» nuestro trabajo, sino que también participamos en la programación, organización y control del mismo. Los sistemas de trabajo en equipo, facilitan que el trabajador deje de ser un simple «eslabón en la cadena», que se limita a cumplir órdenes, recibiendo a cambio una recompensa económica que le permite satisfacer sus necesidades básicas, para ser considerado una «persona», con todas sus competencias y potencial y que puede satisfacer, mediante el trabajo, también sus necesidades de desarrollo personal y profesional.

Concretando lo que venimos explicando, las principales ventajas que, los sistemas de trabajo en equipo, presentan frente a los tradicionales, con respecto a la organización, son (ver Figura 3.2):

- **Mayor nivel de productividad**, tanto a nivel individual, al estar las personas más integradas en su trabajo y desarrollarlo de forma más eficaz, como a nivel grupal, ya que los resultados obtenidos por el grupo, cuando éste funciona como un verdadero equipo, son superiores a la suma de los que habrían obtenido sus miembros, trabajando individualmente.

FIGURA 3.2
VENTAJAS DEL TRABAJO EN EQUIPO

ORGANIZACIÓN	INDIVIDUO
• Mayor nivel de productividad • Comunicación más eficaz • Mayor compromiso con los objetivos • Los equipos son flexibles • Mejora del clima • Mayor éxito en tareas complejas • Facilita la dirección, control y supervisión • Proporciona a sus miembros una dimensión social nueva • Favorece la integración de nuevos miembros • Facilita la coordinación • Mejora de la satisfacción	• Safisface la necesidad de afiliación • Aumenta la seguridad personal • Facilita el desarrollo personal y/o profesional • Estimula la creatividad y la innovación

- **Sistemas de comunicación e información más eficaces**, al establecerse sistemas de comunicación más directos y reducirse el miedo a opinar, hacer sugerencias o críticas por parte de los compañeros.
- **Mayor nivel de compromiso con los objetivos del grupo**, al ser estos conocidos y aceptados por los miembros que, además, conocen cómo estas metas del equipo se relacionan con los objetivos organizacionales. Asimismo, existe un mayor apoyo y aceptación de las decisiones adoptadas por el grupo debido a que éstas son tomadas por consenso.
- **Mayor volumen de información, conocimientos y habilidades**, (Gil Rodríguez y Alcover, 2005:212[2]) favoreciendo el desarrollo del potencial y las competencias de los miembros del equipo.
- **Mejora del clima laboral**, al existir una comunicación más abierta, conocer los objetivos que se persiguen y mejorar las relaciones interpersonales.
- **Afrontar con mayor éxito tareas complejas**, la diversidad de competencias, puntos de vista y medios para generar ideas que confluyen en el grupo, a través de la unión de sus miembros, aumenta su creatividad, competencia para solucionar problemas, etc.
- **Los equipos son más flexibles** que las personas de forma individual, de manera que pueden ajustar sus enfoques a las situaciones de cambio, al tiempo que mantienen los objetivos y el objetivo común. (HayGroup, 2006:604[3]).
- **Facilita la dirección, control y supervisión del trabajo**, basado en el autocontrol individual y el control del grupo. Esto conlleva que la división del trabajo, también sea más precisa, en base a las competencias de cada uno de sus miembros, al no ser únicamente el coordinador, sino el equipo en su conjunto quien asigna las tareas, cada miembro realiza el trabajo para el que está mejor preparado y que más le satisface.
- **Facilita la integración de los nuevos miembros en la organización**, debido a que los grupos actúan como agentes de socialización, transmitiendo los valores, cultura y filosofía que imperan en la organización.
- **Proporciona a sus miembros una dimensión social** nueva al superar las barreras que obstaculizan el trabajo en equipo. Esto implica un mayor compromiso emocional respecto del rendimiento global del equipo y de sus integrantes (HayGroup, 2000:604[4]).
- **Desarrollo de una identidad grupal,** que potencie la implicación y el compromiso entre los miembros del equipo y en relación a los objetivos y al proyecto organizacional.

---

[2] Gil Rodríguez, F. y Alcover, C.M. (2005): *Introducción a la Psicología de las Organizaciones*. Madrid: Alianza Editorial.

[3] HayGroup (2006): *Factbook Recursos Humanos*. Elcano: Aranzadi & Thomson.

[4] Ídem.

- **Facilita la coordinación entre los miembros del grupo y entre éste y los restantes grupos de la organización**, al conocer los objetivos del grupo y cómo se relacionan éstos con los de los demás grupos, en particular, y de la organización, en general.
- **Mejora de la satisfacción**, a todos los niveles, al poder satisfacer más fácilmente, los miembros del equipo, sus necesidades de desarrollo y de relación. Como consecuencia se produce una disminución de la rotación, del absentismo, etc.

Por otra parte, el trabajo en equipo, no solamente proporciona importantes ventajas a nivel organizacional, sino también para los individuos que los integran, entre sus principales beneficios podemos destacar los siguientes (ver Figura 3.2):

- **Satisface la necesidad de afiliación**, al sentirse miembro de un grupo y ser aceptado y apoyado por los demás componentes del mismo.
- **Aumenta la seguridad personal**, las decisiones son analizadas y discutidas por todo el equipo que, por otro lado, respaldará y apoyará las decisiones que adopte cada uno de sus miembros.
- **Facilita el desarrollo personal y/o profesional**, a través de la ayuda, apoyo y retroinformación desinteresada que proporcionan los compañeros, permite que los individuos conozcan sus puntos fuertes y sus áreas de necesidad de mejora.
- **Estimula la creatividad y la innovación**, al favorecer la participación activa de todos y cada uno de sus miembros, los componentes del equipo se sienten más libres para aportar ideas, sabiendo que van a ser escuchados y sin miedo a la crítica.

Como se puede comprobar las ventajas del trabajo en equipo son muy importantes y numerosas tanto para los individuos que los conforman como para la organización.

Sin embargo, los grupos también pueden plantear problemas, que todo coordinador debe conocer para poder prevenirlos o en su caso afrontarlos eficazmente. Entre los principales inconvenientes podemos destacar los siguientes:

- El trabajo en equipo **consume más tiempo**, requiere más tiempo para la coordinación de las distintas actividades, ya que, por ejemplo, si las decisiones se toman por consenso es necesaria la participación y el acuerdo de todos y cada uno de sus miembros; incluso si el coordinar las toma individualmente, requiere tiempo para informar y escuchar opiniones.
- Propicia el **conformismo** y **desaparecen los juicios críticos** en algunos miembros en relación a la mayoría, debido al temor a ser excluidos o excesivo deseo de pertenencia.

- Un individuo o subgrupo puede **controlar y manipular** al resto de los componentes, desvirtuando los objetivos prioritarios y confundiendo, por ejemplo, la distribución de responsabilidades.
- Se pueden dar ciertos **procesos que inciden negativamente en la calidad de las decisiones y la solución de problemas grupal**, como son la difusión de responsabilidades, el desarrollo del «pensamiento grupal», fenómeno que consiste en aceptar conclusiones evidentemente erróneas, en la confianza de que el grupo se equivoca menos que el individuo, etc. «*La complacencia grupal o la inmediata toma de decisiones aceptables pera el equipo sin buscar otras posibles de mayor calidad*» (Gil Rodríguez y Alcocer, 2005:212[5]).
- Pueden desarrollar **objetivos, normas y valores contrarios a los definidos por la organización,** si consideran que ésta no puede satisfacer sus intereses y necesidades personales.
- **Menor productividad** del grupo a la que tendría la suma de los esfuerzos de cada uno de sus miembros. En ocasiones, se ejerce presión hacia los individuos con mayores niveles de productividad para que adecuen su rendimiento al del grupo. Asimismo se ha podido comprobar que a medida que aumenta el tamaño del grupo se produce la disminución del esfuerzo individual, fenómeno que recibe el nombre de «holgazanería social», que es la tendencia de los individuos a esforzarse menos cuando trabajan en grupo, que cuando lo hacen solos (Peiró y Prieto, 1996).
- **Rechazo o menosprecio hacia determinados miembros,** con los consiguientes sentimientos de inseguridad, insatisfacción, pérdida de autoestima, etc., que implica para el individuo. Por ejemplo, podemos pensar en la figura del «chivo expiatorio» que en momentos de tensión y de problemas surge en muchos grupos.

Además de los inconvenientes comentados, es preciso resaltar que el trabajo en equipo no es fácil. Los grupos pasan por una serie de fases antes de convertirse en equipos efectivos, y esta evolución exige tiempo; en ocasiones, surgirán tensiones, que será preciso superar, y «puntos muertos», durante los cuales el equipo parece no avanzar.

Todos estos aspectos son necesarios para que el grupo llegue a madurar, llegue a convertirse en un verdadero equipo; aunque muchos no lo conseguirán y se quedarán en el camino, abrumados por tensiones y conflictos que no serán capaces de superar.

De todos los peligros que se pueden presentar en la evolución de un grupo, tal vez el más peligroso sea la prisa, sobre todo si ésta procede del líder. El grupo necesita tiempo para madurar y, al igual que ocurre con cualquier ser huma-

---

5 Gil Rodríguez, F. y Alcover, C.M. (2005): *Introducción a la Psicología de las Organizaciones*. Madrid: Alianza Editorial.

no, es preciso que supere distintas fases de desarrollo, con las tensiones que implican y los apoyos que exigen, antes de llegar a la plena madurez. Fases que, como veremos posteriormente, son muy similares en todos los grupos de trabajo.

FIGURA 3.3
VENTAJAS DEL TRABAJO EN EQUIPO[6]

Inconvenientes

- **Consume más tiempo.**
- **Controlar y manipular al resto.**
- **Procesos que inciden en la calidad de las decisiones y solución de problemas.**
- **Desarrollar objetivos, normas y valores contrarios a los definidos.**
- **Menor productividad = «holgazanería social».**
- **Rechazo o menosprecio hacia determinados miembros = «Chivo expiatorio».**

3.3. La curva de rendimiento de los equipos

En ocasiones, se confunden dos tipos de situaciones que, sin embargo, responden a conceptos claramente diferentes «GRUPO» y «EQUIPO» (ver Tabla 3.1). Así, las personas que forman un GRUPO casi no interactúan entre sí, al tiempo que el objetivo que persiguen será diferente para cada una de ellas, no existiendo, por tanto, una meta común.

[6] www.humor12.com/.../4/trabajo_en_equipo.jpg.

TABLA 3.1
GRUPO VS EQUIPO

GRUPOS	EQUIPOS
Líder centrado en la tarea	Liderazgo compartido = Gestores de Personas
El trabajo se reparte en partes iguales y cada uno se responsabiliza al máximo	El trabajo se distribuye según su perfil competencial y motivacional. Las responsabilidades sobre los resultados son compartidas
No implica confianza mutua	Confían unos en otros
Se da el Individualismo	Se apoyan mutuamente
Se acepta la autoridad	Se otorga la autoridad
No se fomenta la automotivación	Se crean las condiciones óptimas para la automotivación
Cada uno es responsable de sus resultados	Asumen responsabilidad sobre sus resultados y los del equipo
Tienen reglas	Establecen Normas
No implica orgullo de pertenencia	Están orgullosos de su equipo
Hay reservas de comunicación	Se fomenta la comunicación y la crítica constructiva
El resultado en individual	El resultado es colectivo
Existe un interés común	Existen metas definidas y conjuntas
Tienen un fin u objetivo común	Muestran compromiso emocional con el proyecto del equipo
No es importante la participación en los procesos de toma de decisiones	Es clave que las personas conozcan los procesos y procedimientos para facilitar su participación en la toma de decisiones

Una de las diferencias entre un grupo de trabajo y un equipo de alto rendimiento es la necesidad de desarrollar y mejorar el rendimiento. Un verdadero equipo está compuesto por personas comprometidas, que comparten objetivos y que tiene claro que los demás son claves para la consecución de estos y el enfoque a adoptar por el equipo. Para ello, es necesario pasar por varios estadios y evolucionar desde el estadio inicial de grupo hasta ser un equipo de alto rendimiento. Las características de cado uno de los estadios son (ver Gráfico 3.1.):

- **GRUPO DE TRABAJO:** No existe un propósito común. Las personas participan e interactúan principalmente en un grupo de trabajo para compartir información, mejores prácticas o perspectivas; tomar decisiones y coordinar prácticas. Cada persona asume sus responsabilidades pero no hay necesidad de responsabilidades compartidas.

- **PSEUDOEQUIPO.** En realidad, es un grupo de personas que se hacen llamar equipo, sin embargo no existe coordinación alguna, ni establecen responsabilidades conjuntas. Además, sus interacciones suelen afectar al rendimiento individual y no contribuyen al rendimiento de grupo.
- **EQUIPO POTENCIAL.** Es un grupo que es consciente de la necesidad de mejorar e incrementar el rendimiento. Sin embargo, no lo consiguen en su totalidad por falta de claridad en la definición de los objetivos comunes, de disciplina y de un enfoque común.

  Si el líder gestiona correctamente a un equipo potencial puede conseguir un equipo de verdad, y en consecuencia aumentar su rendimiento y productividad. Ahora bien, con mucha frecuencia el equipo no evoluciona y se queda estancado.

GRÁFICO 3.1

CURVA DE RENDIMIENTO DE LOS EQUIPOS

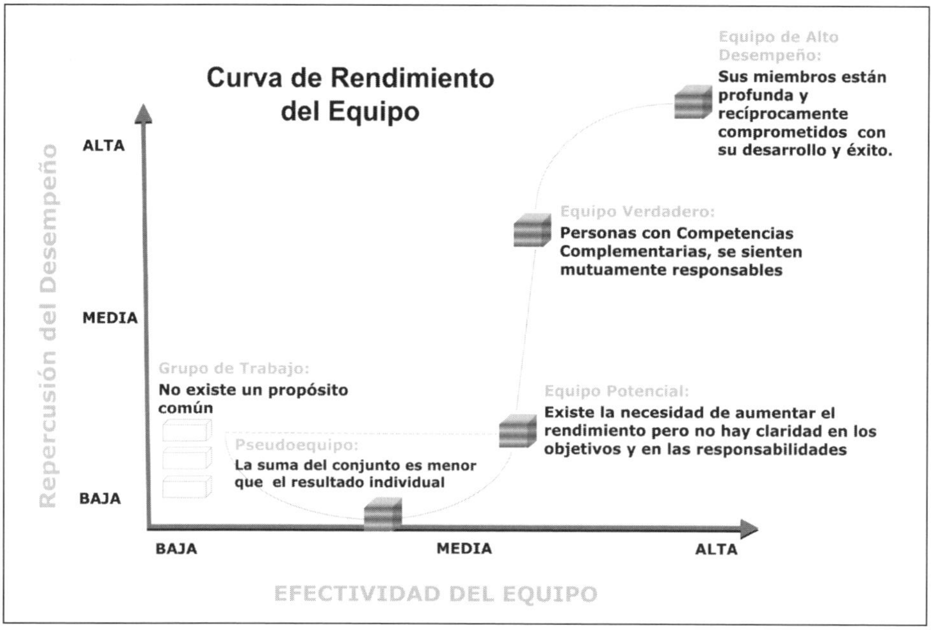

Fuente: Adaptado de Katzanbach y Smith[7].

- **EQUIPO VERDADERO.** Se caracteriza por la existencia de personas con competencias complementarias, y se siente mutuamente responsables.
- Un **EQUIPO DE ALTO RENDIMIENTO** es lo máximo a los que se puede aspirar y llegar. Sus miembros están y se siente profunda y recíprocamente comprometidos con el éxito del equipo y con el desarrollo y creci-

7 KATZENBACH, J.R. y SMITH, D.G. (1993): *The Wisdom of Team.* Boston: H.B.S. Press.

miento propio y de los demás. Muestran un nivel de compromiso emocional extraordinariamente alto. En ocasiones, excede al ámbito estricto del equipo. Mantienen una relación muy estrecha y comparten la responsabilidad. Los niveles de rendimiento, tanto individual como de equipo, son muy elevados y a menudo alcanzan objetivos que para otros son inalcanzables. En proyectos que no tiene continuidad temporal, supone que el equipo se disuelva cuando han finalizado, no onstante sus relaciones (personales, profesionales,…) continúan siendo un factor muy positivo.

En resumen, un Equipo de Alto Rendimiento es un **«Conjunto de personas que poseen talento y competencias complementarias y que trabajan para conseguir un objetivo común mostrando un alto nivel de compromiso. Interaccionan entre sí aceptando ciertas normas y compartiendo emociones, participando de un sentimiento común llamado espíritu de equipo y alcanzando un alto desempeño y excelentes resultados».**

3.4. Los equipos de trabajo efectivos

En concreto, los requisitos básicos necesarios que debe reunir un grupo para ser considerado además como un equipo, es que los miembros (ver Figura 3.4):

FIGURA 3.4
REQUISITOS DE LOS EQUIPOS DE TRABAJO

a) **Perciban que tienen un objetivo operativo común**. Mientras que el objetivo común de un grupo puede ser inespecífico, el de un equipo debe ser concreto y alcanzable.

   Una de las diferencias fundamentales entre un equipo y un grupo, es que en el primero todas las energías se dirigen hacia la obtención de unos resultados comunes, mientras que en el segundo cada uno se puede ocupar de sus propias metas, sin prestar atención a las mejoras que puede recibir o proporcionar de o para los demás.

   Sin embargo, es necesario tener en cuenta que no es suficiente que se constituya un equipo para garantizar que se conseguirán los objetivos. Muchos equipos no alcanzar las metas previstas, establecen objetivos poco realistas o poco relevantes.

b) **Se identifican explícitamente como miembros del equipo y se perciben como una unidad diferenciada de las demás**. Mientras que la pertenencia al grupo puede ser una creencia subjetiva y no contrastada, la pertenencia a un equipo es pública y conocida por todos.

c) **Desarrollan normas formales de comportamiento que regulen las relaciones.** Mientras que un grupo puede tener normas tácitas que solo se ocupan de la restricción de comportamientos no aceptables; el equipo requiere de normas explícitas que regulen la distribución de la autoridad y las tareas entre los miembros.

   Cuando las normas que se desarrollan en el grupo permiten la satisfacción de los objetivos individuales, el compromiso y la motivación, se están poniendo los peldaños necesarios para que las actividades a desarrollar por el equipo se realicen con un elevado nivel de efectividad (eficacia y eficiencia).

   Si las normas proporcionan sistemas adecuados de dirección, control y supervisión del trabajo, mediante la distribución de funciones, asignación de roles, etc., los problemas para la consecución de los resultados se subsanarán de modo eficaz.

En concreto, las normas del equipo se enfocan hacia dos áreas clave:

- **Normas para garantizar la consecución de los objetivos**. Un equipo eficaz es el que consigue sus propósitos. Para ello, se requiere establecer normas sobre los sistemas de dirección (división del trabajo, distribución de la autoridad, procedimientos para solucionar problemas y conflictos).
- **Normas para garantizar la satisfacción y motivación de las personas**. Para que un equipo sea eficiente debe aprovechar todos los recursos disponibles, evitando cualquier desperdicio de energía.

  Para conseguirlo debe establecer normas precisas sobre los sistemas de recompensa para las contribuciones de los miembros y sobre los sistemas de comunicación formal e informal que permitan el establecimiento de lazos de cohesión y apoyo mutuo.

Por tanto, la eficacia (consecución de objetivos) de los equipos va íntimamente unida a su eficiencia (aprovechamiento de todas las energías).

En resumen, un equipo de trabajo es un grupo que, además de tener un objetivo operativo, un reconocimiento explícito de la pertenencia, y una regulación formal de la autoridad y las tareas, está orientado hacia la consecución de objetivos globales más amplios que los específicos que justifican su propia existencia dentro de organizaciones cuya misión es la producción de bienes o servicios.

3.4.1. Características de los equipos efectivos

¿Cómo se puede llegar a conseguir que un grupo se convierta en un equipo efectivo?, ¿cuál es el papel del líder en la formación, desarrollo e, incluso, disolución del mismo?

El desarrollo de equipos de trabajo efectivos no es ni mucho menos, cuestión de azar, sino de tiempo y esfuerzo.

Antes de exponer las fases por las que atraviesa un agrupamiento de personas hasta convertirse en un verdadero equipo de trabajo, así como la función del líder como facilitador de su desarrollo, es preciso que clarifiquemos las características más representativas que se han detectado como comunes a los equipos efectivos, estas son (ver Figura 3.5):

1. **Claridad de objetivos.** Es el punto de referencia, hacia el que todos los miembros deben aunar y dirigir sus esfuerzos. El objetivo común es aquel que permite que cada uno de los integrantes conozca en qué medida está contribuyendo con su actuación al resultado global.

   Uno de los mayores problemas con los que se encuentran los equipos es que los objetivos individuales no se integren y/o no sean compatibles con los del grupo, siendo ésta una de las variables que con mayor frecuencia debilitan y frenan el desarrollo de los equipos.

   Para evitar este problema, todos los miembros deben conocer cuáles son los objetivos y cómo se integran con los de la organización. Además, en la medida de lo posible, deben poder participar en su definición, aspecto que aumenta el compromiso.

FIGURA 3.5
CARACTERÍSTICAS DE LOS EQUIPOS EFECTIVOS

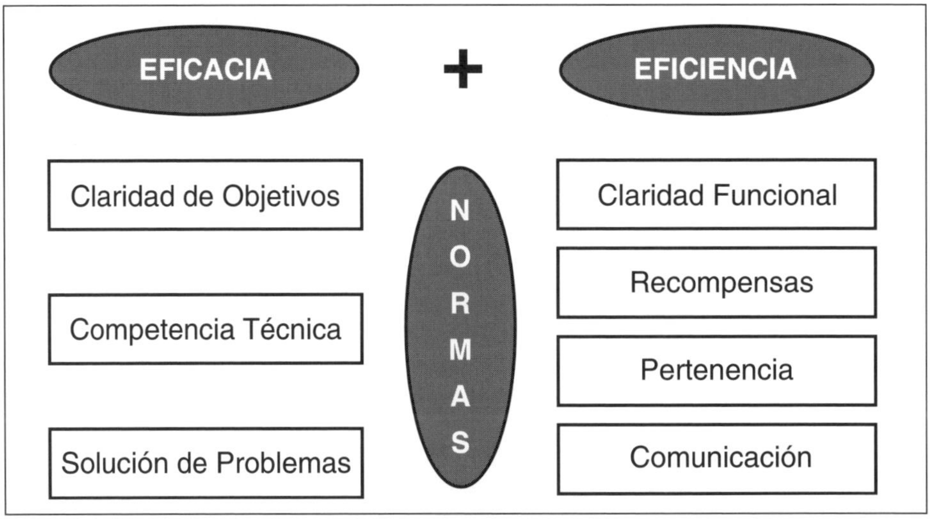

2. **Claridad de funciones.** Cada uno de los miembros del equipo debe ser capaz de explicar:

    - Cómo contribuye su trabajo y el de los restantes miembros del equipo al objetivo común.
    - Lo que puede esperar de los demás miembros del equipo.
    - Lo que los demás miembros del equipo esperan de él.

3. **Competencia técnica.** Los miembros del equipo deben tener confianza en los restantes miembros del equipo; en que éstos contribuirán con su esfuerzo y sus competencias al logro de los objetivos.

    Para ello, es fundamental, que los miembros del equipo dispongan de las competencias necesarias para acometer con éxito las actividades y responsabilidades que conlleva su trabajo y que permitirán alcanzar los objetivos.

    Esto implica que los componentes del equipo dediquen tiempo y esfuerzo al aprendizaje continuo y al desarrollo personal.

4. **Comunicación.** La comunicación es directa, abierta y fluida, dando especial importancia a la escucha y a la retroinformación. Para ello, es necesario que el equipo desarrolle normas de respeto para que los individuos se sientan libres para expresar sus opiniones y sentimientos, eliminando, de esta forma, el temor a la crítica o a no ser escuchados. Esta libertad de expresión favorece la participación activa de todos y cada uno de los miembros, así como su aceptación y su cohesión.

5. **Sistema de solución de problemas y conflictos** (sistema de «dirección»). Los miembros de los equipos deben desarrollar procedimientos para solucionar problemas y afrontar los conflictos que pueden dificultar la consecución de los resultados.

    Estos procedimientos se basan en:

    - La utilización de todo el potencial y creatividad individual.
    - La flexibilidad de los miembros para reconocer y aceptar el cambio como algo normal y necesario, adaptándose a los cambios en funciones y roles según las exigencias de los objetivos y de la situación concreta.
    - La confianza en las competencias y motivación del equipo para alcanzar las metas previstas.

6. **Sistema de recompensas «positivo».** Existe preocupación por obtener buenos resultados, tanto cuantitativos como cualitativos, evitando la utilización de sistemas de incentivación coercitivos o «negativos».

    Los miembros del grupo desarrollan sistemas que permiten valorar las contribuciones de cada uno de los individuos tanto en lo referido a los objetivos como al proceso seguido para su logro, es decir, qué resultados se han conseguido y cómo se ha llegado a ellos.

Tanto el coordinador como cada uno de los miembros reconocen los éxitos individuales y colectivos. Esto no significa que no se censuren o critiquen las actuaciones incorrectas, pero estas se realizan en un contexto de respeto y con el objeto de buscar la mejora continua.

No debe olvidarse que el apoyo genera sentimientos de satisfacción y de compromiso con el equipo.

7. **Sentido de pertenencia.** Los miembros de los equipos muestran orgullo y satisfacción por pertenecer al grupo; y manifiestan una alta motivación para acometer las actividades que permitirán afrontar con optimismo las nuevas metas.

Además de las características expuestas, es preciso que haya un sistema de liderazgo que facilite el desarrollo del equipo en función de las necesidades concretas que presente el grupo en general y cada uno de sus miembros en particular.

3.4.2. Fases de evolución de los equipos de trabajo

Aunque cada grupo es singular en su desarrollo, todos ellos, por lo general, siguen un proceso muy similar en su evolución, aunque el número de fases establecidas por los distintos autores varíen de unos a otros en función de los objetivos concretos para los que se forme el grupo.

En este apartado exponemos una adaptación de las fases descritas por Blanchard, Carew y Parisi-Carew (1984) y Carew y Parisi-Carew (1990), debido a que consideramos que es aplicable a la formación de equipos para múltiples propósitos, solución de problemas, desarrollo de un producto y/o servicio, formación, etc.

Las denominaciones difieren ligeramente a las utilizadas originalmente por los autores, aunque responden a la misma concepción de equipo.

Las fases de evolución del equipo se describen en función de la combinación de las siguientes variables:

1. **Madurez profesional (competencias).** Definida como el índice de eficacia del grupo y que dependerá de las competencias de los miembros para llevar a cabo sus actividades. Determina los resultados que es capaz de obtener el grupo en una tarea o función específica.
2. **Madurez grupal (compromiso).** Definida como el grado de eficiencia del grupo, causada por el grado de motivación para asumir responsabilidades y lograr resultados, así como del nivel de integración y cohesión del grupo y que depende de las actitudes e intereses que muestran en la realización de las tareas.

Tomando como base estas dos variables, se establecen cuatro fases en la evolución del grupo (adaptado de Blanchard, Carew y Parisi-Carew (1984):

- **FASE 1.** Iniciación.
- **FASE 2.** Orientación.
- **FASE 3.** Clarificación.
- **FASE 4.** Integración.

Mientras que la madurez profesional aumenta a lo largo de todas las fases, la madurez grupal sufre altibajos:

FASE 1: INICIACIÓN

En esta fase, la madurez profesional es baja y los miembros del grupo no suelen tener claros los objetivos del equipo y cuál va a ser su contribución a los mismos. La madurez grupal suele ser alta, ya que los componentes del equipo aunque muestran interés, ilusión y expectativas positivas con respecto al futuro del grupo, aunque no han desarrollado sistemas de interacción efectivos y no existen sentimientos de pertenencia.

Durante esta fase, por tanto, habrá una gran dependencia del líder y los miembros mostrarán un cierto grado de ansiedad, al no estar claras sus funciones, roles y las futuras relaciones interpersonales.

Ante esta situación los resultados del grupo son medios o bajos y el esfuerzo se centra fundamentalmente en definir las metas y funciones; cómo enfocar las distintas actividades; y qué competencias serán precisas para lograr los objetivos.

La duración de esta fase está mediatizada en gran medida por el grado de conocimiento previo entre los integrantes del grupo, en general, a mayor conocimiento menor duración.

FASE 2: ORIENTACIÓN

La madurez profesional del equipo va aumentando lentamente a medida que se van desarrollando sus competencias, sin embargo, aunque la madurez grupal continua baja debido a que todavía no se han definido y puesto en práctica las normas que regulen las interacciones, ni existe un verdadero sentimiento de pertenencia al grupo, lo que realmente marca esta fase es el descenso significativo de la motivación de los miembros, al comprobar que sus expectativas iniciales con se cumplen con la rapidez que habían previsto.

En esta fase pueden surgir sentimientos de frustración, competitividad y/o confusión con respecto a los objetivos y funciones del grupo, lo que provoca que surjan los primeros conflictos entre los integrantes o entre éstos y el coordinador. En ocasiones, también pueden aparecer sentimientos de incompetencia en aquellos miembros que consideran que no poseen los conocimientos y habilidades necesarios para acometer las funciones encomendadas.

El coordinador en esta fase tiene que saber afrontar este tipo de reacciones negativas como normales, que son debidas al propio desarrollo del grupo. Hay incluso investigadores que consideran que esta fase es fundamental para que realmente el grupo pueda convertirse en un verdadero equipo efectivo, por lo que recomiendan que incluso el líder la provoque si no surge espontáneamente por la dinámica del grupo.

La resolución de esta fase dependerá, en gran parte, de la redefinición de metas y funciones, de forma que éstas, se perciban como más asequibles, y así se vayan eliminando sentimientos de incompetencia y facilitando que el grupo pueda alcanzar las primeras metas, así como del establecimiento de normas que regulen los comportamientos de los miembros.

FASE 3. CLARIFICACIÓN

Dado que la del equipo continúa aumentando, seguirá aumentando su madurez profesional. La redefinición (cuando sea necesario) o clarificación de objetivos y funciones, por un lado, y el desarrollo de normas y procedimientos que faciliten a los miembros trabajar juntos, produce un aumento de la madurez grupal.

Es en esta fase cuando comienzan a desarrollarse sentimientos de confianza y respeto hacia los demás miembros y sus aportaciones, por lo que aumenta el grado de cohesión del grupo y el sentido de pertenencia al mismo, haciéndose la comunicación más directa y fluida.

FASE 4. INTEGRACIÓN

Los miembros del equipo poseen las competencias necesarias para poder trabajar eficazmente y de forma autónoma, saben qué tienen que hacer y cómo hacerlo; esto es, tienen claros los objetivos y cómo conseguirlos. La distribución y redistribución de las funciones y roles se realiza en función del conocimiento y necesidades de los miembros y de los requerimientos de la situación. En este contexto el liderazgo del grupo es compartido entre el coordinador «formal» y el resto de los miembros según las necesidades de tarea o de interacción.

En relación al nivel de madurez grupal, éste es muy alto, se han desarrollado sentimientos positivos sobre los restantes miembros y sobre los logros del equipo, se reconoce, apoya y estimula la participación activa de los individuos y sus aportaciones al grupo, para ello se utiliza una comunicación directa y fluida.

Sin embargo, en ocasiones, se forman equipos por un tiempo limitado, para alcanzar un objetivo concreto, y cuando éste se ha logrado se disuelven. Nos estamos refiriendo, por ejemplo, a los equipos de proyectos, de solución de problemas, etc., cada vez más numerosos e importantes en las organizaciones actuales. En este tipo de equipos existe una última fase que no se presenta en los grupos tradicionales, al permanecer intactos durante largos periodos de tiempo.

A continuación exponemos las principales características de esta última fase (Parisi y Carew-Parisi, 1990):

FASE 5: FINALIZACIÓN

Se acerca el momento de la disolución del equipo y los miembros comienzan a tener conciencia de su próxima separación.

En esta situación (y quien haya participado en proyectos lo habrá experimentado) suele producirse una disminución de las aportaciones, de la creatividad; aunque también lleva aparejado un aumento de la actividad de los miembros, con el objeto de cumplir las fechas previstas. La prioridad del coordinador en esta fase consistirá en que el equipo sirva de «semillero» para otros, superando las reacciones de «duelo» ante la separación.

Aunque las fases descritas se dan de forma similar en todos los grupos, no puede olvidarse que cada grupo es único y, por tanto, el proceso puede variar; por ejemplo, las distintas fases pueden atravesarse rápidamente; el grupo puede estancarse en alguna, retroceder a una fase ya superada; o simplemente «morir» antes de llegar a la fase de integración. Todo ello dependerá de las características individuales y de los objetivos de los miembros, así como de las técnicas empleadas para favorecer la interacción entre los participantes.

Es importante que todos y cada uno de los miembros del equipo comprendan el funcionamiento del mismo y la fase en la que se encuentran, de forma que todos juntos le impulsen a superar las primeras fases. Esto significa, que la responsabilidad del desarrollo del equipo no recae exclusivamente en el coordinador sino en todos sus miembros.

En resumen, podemos decir que para que la madurez profesional y la madurez grupal del equipo aumente:

- Los objetivos deber ser claros, comprensibles, medibles, aceptados y realistas.
- La comunicación ha de ser abierta y los miembros del equipo deben sentir que tienen libertad para expresar sus opiniones.
- Debe existir cohesión e integración entre sus miembros.

3.5. El papel del coordinador en el desarrollo de los equipos

La primera tarea del coordinador es determinar la fase de evolución del grupo con el fin de conocer el grado de independencia del equipo. A continuación, deberá poner los medios para que todos los miembros del equipo (no sólo él) participen en su desarrollo.

Para ello, es imprescindible que el coordinador debe ser capaz de convertirse también en un miembro eficaz del equipo.

a) Determinar la fase de evolución del equipo.

El determinar la fase de evolución en la que se encuentra el grupo supone la evaluación de una serie de aspectos relacionados con su madurez profesional y su madurez grupal (ver Figura 3.6).

FIGURA 3.6
INDICADORES DE MADUREZ PROFESIONAL Y DE MADUREZ GRUPAL

MADUREZ PROFESIONAL	MADUREZ GRUPAL
⇨ Claridad de objetivos	⇨ Claridad de funciones
⇨ Compatibilidad de objetivos	⇨ Compatibilidad de funciones
⇨ Calidad de las decisiones	⇨ Compromiso con las decisiones
⇨ Solución de problemas	⇨ Participación
⇨ Competencia técnica	⇨ Confianza/Satisfacción
⇨ Consecución de objetivos	⇨ Comunicación
⇨ Normalidad de procesos	⇨ Recompensas
⇨ Disponibilidad de competencias	⇨ Distribución de la autoridad

Los indicadores de la madurez profesional se relacionan con la eficacia (consecución de objetivos) y pueden resumirse en los siguientes (López, 1996):

- **Claridad de objetivos:** Definición clara, precisa, cuantificada y motivadora de los resultados que se desean alcanzar.
- **Compatibilidad de objetivos:** Grado de coordinación de todos los objetivos y establecimiento de prioridades.
- **Calidad de las decisiones tomadas:** Establecimiento de criterios claros para conseguir que todas las decisiones estén encaminadas a la consecución de los objetivos, teniendo en cuenta el tiempo y recursos disponibles.
- **Solución de problemas:** Implica el grado de eficacia en la identificación de los problemas, formulación de alternativas, elección de las más adecuadas en función de las características de la situación, aplicación y evaluación de los resultados.
- **Competencia técnica:** Se refiere al grado en que los miembros del equipo poseen las competencias necesarias para alcanzar los objetivos definidos; es decir, si los individuos «saben hacer» y «quieren hacer» su trabajo.
- **Consecución de objetivos (éxito):** Grado o nivel de dedicación de tiempo, recursos y actividades directamente relacionadas con la consecución de los objetivos.

- **Normalización de procesos:** Conocimiento y utilización de los métodos más eficientes para resolver los problemas y realizar las tareas que contribuyen habitualmente al éxito.
- **Disponibilidad de competencias:** Disponibilidad y utilización de las competencias que permiten adaptarse a las situaciones y evolucionar con las circunstancias del entorno.

En el Cuadro 3.1 se recogen algunos ejemplos de indicadores que permiten observar y, por tanto, determinar la fase de evolución en que se encuentra en equipo en cuanto a su madurez profesional para cada uno de los criterios especificados.

En relación a los indicadores de madurez grupal o compromiso, éstos están asociados a la satisfacción y la eficiencia (aprovechamiento de recursos), y pueden resumirse en los siguientes (López, 1996):

- **Claridad de funciones:** Grado en que existe una definición clara de las atribuciones, responsabilidades y tareas de cada individuo.
- **Compatibilidad de funciones;** es decir, el establecimiento de cargas de trabajo y de redes de comunicación de modo que todas las necesidades fundamentales del equipo puedan cubrirse con el mínimo de tensiones y riesgos.
- **Compromiso con las decisiones:** Se refiere a la implicación en el cumplimiento de los planes de todos los miembros del equipo, por tanto, este aspecto conlleva la utilización de sistemas de dirección efectivos.
- **Participación:** Nivel en que todos los miembros intervienen e influyen sobre los resultados.
- **Confianza/satisfacción:** Se refiere a la existencia de manifestaciones de apoyo y confianza hacia la capacidad del grupo para alcanzar los objetivos y la ausencia de tensiones entre los miembros ante los imprevistos y riesgos. Así como, la situación de satisfacción de las necesidades personales de los componentes del equipo.
- **Comunicación:** Grado en que el ambiente abierto y distendido. Ausencia de temor y recelo a expresar las propias opiniones y sentimientos.
- **Recompensas;** es decir, existencia de apoyo y reconocimiento de los miembros hacia los resultados y las aportaciones individuales. Realización de críticas como oportunidad de mejora personal y no como recriminación.
- **Distribución de la autoridad:** Está relacionado con el grado en que se delega la autoridad a las personas que realizan las actividades, proporcionándoles autonomía en la planificación, programación y ejecución; en suma, se refiere a la existencia de corresponsabilidad de los miembros sobre los resultados.

En el Cuadro 3.2 se recogen algunos ejemplos de indicadores que permiten observar la fase en la que se encuentra el equipo en función de la variable madurez grupal en cada uno de los aspectos enumerados.

CUADRO 3.1

INDICADORES DEL GRADO DE MADUREZ PROFESIONAL DEL EQUIPO DE TRABAJO

	FASE 1: INICIACIÓN	FASE 2: ORIENTACIÓN	FASE 3: CLARIFICACIÓN	FASE 4: INTEGRACIÓN
Claridad de objetivos		No hay acuerdo en cómo actuar en situaciones imprevistas.	Existen prioridades de actuación. Las metas del equipo comienzan a establecerse en términos operativos.	Los objetivos fundamentales están escritos, y contemplan las prioridades.
Compatibilidad de objetivos		Las prioridades de actuación no son precisas. Se producen interferencias entre personas y/o subgrupos.	Los objetivos se traducen en programas funcionales a partir de una meta global.	Los objetivos y prioridades están integrados en planes y programas coordinados entre sí.
Calidad de las decisiones	Se toman las decisiones por personas con escasa preparación, sin datos suficientes.	Se establecen procesos básicos de estudio de las decisiones, pero más basados en personas que en datos.	Existen procesos de análisis de los requisitos necesarios para que las decisiones sean eficaces.	Se toman las decisiones que sirven para alcanzar los objetivos, y para las que se dispone de recursos. Se estudian las contingencias.
Solución de problemas	Prevalecen los procedimientos de evitación y dilación de los problemas que se presentan. Cuando esto es imposible se produce la imposición de las soluciones de quienes tienen más poder.	Se utilizan procedimientos impositivos, aunque basados en argumentos que puedan resultar persuasivos.	Se utilizan procedimientos de «regateo», cada uno pide algo que le favorezca y cede algo a cambio.	Los problemas sobre cómo distribuir tiempos o recursos, se solucionan por referencia a los objetivos y prioridades. Se debaten los desacuerdos buscando las mejores ideas.
Competencia técnica	La cualificación y experiencia profesional para los asuntos a resolver es insuficiente.	Se cuenta con la cualificación básica, pero no con la experiencia suficiente.	Se dispone de alta cualificación y experiencia básica.	El equipo dispone de la experiencia y cualificación necesarias para todos los asuntos a resolver.
Consecución de objetivos	Se dedica mucho tiempo y recursos a hacer cosas que no tienen nada que ver con los objetivos prioritarios.	Algunas personas no se ocupan de los intereses comunes, no tienen en cuenta las prioridades, se dedican a cosas poco importantes.	Se alcanza la mayor parte de los objetivos, pero se desperdician recursos y energías innecesariamente.	Los planes establecidos se cumplen en los porcentajes previstos, o por encima.
Normalización de procesos	No hay experiencia suficiente. Todo se improvisa.	Surgen problemas sobre el modo adecuado de hacer las cosas. Confusión.	Hay normas para los temas más importantes. Puede caerse en la pérdida de eficacia por cumplir las normas.	Hay prioridades y flexibilidad para adaptar las normas a los problemas que se presentan.
Disponibilidad de competencias	No se plantea cuáles son las competencias necesarias. Sólo cuentan los resultados.	Se toma en consideración lo que cada uno puede hacer mejor para redefinir la distribución de tareas.	Se analizan las competencias clave para conseguir la supervivencia y desarrollo del equipo.	El potencial del equipo se evalúa no sólo para las tareas actuales; sino sobre todo para los planes futuros.

CUADRO 3.2

INDICADORES DEL NIVEL DE MADUREZ GRUPAL DEL EQUIPO DE TRABAJO

	FASE 1: INICIACIÓN	FASE 2: ORIENTACIÓN	FASE 3: CLARIFICACIÓN	FASE 4: INTEGRACIÓN
Claridad de funciones	Es muy frecuente que se dude si los asuntos que se plantean corresponden a uno u otro.	No hay descripciones de las responsabilidades que corresponden a cada uno.	Las funciones de cada una de las personas comienzan a estar claras.	Las funciones están claras en relación a las exigencias de los puestos.
Compatibilidad de funciones	Habitualmente hay varias personas pidiendo cosas contradictorias a la vez.	Las tareas se mezclan unas con otras, sin tiempo suficiente para atender a todas.	Es fácil localizar a alguien que se haga cargo de cualquier problema.	Las funciones individuales están definidas para alcanzar el objetivo común. Todas las funciones son interdependientes.
Compromiso con las decisiones	Existen frecuentes rebeliones contra las obligaciones del trabajo.	Las metas del equipo no resultan motivadoras para todos. Hay sensación de injusticia.	Los objetivos del grupo resultan motivadores para la mayoría. Todos ponen en práctica los acuerdos tomados.	Todos los esfuerzos personales de los componentes del equipo están directamente relacionados con los objetivos.
Participación	Las preocupaciones son individuales («¿qué pinto yo aquí?, ¿cómo podemos hacer algo juntos?»).	Sólo se presta atención a unos pocos miembros del equipo. A los otros se les ignora. Se forman subgrupos.	Se establecen procedimientos para facilitar la intervención del máximo posible en la definición y solución de problemas.	Se escucha a todo el mundo. No se ignora a nadie. Todos tienen la oportunidad de intervenir en las decisiones.
Confianza/ Satisfacción	No existe la sensación de que el trabajo (propio o de los otros miembros del equipo) sea útil.	Se manifiestan diferencias entre lo que cada persona esperaba y lo que resulta necesario hacer en función de la situación.	Se tiene la sensación de querer conseguir algo en común.	Siempre se encuentra a alguien para comentar y resolver los problemas.
Comunicación	La sensación de que los problemas no se escuchan por quienes pueden resolverlos es generalizada.	No hay reuniones ni procedimientos para comentar lo que cada uno piensa sobre cómo conseguir buenos resultados.	Se inician reuniones y sistemas de información que permitan que cada uno se sienta escuchado y contestado.	Existen procedimientos y reuniones periódicas para comentar las actividades y las responsabilidades de cada uno, y analizar las situaciones.
Recompensas	Las únicas recompensas existentes son las previamente pactadas al inicio de la actividad.	Se establecen compensaciones asociadas con las funciones, se intenta garantizar la equidad.	Se comienzan a establecer incentivos asociados con las contribuciones más destacadas.	Todos los individuos se encuentran reconocidos y apoyados por los demás. Las recompensas se dirigen a solucionar, además de las metas grupales, las personales.
Distribución de la autoridad	Frecuentemente se producen desacuerdos sobre las tareas encomendadas y las atribuciones de que se dispone. La autoridad es meramente formal.	La autoridad se reparte por criterios subjetivos de «lealtad», «integración» o por escalafones de antigüedad o categoría.	La autoridad se distribuye por criterios de competencia profesional, o idoneidad personal, objetivados.	La autoridad está delegada en las personas responsables de hacer las tareas.

3.6. Las 10 C's[8] del trabajo en equipo

Como hemos comentado con anterioridad son muchas las características que requieren los equipos para llegar a ser equipos de alto rendimiento. La gran mayoría pueden ser clasificadas en 10 C's que exponemos a continuación:

- **Complementariedad.** Es muy probable que cada miembro domine una parcela determinada del proyecto. Obvio es que se requiere de todos los conocimientos, competencias y experiencias de los miembros del grupo pues son necesarios para sacar el trabajo o proyecto adelante. Las sinergias son parte de la clave del éxito.
- **Comunicación.** El trabajo en equipo exige una comunicación abierta y en libertad entre todos sus miembros, es esencial para poder coordinar las distintas actuaciones individuales y/o del equipo.
- **Confianza.** Cada persona tiene que confiar en el buen hacer y la valía del resto de sus compañeros/as. Es más, esta confianza le lleva a aceptar anteponer el éxito del equipo al propio alarde personal. Hemos de ser conscientes de que hay personas que tienden a confiar en los demás desde el principio, y otras personas que por experiencias previas adversas necesitan de más tiempo para construir relaciones de confianza estables en el tiempo. En este proceso, el gestor/a del equipo juega un papel determinante en la creación de un clima de confianza.
- **Coordinación.** El equipo humano, junto con su responsable o gestor/a, deben actuar de forma sistemática y organizada para así conseguir que proyecto alcance los hitos y fechas establecidas, y de esta manera puedan tener éxito.
- **Conflictos resueltos.** El conflicto no es algo que deba manejar y resolver por sí solo el Responsable del proyecto; el conflicto entre miembros del equipo debe ser manejado por las personas involucradas y a tiempo pues no se debe dilatar en el tiempo. Cuando se conduce en forma adecuada, pueden ser muy beneficioso pues:

    - Hacen que los conflictos emerjan a la superficie y se resuelvan.
    - Estimulan la discusión y hace que las personas aclaren sus puntos de vista, incluso cuando hay planteamientos muy divergentes.
    - Favorecen que las personas busquen nuevos enfoques; luego puede fomentar la creatividad y mejorar la forma de resolver problemas.
    - Ayudan a crear el equipo, especialmente, cuando se afrontan de manera apropiada y oportuna. Sin embargo, si no se procede convenientemente, puede tener una repercusión negativa sobre el equipo y los proyectos a desarrollar.

---

8 Adaptado de NAVEEN T. NAIR (2008): «The 5 C's of team building». [En línea] http://info.shine.com/Career-Advice-Articles/Leadership-Teamwork/The-5-Cs-of-team-building/1604/cid31.aspx. [Consulta: 22 de noviembre de 2012].

FIGURA 3.7
LAS 10 C's DEL TRABAJO EN EQUIPO

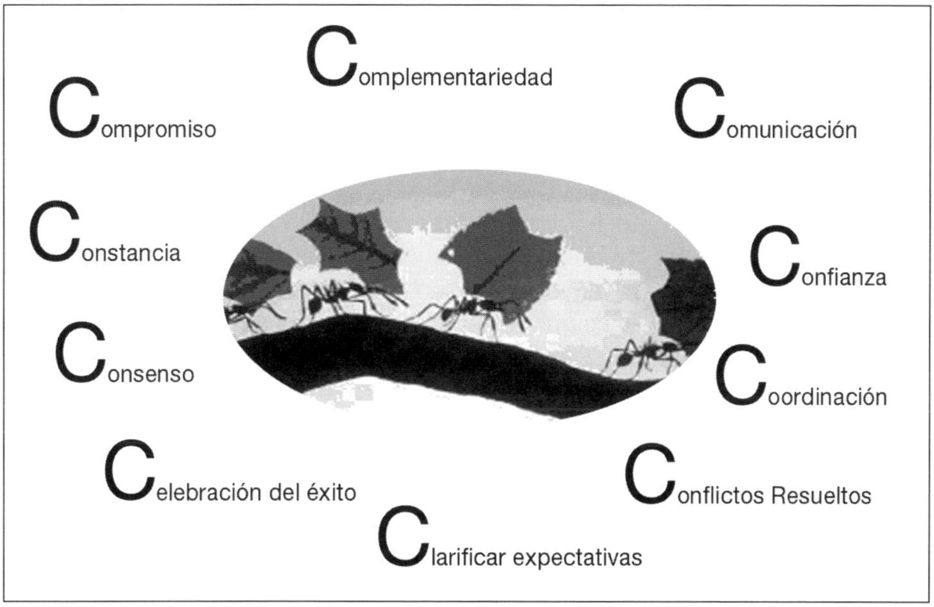

Fuente: 2010 photolibrary.com.

- **Clarificar expectativas.** Cada miembro del equipo deben tener claro lo que se espera de él/ellas. Su falta de claridad es uno de los principales motivos del fracaso de los equipos. Ahora bien, si cada una de las personas conoce y entiende su responsabilidad, habrá menos enfrentamientos, y en consecuencia se bregará en pos de los objetivos individuales y/o del equipo, y al tiempo por los objetivos finales del proyecto y/o de la Compañía.
- **Celebración del éxito.** Dado que cada persona desempeña un papel importante en el éxito o el fracaso de un proyecto o en la consecución de los objetivos, sólo tiene sentido celebrar sus logros en equipo. Su celebración puede ser tan simple como una pizza o una nota manuscrita felitando al equipo por los resultados del proyecto (sistema de reconocimiento de coste cero) o con sistemas tan espectaculares como una viaje de incentivos a Hawai (sistema de reconocimiento de alto coste).
- **Consenso.** Otro factor importante es entender y cumplir con las normas que el equipo tiene para llegar a un consenso o a soluciones colegiadas. Por tanto, tiene que establecer normas en el proceso de toma de decisiones en relación a: cómo la información se recopila y comparte; cómo se procesa información; cómo se exploran nuevas opciones; cuándo se adopta una decisión al respecto; o qué método se utilizará para establecer prioridades y seleccionar la opción u opciones más adecuadas.

- **Constancia.** Sin dedicación y constancia por parte de las personas del equipo, es imposible hablar de equipos con talento. Y por supuesto, también se requiere que las personas disfruten con lo que hacen y, por supuesto, es necesario que dominen lo que hacen.
- **Compromiso.** Cada miembro se compromete a aportar lo mejor de sí mismo, a poner todo su empeño en sacar el trabajo adelante. Deben comprender las metas del equipo y la incidencia de sus objetivos con el equipo, mostrando un compromiso total y haciendo que el equipo sea cada vez más fuerte.

Si su equipo cumple la mayoría de estas 10 C's, está Ud., de enhorabuena. Ahora bien, ayude a que su equipo mejore y luche por alcanzar el 10.

Capítulo 4
Las competencias del mando en el desarrollo de los equipos de trabajo

4.1. La comunicación como instrumento de trabajo.
4.2. La entrevista.
4.3. La gestión de conflictos en el equipo de trabajo.
4.4. Análisis de problemas y toma de decisiones.
Cuestionario: Autoevaluación del nivel competencial.

¿Qué competencias debe poseer un mando para facilitar el desarrollo de los equipos de trabajo?

Esta es una de las preguntas que habitualmente se formulan todas aquellas personas que están directa o indirectamente implicadas en la creación y desarrollo de equipos de trabajo.

Sin embargo, no se puede hablar de un perfil común, pues cada organización es distinta, cada equipo es diferente y, además, existen las diferencias individuales, y, por tanto, las exigencias que se plantearán al líder o responsable de los equipos no tendrán por qué ser comunes.

¿Por qué hablamos de competencias y no de conocimientos, habilidades o actitudes? En la actualidad, el enfoque adoptado por la mayoría de las organizaciones competitivas es el de competencias para la gestión de sus recursos humanos.

Llegado este punto, es conveniente que comencemos explicando el concepto de competencia. Una competencia es un «*repertorio de comportamientos observables y medibles asociados con un rendimiento alto o excelente en una ocupación de un determinado contexto profesional, y con una contribución notable al éxito y futuro de la organización*». Una competencia comporta una serie de *elementos que son complementarios y se interrelacionan entre sí*, tales como (ver Figura 4.1):

- ***Saber:*** «*poseer los conocimientos de hechos y procedimientos de carácter teórico-práctico relacionados con una actividad profesional que permitan dominar de manera experta las situaciones propias de una ocupación concreta, y en consecuencia pueden facilitar junto con otros elementos tener un rendimiento alto o excelente». Aunque es un componente necesario, las diferencias de un rendimiento alto o excelente en pocas ocasiones se explican sólo a partir de este componente.* Por ejemplo, para que un mando pueda entrevistarse con sus colaboradores de manera eficaz y eficiente, es preciso que conozca las técnicas y herramientas que permiten hacerlo.

- ***Saber hacer:*** *«aplicar el saber a situaciones propias de la ocupación, de manera que la persona posea las habilidades y/o destrezas exigidas, y pueda solucionar con autonomía situaciones o problemas, e incluso transferir su talento, potencial e ingenio a situaciones nuevas».* De manera que no basta con que la persona conozca las técnicas e instrumentos de entrevista, sino que es preciso que sepa aplicarlos a su situación de trabajo particular.

- ***Saber social:*** *«mostrar comportamientos adaptativos y de éxito en diferentes situaciones sociales propias de una ocupación, demostrando ser coherente con los valores y cultura de una organización concreta». Implica colaborar con diferentes personas de la organización de forma positiva, mostrando estar orientado al grupo y a las relaciones interpersonales.* Por ejemplo, un mando puede considerar que no es necesario adaptarse a los distintos colaboradores y tipos de entrevista, e intentar realizar siempre el mismo tipo de entrevista (Café para todos), cuyos resultados dejarán bastante que desear.

- ***Saber ser:*** *«tener una imagen positiva y realista de sí mismo, al tiempo que demuestra seguridad y firmeza en sus actuaciones, incluso en situaciones difíciles o de tensión, de forma que sus respuestas sean coherentes con sus valores, actitudes y personalidad». Por ejemplo,* durante la entrevista un gestor de personas tiene que demostrar seguridad y hacer que sus colaboradores muestren estas conductas, y, simultáneamente, tiene que transmitir de forma verbal y no verbal una buena imagen personal y profesional.

- ***Querer hacer**: «para poder actuar con efectividad y éxito en situaciones profesionales se requiere un componente motivacional que impulse a la persona hacia las metas o recompensas que son valiosas para ella y para la organización. Es decir, la persona tiene que querer mostrar el repertorio de comportamientos propios de la competencia».* Así, por ejemplo, una persona puede tener los conocimientos precisos para gestionar adecuadamente la situación de entrevista, saber aplicarlos en su trabajo y que su comportamiento se adecúe a las características de los colaboradores y del tipo de grupo de trabajo; sin embargo, si comprueba que sus esfuerzos no tienen la repercusión esperada en sus colaboradores, es muy posible que decida que no merece la pena esforzarse de nuevo.

- ***Poder Hacer:*** *«disponer de los recursos tangibles e intangibles relacionados con la tecnología, procesos, estructuras y personas necesarios para el éxito en el desempeño de una ocupación y en una organización concreta».* Así, por ejemplo, si no existe un lugar con las condiciones ambientales adecuadas para la entrevista, es difícil que el directivo pueda conseguir que los colaboradores se familiaricen con la situación de entrevista.

FIGURA 4.1
COMPONENTES DE LAS COMPETENCIAS

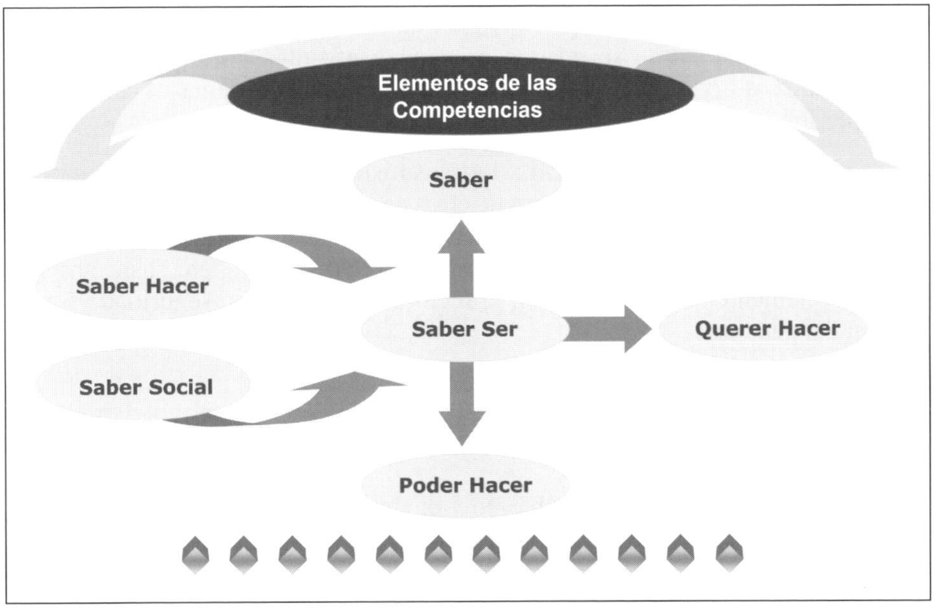

En este capítulo, se desarrollan tres de las competencias que consideramos claves para el desarrollo de equipos. También, se incluye una herramienta como es la entrevista, que se considera básica hoy en día en las organizaciones con los miembros del equipo, ya que, además de facilitar la transmisión de información con los miembros del equipo, es muy útil para la gestión de los conflictos y en ocasiones un medio para el análisis de problemas y toma de decisiones.

4.1. La comunicación como instrumento de trabajo

La comunicación es el fundamento de toda vida social y, por tanto, un elemento esencial en el funcionamiento de las organizaciones, en general, y de los equipos de trabajo en particular, ya que permite transmitir normas y valores, aprender a trabajar mejor, coordinar el trabajo, liderar a los equipos, etc.

Por ello, una de las funciones prioritarias de todo mando y directivo es desarrollar y mantener un sistema de comunicación eficaz, tanto dentro del propio equipo de trabajo como con el resto de miembros de la organización.

Sin embargo, tal y como expondremos posteriormente, la comunicación interpersonal no es fácil (hay autores que incluso afirman que es imposible), ya que en cada uno de los elementos (emisor, receptor, mensaje, canal, código y retroinformación) que intervienen en el proceso pueden surgir una serie de barreras (aspectos que dificultan la correcta transmisión y recepción de la información), las cuales van a afectar a la comunicación entre personas, provocando errores en la emisión de los mensajes y/o en la interpretación de los mismos.

Pero, no es suficiente con que se conozcan las barreras que pueden afectar a la comunicación y cómo se pueden prevenir o afrontar, sino que también es necesario que, a nivel de la organización, se establezcan sistemas y canales eficaces por los cuales circule la información.

Una buena comunicación facilita la transmisión de aspectos generales de la organización (misión, valores, normas, etc.), la coordinación de las actividades entre los departamentos, la toma de decisiones, dar instrucciones, recibir sugerencias, favorecer la participación e integración del personal, etc., aspectos que están directamente relacionados con la mejora de la eficacia, seguridad y satisfacción del personal.

4.1.1. La comunicación en la organización

La comunicación es un factor básico y dinámico para cualquier organización y, si se sabe utilizar, la solución a una gran parte de sus problemas.

Por ejemplo, si no existe una buena comunicación ascendente (integrada por todos los mensajes que parten de los niveles inferiores de la organización y se transmiten hacia la dirección), descendente (información que se transmite desde la dirección y los mandos hacia al personal de los niveles inferiores) y horizontal (comunicación que se realiza entre miembros de un mismo nivel jerárquico), ¿cómo se puede informar eficazmente sobre objetivos, políticas, procedimientos, valores, etc.?, ¿cómo se va a poder recoger información sobre los posibles problemas de los colaboradores en el desarrollo de su trabajo?, ¿cómo se puede favorecer la participación y aportación de ideas entre los colaboradores?, ¿cómo podrían colaborar distintos departamentos en la elaboración de proyectos conjuntos?, etc.

Aunque son muchas las ventajas que presenta una buena comunicación interna en la organización, se ha podido constatar, en numerosos estudios, que son pocas las empresas en las que sus trabajadores se encuentran satisfechos con los sistemas de comunicación existentes.

Entre las causas que dificultan una adecuada comunicación interna podemos destacar:

- **La dimensión y la estructura de la organización**, por ejemplo:
  - Cuanto mayor es el número de niveles jerárquicos, mayor es el número de eslabones de la cadena y, por tanto, mayor es el riesgo de distorsión y de retención de la información.
  - Cuanto más independientes sean las distintas áreas funcionales, o mayor dispersión geográfica exista entre las distintas unidades de negocio, mayores dificultades habrá para el establecimiento de contactos personales.

– Cuanto más compleja sea la estructura organizativa, más difícil será establecer sistemas fluidos de comunicación, etc.

– La existencia de conductos reglamentarios muy rígidos elimina gran parte de la espontaneidad y rapidez necesarias para que se favorezca una buena comunicación, etc.

- **Los conflictos, rivalidades o falta de claridad en los objetivos** de las distintas áreas funcionales pueden generar dificultades en la transmisión e interpretación de la información.

- **El estilo de dirección,** en numerosas ocasiones, condiciona la cantidad y la calidad de las comunicaciones. Por ejemplo, un estilo autocrático generalmente genera comunicaciones muy escuetas y de carácter unidireccional (de arriba a abajo), dificultando la participación de los colaboradores. Sin embargo, estilos más participativos favorecen comunicaciones más fluidas y de carácter bidireccional.

- **Falta de competencia en comunicación.** La implantación de sistemas de comunicación requiere un tiempo de adaptación, pero además requiere la puesta en práctica de determinadas habilidades tanto de expresión como de escucha, las cuales es preciso desarrollar o activar. Esta es la razón por la que todo programa de comunicación, si realmente se quiere que sea efectivo, deberá ir acompañado de los correspondientes programas de sensibilización y formación.

- **Temor a perder el poder.** Se considera que la información es una de las principales fuentes de poder; por tanto, si se comparte, parte del poder se perderá. Este puede ser un razonamiento válido cuando nos referimos a algunos aspectos de la política estratégica de la empresa, pero no en su funcionamiento diario. Si la cadena de mando es reacia a informar, difícilmente se ganará la confianza de los colaboradores para que estos expongan sus dudas, sugerencias, problemas, etc., dificultando de esta forma la comunicación ascendente.

- Utilización de **canales de comunicación insuficientes o no adaptados** a los receptores.

- **El entorno laboral.** Por ejemplo, la conflictividad laboral genera tensiones que distorsionan o bloquean la comunicación.

Las consecuencias de todo lo expuesto puede dar lugar a una comunicación interna defectuosa que bloquea la información descendente, dificulta que las aportaciones ascendentes lleguen a los centros decisorios y que exista un clima de colaboración entre los equipos de trabajo y los departamentos.

Dichos efectos negativos pueden concretarse en los siguientes tres puntos (adaptado de Barranco, 1993):

- Falta de identificación del personal con la empresa, lo que da lugar a una falta de motivación y participación de los colaboradores.

- Falta de especificación en las funciones y cometidos, que puede distorsionar las relaciones entre las distintas unidades orgánicas y miembros de los equipos, causando conflictos y rivalidades innecesarias.
- Creación de sistemas informales de comunicación, debido a la ineficacia de los formales.

Debido a la importancia que tiene la comunicación para la competitividad, y por tanto, supervivencia de las organizaciones, es preciso que a nivel global se diseñen sistemas y desarrollen canales que faciliten el intercambio eficaz de la información. Cuando hablamos de eficacia, nos estamos refiriendo a que la información llegue en el momento oportuno y en el lugar adecuado, es decir, que la información sea recibida con la calidad deseada.

Sin embargo, los sistemas y medios tienen que ser utilizados por personas, y que éstas tengan el deseo y voluntad expresa de emplearlos; aspecto que conlleva en numerosas ocasiones a un cambio de actitud, como por ejemplo, a no considerar que la información es poder y, por tanto, privilegio de unos pocos, creencia que todavía se encuentra muy arraigada en muchas empresas.

4.1.2. El proceso de comunicación

Tal y como señalábamos, una de las competencias fundamentales de los directivos y mandos es la comunicación, competencia que definimos como *informar clara y concisamente y obtener información de una amplia gama de personas*, así como uno de los instrumentos clave para el funcionamiento de los equipos efectivos.

Si analizamos la definición dada puede parecernos que comunicar es algo sencillo que realizamos todos los días, en el trabajo, con la familia, con los amigos, y que lo llevamos haciendo desde que nacemos. Sin embargo, ¿por qué a veces no conseguimos entendernos?

Perturbaciones o barreras que afectan a cada uno de los componentes que intervienen en el proceso de comunicación hacen que la comunicación perfecta sea algo prácticamente imposible de conseguir. Barreras que van a propiciar la distorsión de los mensajes y, por tanto, van a repercutir directamente en las condiciones de eficacia de la comunicación.

Pero, antes de exponer los distintos componentes y barreras que puedan afectar, es preciso que nos preguntemos qué entendemos por comunicación, ya que dependiendo de cómo la definamos, los objetivos del proceso, las funciones de cada uno de los elementos que intervienen, etc. serán distintos.

Cuando nos referimos a la comunicación como instrumento básico en los equipos de trabajo, no podemos entenderlo como un mero proceso informativo; desde este enfoque, la comunicación es un proceso unilateral, en teoría, fácil y rápido, que sitúa toda la responsabilidad de la eficacia del proceso en el emisor, quien deberá tener muy claro lo que quiere decir y expresarlo con toda corrección.

La principal dificultad que entraña este tipo de comunicación es que no garantiza la recepción adecuada de los contenidos del mensaje, debido a que el emisor no tiene la posibilidad de comprobar si el receptor ha comprendido el mensaje en toda su extensión.

Un ejemplo de este enfoque es cuando se envía una circular donde se informa sobre un cambio en las normas de procedimiento interno y, posteriormente, no se comprueba si los colaboradores han comprendido en toda su extensión las implicaciones del cambio. En esta situación, ¿hasta qué punto estamos seguros de que las nuevas normas van a ser llevadas a la práctica?

Una segunda forma de entender la comunicación es como un proceso interactivo (ver Figura 4.2); este enfoque plantea un tipo de comunicación más «cooperativo», que requiere un mayor esfuerzo y análisis personal, y donde la responsabilidad del proceso es compartida tanto por el emisor como por el receptor. Roles que se van intercambiando continuamente a lo largo de todo el proceso.

La inclusión de la retroinformación dentro del proceso de comunicación facilita que el emisor verifique que el mensaje recibido por el receptor es igual al ideado por él, lo cual garantiza una mayor eficacia en el proceso de comunicación, ya que en el caso de que el receptor hubiera comprendido incorrectamente el mensaje, el emisor podría, por ejemplo, matizarlo o ampliarlo.

Siguiendo con el ejemplo anterior, una vez enviada la circular, el directivo, en este caso, debería asegurarse de que los colaboradores destinatarios de la misma la han interpretado correctamente y aplicarán la nueva normativa.

FIGURA 4.2

EL PROCESO DE COMUNICACIÓN

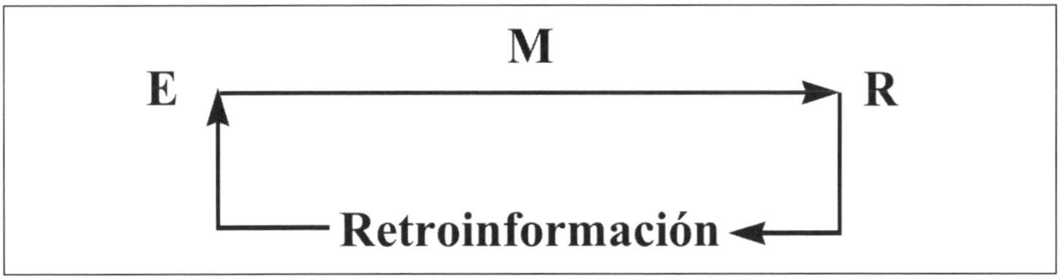

Nosotros a lo largo del apartado nos vamos a situar en el segundo enfoque, ya que consideramos que, para que exista una verdadera comunicación, no es suficiente con transmitir un mensaje, sino que es preciso asegurarse de que ha llegado con la calidad deseada.

4.1.3. Elementos que intervienen en el proceso de comunicación

En todo proceso de comunicación se pueden distinguir los siguientes elementos (ver Figura 4.3):

FIGURA 4.3
ELEMENTOS DEL PROCESO DE COMUNICACIÓN

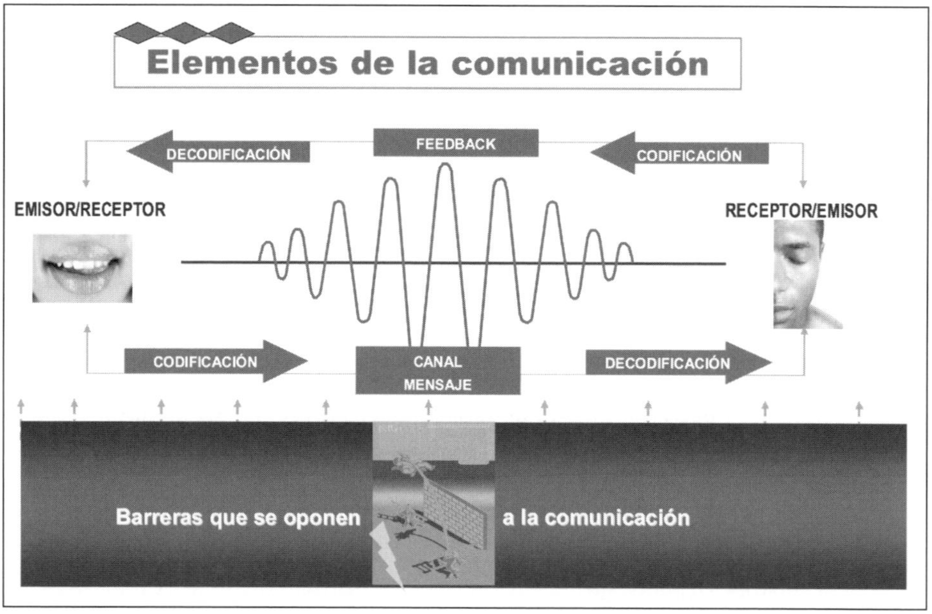

- **Emisor:** persona o grupo de personas que emiten el mensaje.
- **Receptor:** persona o grupo de personas que reciben el mensaje.
- **Mensaje:** es la información (hechos, ideas, etc.) que el emisor transmite al receptor.
- **Retroinformación:** es la confirmación del mensaje que hace el receptor al emisor después de haberlo recibido.
- **Canal:** medio a través del cual se transmite el mensaje.
- **Código:** conjunto de símbolos (lenguaje, gestos, etc.) utilizados para expresar el mensaje.

A continuación, desarrollamos cada uno de los elementos expuestos.

A) EMISOR

El emisor, que puede ser una persona o un grupo, es el encargado de producir el mensaje, ya sea verbal, escrito o expresivo.

En numerosas ocasiones, tal y como hemos comentado anteriormente, cuando emitimos un mensaje no se nos entiende o se nos interpreta incorrectamente. Esto puede ser debido a errores que se cometen cuando se actúa como emisor, entre los cuales podemos destacar, por su frecuencia, los siguientes:

- **Redundancia.** Puede ocurrir que el emisor no haya pensado suficientemente el mensaje y «meta paja» en la información o realice repeticiones innecesarias, convirtiendo el mensaje en redundante y poco claro.
- **Ambigüedad.** Ciertos mensajes suelen ser emitidos de forma que permiten distintas interpretaciones, dificultando la interpretación correcta de su significado por el receptor. A veces, se provoca intencionadamente que el mensaje sea ambiguo; esto es muy peligroso ya que no se puede estar seguro sobre la interpretación que le dará el receptor.
- **Defectos en la expresión.** Algunos defectos en la expresión (muletillas, ceceos, etc.) hacen que el receptor preste más atención al defecto que al propio mensaje.
- **Actitudes.** Pueden ser hacia sí mismo, hacia el tema o hacia el receptor, y dan lugar, en este último, a una serie de actitudes defensivas o de apoyo. Estas actitudes personales del emisor determinan claramente el carácter de la comunicación que se establece:
  - **Actitudes hacia sí mismo:** Si el emisor tiene una actitud negativa hacia sí mismo, su mensaje será formulado de forma negativa, con un tono de voz inseguro, falto de confianza, por lo que no ejercerá ningún tipo de persuasión sobre la otra persona.
  - **Actitud hacia el tema:** Si una persona no cree en el valor del mensaje que ha de transmitir, le resultará realmente difícil establecer una comunicación efectiva. Supóngase el caso de un mando poco convencido del proyecto que tiene que encomendar a sus colaboradores.
  - **Actitudes hacia el receptor:** Las actitudes positivas o negativas del emisor hacia el receptor también afectan a la forma de transmitir el mensaje y, evidentemente, a la forma en que el receptor responderá a éste, adoptando a su vez actitudes de rechazo, defensa o apoyo.

    Así, por ejemplo, algunos de los comportamientos del emisor que generan en el receptor actitudes defensivas son evaluación, autoritarismo, indiferencia, superioridad, etc.

    Por el contrario, los que originan en el receptor sentimientos de apoyo son espontaneidad, comprensión, igualdad, etc.

Para evitar o minimizar el efecto de las barreras expuestas, cuando actuamos como emisores deberemos, antes de emitir un mensaje, dar respuesta a las siguientes preguntas:

- **¿Qué quiero transmitir?** En primer lugar, debemos plantearnos si realmente la información que deseamos transmitir es necesaria o no. En el caso de que la respuesta sea afirmativa, es preciso concretar qué es lo que desea que el receptor entienda.
- **¿Cómo lo va a transmitir?** Si se desea que la información enviada sea efectiva, en primer lugar, es necesario utilizar un código que sea común con el receptor del mensaje, lo cual asegurará su comprensión.

  Y en segundo lugar determinar el canal a emplear; dentro de la empresa estos son muy numerosos (teléfono, fax, correo electrónico, entrevista, etc.). Pero, ¿son todos igualmente eficaces?, dependiendo del receptor, de la importancia y de la urgencia del mensaje, será más adecuado utilizar uno u otro.
- **¿Cómo será interpretado?** Para conocer el impacto del mensaje, el emisor tendrá que intentar ponerse en el lugar del receptor, es decir, pensar qué haría él o qué sentiría si fuera él quien lo recibiera.

  Otro aspecto importante es que un mismo mensaje se puede interpretar de distintas formas en función de la situación o del contexto en el que se recibe; por tanto, es importante seleccionar el momento más oportuno.
- **¿Cómo se puede verificar?** Es decir, qué puede hacer el emisor para comprobar que su mensaje ha sido comprendido en los mismos términos en los que él lo pensó.

B) EL RECEPTOR

Es la persona o grupo de personas receptoras del mensaje y, por tanto, el encargado de su decodificación (interpretar la información recibida).

Su papel en el proceso hace que sea fundamental para determinar el tipo de comunicación que deba emplear el emisor, si realmente éste quiere que su comunicación sea eficaz, ya que *comunicar no es lo que dice el emisor sino lo que entiende y/o pone en práctica el receptor.*

En el apartado anterior, hemos comentado las preguntas que se debe formular el emisor antes de transmitir un mensaje y la importancia que tiene pensar en los receptores del mismo. Es preciso tener en cuenta, antes de continuar, que igual que cuando se actúa como emisor nos pueden estar afectando una serie de barreras, a los receptores de nuestros mensajes o cuando nosotros mismos desempeñamos este papel nos pueden estar afectando otras.

El receptor interpreta la información y da una respuesta dependiendo de diversos factores, entre los cuales podemos destacar: su experiencia anterior en el tema, contactos anteriores con el emisor, su sistema de valores y creencias, etc. Por tanto, ante una determinada información, la organizará, completará o negará, de forma que tenga sentido y coherencia para él.

A continuación, destacamos las principales barreras que se pueden producir en el proceso de comunicación debidas al receptor:

- **Inferencias.** Es frecuente que el receptor mezcle los hechos observados con los hechos inferidos (confundiendo lo real con lo imaginario). Por ejemplo, cuando una persona es seleccionada para un puesto y es «hijo de...», una inferencia sería que se pensase que ha sido seleccionada únicamente por ser «hijo de...», sin conocer sus competencias para desempeñar el puesto.
- **Tensión emocional.** En un estado de tensión, se está tan absorto en lo que se va a decir que no se presta atención a lo que dice el interlocutor.

  Por ejemplo, cuando alguien dentro de una reunión está criticando nuestro punto de vista sobre un determinado asunto y, en vez de escuchar, estamos pensando en cómo podremos rebatir sus opiniones.
- **Defensas perceptivas.** Evitan la confusión y la desorientación cada vez que algo interfiere en las propias expectativas. Facilitan la comprensión rápida, aunque superficial de los hechos.

  Por ejemplo, al finalizar una reunión, los asistentes consideran que no ha servido para nada, que ha sido una pérdida de tiempo porque el director de la reunión no ha sabido coordinarla. Como defensa el director de la reunión podría pensar que no se ha llegado a tomar ninguna decisión porque los participantes no eran los adecuados, no se habían preparado sus exposiciones, no estaban disponibles los medios necesarios, etc., sin plantearse su propia actuación.
- **Tendencia a evaluar.** Una tendencias normal cuando se actúa como receptor es la de efectuar juicios de valor, evaluar, aprobar o desaprobar lo que dice el emisor.

  Por ejemplo, cuando alguien está recibiendo una crítica sobre un determinado trabajo que ha hecho, y antes de que el emisor la exponga en su totalidad, el receptor está pensando si la debe tener en cuenta o no, para futuros trabajos.

  Aunque esta tendencia es común a todo intercambio de mensajes, es mucho mayor en aquellos en los que se mezclan sentimientos y emociones, es decir, en aquellos mensajes que, directa o indirectamente, afectan al esquema de valores, actitudes, hábitos o creencias de la persona.
- **Estereotipos.** Son clichés de pensamiento referidos a características de una persona o grupo de personas, por su pertenencia a un determinado grupo social, de edad, etc.

Esto, generalmente, distorsiona hasta tal punto la percepción que un mismo hecho o una misma palabra se carga de significados totalmente distintos en función del estereotipo que se tenga del emisor.

Por ejemplo, hay personas que consideran que la variable crítica para determinar el potencial de un colaborar es la edad.

- **Efecto halo.** Es frecuente en el receptor la tendencia a valorar un hecho concreto en función de una impresión general favorable o desfavorable que le haya producido el emisor.

  En el fondo es una variante del estereotipo, pero se diferencia de éste fundamentalmente en que el efecto halo suele ser más acentuado cuanto más se conoce a una persona.

- **Ruidos.** La información no se percibe tal y como se presenta en la realidad. Se tiende a elaborar el mensaje recibido para que éste tenga más coherencia.

  Suele hacerse completando, eliminando o alterando la información recibida, ajustándola a modelos extraídos de su propia experiencia. Así pues, la experiencia, los condicionamientos ambientales, éticos y morales están determinando constantemente la capacidad para captar mensajes e interpretarlos. Por ello, ante una misma circunstancia, cada receptor puede entender cosas diferentes, ya que, en definitiva, va a escuchar lo que ha decidido que le van a decir.

La función principal del receptor es escuchar. Pero, ¿por qué es tan difícil escuchar? A continuación, resumimos las principales dificultades, de las cuales se derivan las barreras que hemos comentado anteriormente:

- Implicación afectiva en la situación.
- Influencia de nuestros sentimientos hacia el otro (por ejemplo, estereotipos, simpatía o antipatía personal, recuerdo de contactos previos, etc.).
- Interpretación y valoración del contenido de los mensajes en función del propio sistema de valores y creencias.
- Influencia del estado de ánimo en el momento de recibir el mensaje (por ejemplo, interferencia con otras preocupaciones, prisas, etc.).
- Influencia de los hábitos de encarar la comunicación: estamos más preparados por la educación que recibimos a hablar que no a escuchar.

Sin embargo, aunque escuchar y hacerlo activamente es difícil, cuando se consigue, proporciona grandes ventajas tanto a nivel grupal como individual, entre las que podemos destacar las siguientes:

- Se aprende del tema y de la persona que emite el mensaje.
- Se favorece la cooperación.
- Se aprende a trabajar mejor.
- Se evitan problemas derivados del riesgo de tomar decisiones precipitadas.

Hemos expuesto las dificultades que presenta realizar una escucha eficaz cuando en el proceso de comunicación se actúa como receptor, así como las ventajas que aporta escuchar activamente, pero ¿existe algún truco o receta que permita mejorar la capacidad de escucha? La respuesta es no, ya que es una actitud y una forma de encarar la comunicación.

Por ello, para mejorar la capacidad de escucha será necesario, por un lado, tener el ánimo de no ser el único que habla y, por otro, tener y demostrar interés hacia nuestros interlocutores y hacia lo que están diciendo.

Para llegar a escuchar activamente, por tanto, se debe poner empeño en atender, evitar las distracciones y dar a la otra persona la sensación de que se está interesado en lo que está diciendo.

A continuación, se exponen algunas de las tácticas que puede poner en práctica el receptor para que el proceso de comunicación no se rompa:

- **Escuchar ideas, no datos.** Las ideas son el marco de toda conversación, mientras que los datos se mencionan generalmente para probar la validez de las ideas.
- **Escuchar el contenido, no evaluar las formas.** Puede que un mensaje sea emitido con una forma y un estilo agradable pero, sin embargo, esté falto de contenido, mientras que se puede hablar de forma burda y decir cosas importantes.
- **Escuchar con interés.** Para ello, es necesario evitar las distracciones, estar atento a lo que el interlocutor está diciendo y hacerle saber que se le está escuchando. Aunque un tema parezca, en un principio, muy aburrido, si se escucha con interés, siempre se podrá sacar algún provecho de él.
- **No saltar a las conclusiones.** El pensar que no es necesario terminar de escuchar un mensaje porque ya se sabe lo que el interlocutor va a decir lleva a cometer errores en la comprensión de lo que realmente está diciendo el emisor en ese momento.
- **Preguntar.** Permite clarificar lo que el interlocutor está diciendo y, a la vez, le hace comprobar que se le está escuchando con interés.

Un esquema de lo expuesto sobre el receptor se presenta en la Figura 4.4.

FIGURA 4.4
EL RECEPTOR

C) EL MENSAJE

El mensaje aunque sea verbal comprende, generalmente, algo más que meras palabras; junto con la información oral o escrita se transmite también otra contextual y emocional.

Podemos distinguir cuatro tipos de mensajes (ver Figura 4.5):

- Mensaje pensado.
- Mensaje transmitido.
- Mensaje recibido.
- Mensaje interpretado.

En una comunicación eficaz, estos cuatro mensajes deberían ser idénticos, pero en la práctica, tal y como hasta estos momentos estamos pudiendo comprobar, es casi imposible.

Si se quiere aumentar la eficacia de los mensajes que se han de transmitir en la organización, es preciso que éstos reúnan los siguientes requisitos:

- **Claridad.** Los mensajes deben ser comprensibles e inequívocos para los destinatarios. Por tanto, es importante evitar mensajes redundantes o ambiguos, defectos que contribuyen a crear confusión en los receptores.

- **Precisión.** La información transmitida tiene que ser completa y precisa, de forma que no puedan suscitar desconfianza.
- **Oportunidad.** El mensaje ha de emitirse en el momento en que es útil y necesario, y en el cual se dispone de la atención del interlocutor.
- **Interés.** El mensaje ha de crear en el receptor una reacción positiva y esto sólo es posible si es interesante, es decir, si está relacionado con sus necesidades, expectativas, deseos…
- **Código común.** Un mensaje puede cumplir todos los requisitos expuestos y, sin embargo, no conseguir su objetivo. Esto es debido a que el código que se utilice para su transmisión no sea común al emisor y al receptor, tanto en lo referido a la información intencionada como a la contextual y emocional.

FIGURA 4.5
EL MENSAJE

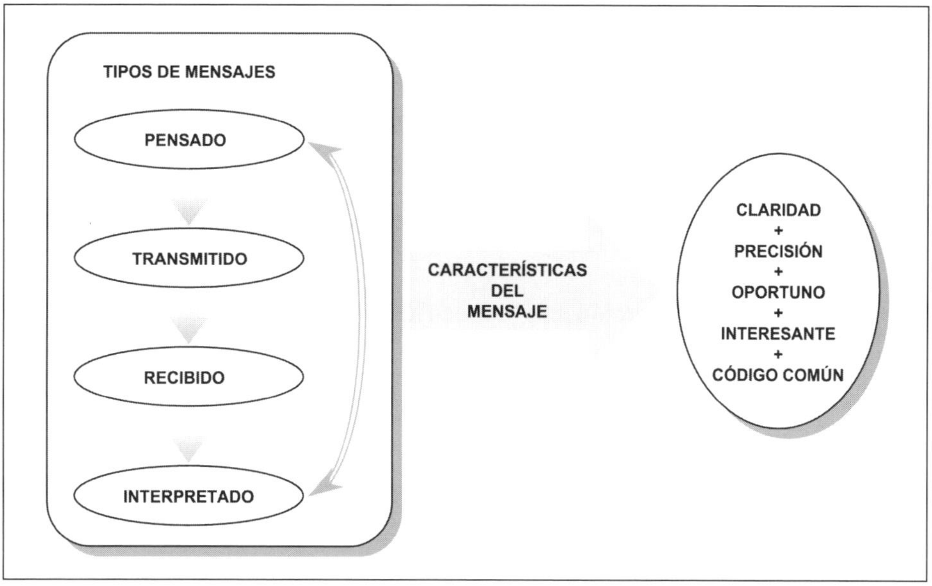

A continuación se exponen, en primer lugar, algunos ejemplos de tipo de mensajes que favorecen la comunicación eficaz y, en segundo lugar, ejemplos de mensajes que la dificultan (Strayhorn, 91):

1) **Mensajes que favorecen la comunicación entre personas:**

- **Declaraciones de deseo o desagrado.** Indican el deseo de que se lleve o no a cabo una conducta específica.

  Por ejemplo: «Me gustaría que hicieras...», «me gustaría que dejaras de hacer...».

Este tipo de mensajes obligan a formular sin rodeos lo que realmente se desea, de forma directa e inmediata.

- **Declaraciones de sentimientos.** Informan sobre los sentimientos que ha provocado la actuación o mensaje de la otra persona sobre nosotros.

  Por ejemplo, «Cuando dijiste... durante la reunión, me sentí apoyado», «no me gustó que presentases nuestra idea como si fuera tuya únicamente».

  Este tipo de declaraciones permiten a nuestro interlocutor que reajuste su comportamiento o que lo reafirme, así como que tenga conocimiento sobre cómo ha sido percibido el hecho.

- **Impresiones.** El receptor repite el mensaje recibido con sus propias palabras, con el fin de comprobar si lo ha entendido correctamente.

  Por ejemplo: «Entonces, ¿quieres decir que te gustaría que te diese mayor nivel de autonomía?»

  Este tipo de mensajes permiten comprobar al emisor si se le ha entendido o no, evitando que se produzcan distorsiones en la información.

- **Preguntar.** La utilización correcta de las preguntas es todo un arte que es preciso desarrollar, ya que, por ejemplo, permiten conocer los puntos de vista de las personas.

  Por ejemplo: «¿Qué opinas sobre..?, ¿cómo crees que se podría solucionar este problema?, ¿quién es el responsable del programa?, ¿qué sucedió exactamente?».

- **Petición de información más específica.** Se utiliza, por ejemplo, frente a una crítica, pidiendo más información sobre la misma. Para ello, se puede preguntar cuáles son las actuaciones específicas que se considera que no han sido correctas y/o preguntar sobre lo que en el futuro debería hacerse.

  Por ejemplo: «¿Cómo crees que debería haberlo hecho?», ¿qué consideras que debería hacer la próxima vez?

- **Presentación de un conjunto de opciones y elegir entre ellas.** Se utiliza cuando los deseos personales entran en conflicto con los de la otra persona. Para llevarlo a cabo ambas partes deben reunirse, analizar conjuntamente el problema, valorar cada una de las posibles opciones y llegar a un acuerdo sobre cuál de ellas es la más adecuada para la situación concreta.

  Esta técnica favorece el desarrollo de un marco cooperativo y no competitivo, evitando la sensación de «ganador» y «perdedor».

2) Mensajes obstructores de la comunicación entre las personas

Las situaciones que se exponen a continuación deberían ser evitadas en todo tipo de comunicación:

- **Incongruencia entre el mensaje verbal y el no verbal.** En numerosas ocasiones lo que decimos de palabra se contradice con lo que expresamos mediante nuestros gestos.

  Por ejemplo: Se puede estar informando sobre la importancia y las ventajas del trabajo en equipo para el desarrollo de la organización y de los miembros del grupo y, sin embargo, con los gestos, tono de voz, estar indicando que es una nueva moda y que pasará con el tiempo.

- **Cambios intencionados de conversación e interrupciones.** Es una forma, por ejemplo, de evitar que se trate un tema en el que no interesa profundizar.

  Por ejemplo:

  A: ¿Para qué se van a utilizar los resultados de la Evaluación del Rendimiento?

  B: Fundamentalmente para la detección de necesidades de formación y así poder elaborar el plan de formación del año que viene.

  A: ¿No se van a utilizar para nada más?

  B: Bueno, creo que esto ha sido todo. Espero que tengáis un buen fin de semana.

  El receptor generalmente lo va a interpretar como una falta de respeto hacia su persona, va a tener la sensación de que se está intentando ocultar información, etc.

- **Preguntas de reproche.** Son críticas disfrazadas de preguntas.

  Por ejemplo: «¿Por qué no puedes ser un poco más responsable?».

  Este tipo de preguntas pueden generar en el receptor agresividad o pasividad, entorpeciendo en cualquiera de los casos un posible diálogo.

- **Generalizaciones sobre actuaciones.** Es un tipo de error muy común en situaciones tanto personales como profesionales.

  Por ejemplo: «¡Eres un irresponsable!», «¡No haces nada bien!».

  Este tipo de generalizaciones provocan confusión y reacciones agresivas en el receptor, ya que éste no sabe a qué conducta/s en concreto se refiere el emisor.

- **Declaraciones del tipo «deberías...».** En definitiva, lo que se está haciendo es reprochando un determinado comportamiento, pero el ánimo con el que se dice no es interpretado por el receptor como una crítica constructiva, es decir, con el fin de evitar que el hecho se vuelva a producir o de establecer los cauces para solventar el problema.

  Por ejemplo: «Deberías pensar un poco antes de hacer las cosas», «deberías haber hecho... en vez de...»

Este tipo de mensajes provocan sentimientos de agresividad, temor o culpabilidad.

- **Órdenes.** Se refiere a la utilización de imperativos o tonos de voz que denotan autoridad o superioridad sobre el receptor.

  Por ejemplo: «No permito que...».

  El receptor de una orden percibe que quien la ha emitido se siente con mayor poder que él. Suelen provocar luchas de poder en personas de igual nivel.

  Con colaboradores, si las acatan pasivamente, difícilmente se logrará su implicación, motivación o iniciativa, creando a medio o largo plazo un mal clima.

D) LA RETROINFORMACIÓN

No por emitir adecuadamente un mensaje se puede suponer que la comunicación que se está estableciendo es eficaz, sólo lo será cuando cumpla sus propósitos. Y ¿cómo podemos asegurarnos que la comunicación que se está estableciendo logra sus objetivos? La respuesta es utilizar correctamente la retroinformación.

Podemos definir la retroinformación como la *información que recoge el emisor sobre los efectos que ha tenido su mensaje en el receptor.*

Esta información recibida permite al emisor saber si su mensaje ha sido comprendido correctamente; es decir, si ha coincidido el mensaje que él había pensado con el que ha interpretado el receptor, así como la repercusión que ha tenido en el sujeto que lo ha recibido.

Por consiguiente, la retroinformación implica dos aspectos:

1. Comprobar que el mensaje que se quería emitir y el mensaje recibido son idénticos; o en su defecto, las diferencias que se han producido entre ambos.
2. Verificar que el propósito con el que se emitió se ha alcanzado (informar, motivar, vender...); o en su defecto, las desviaciones experimentadas.

Por ejemplo, al final de una entrevista de evaluación, deberíamos asegurarnos que el colaborador ha comprendido, en los términos que nosotros deseábamos, cada uno de los aspectos incluidos en la evaluación, y comparte los objetivos marcados para el próximo periodo, etc.

En muchas ocasiones, sólo se pide confirmación de la comprensión de «las palabras» contenidas en el mensaje, y se puede dar el caso de que se consiga la comprensión a nivel de significados, pero no así el objetivo perseguido con la información; por ejemplo, que los colaboradores asuman las nuevas tareas encomendadas.

La posibilidad de utilizar la retroinformación aumenta la eficacia de la comunicación, disminuyendo el número de errores en el trabajo, así como la satisfacción de los receptores.

Ahora bien, al hacerlo, el proceso de comunicación requiere más tiempo, puesto que es más lento. Sin embargo, el no utilizarlo será una de las principales barreras a la comunicación, ya que, en numerosas ocasiones, el emisor va a presuponer que el receptor posee una información o unos conocimientos que realmente no tiene, al no haber comprendido correctamente el mensaje.

Por otro lado, para que la retroinformación sea eficaz, la persona que la proporciona debe tener en cuenta los siguientes aspectos (ver Figura 4.6):

- **Específica.** Se informa en relación a un mensaje o comportamiento concreto, nunca sobre globalidades.
- **Descriptiva.** Se explica la repercusión que ha tenido el mensaje o el comportamiento detalladamente, de tal forma que el receptor conozca en toda su extensión a qué aspectos en concreto se están refiriendo.
- **Inmediata.** Se debe proporcionar inmediatamente después de haberse enviado el mensaje o producido el comportamiento, si ésta realmente quiere ser efectiva, ya que de esta forma tanto el emisor como el receptor tendrán la información más reciente y ésta estará menos sujeta a las posibles deformaciones que se producirán con el paso del tiempo.
- **Sobre comportamientos modificables;** así como relativas a aspectos laborales, no personales. Este es un aspecto muy importante, ya que las conductas laborales son observables, son modificables y están directamente relacionadas con el trabajo. Por tanto, al receptor del mensaje le va a ser más fácil aceptarlo. Nunca se deben abordar características sobre los cuales al receptor le es muy difícil actuar y que se han configurado a lo largo de toda su vida (valores, creencias, características físicas, etc.).
- **Oportuna.** Hemos dicho anteriormente que una de la características de la retroinformación es que debe ser inmediata; esto no quiere decir que no tenga que ser oportuno; es decir, se debe dar en el momento adecuado. Por ejemplo, supongamos la repercusión que tendría para una persona que su superior inmediato le reprendiera en presencia de sus compañeros.

Hemos expuesto las pautas que debe seguir la persona que proporciona retroinformación, pero igualmente la persona receptora del mensaje tendrá que:

- **Solicitarla.** La retroinformación resulta más útil cuando es solicitada; para ello, se debe preguntar sobre las opiniones, impresiones que se tiene sobre lo que se ha dicho o hecho. En ocasiones, la retroinformación no se da por temor a herir al otro.
- **Escuchar.** Se debe evitar la tentación de discutir, defenderse, interrumpir o sacar conclusiones anticipadamente.

- **Verificar.** Una vez escuchado el mensaje, es preciso analizar las informaciones recibidas y asegurarse que el contenido de las mismas ha sido el correcto; por ejemplo, se puede repetir con las propias palabras qué es lo que se ha entendido y las reacciones que nos ha producido.

FIGURA 4.6
PAUTAS PARA DAR Y RECIBIR RETROINFORMACIÓN

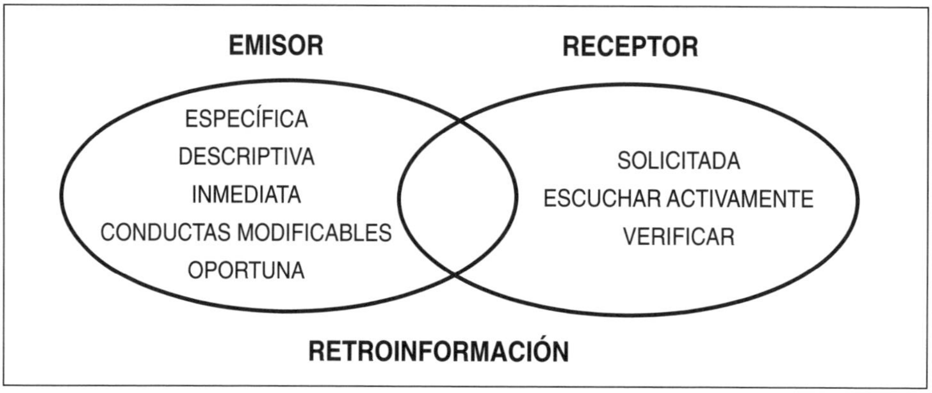

E) EL CANAL

En el ámbito de la comunicación la palabra «canal» se refiere al medio por el que se transmite el mensaje.

Todos los mensajes deben ser transmitidos a través de un canal y, dado que su contenido, código y tratamiento están íntimamente relacionados con el canal que se utilice, la elección de éste es fundamental y determinante en la eficiencia y eficacia de la comunicación; dentro de la organización estos son muy numerosos: entrevistas, reuniones, teléfono, correo electrónico, etc.

F) EL CÓDIGO

El código es el *conjunto de símbolos utilizados para expresar un mensaje.*

El código empleado en la empresa se basa fundamentalmente en el lenguaje oral y en el escrito. En el Cuadro 4.1 se presentan las ventajas e inconvenientes de la comunicación oral y escrita, así como en qué situaciones puede ser más útil emplear una u otra.

Pero la interacción personal a través de un proceso oral no consiste únicamente en intercambios verbales. Cuando una persona habla, lo que dice se acompaña de un conjunto de signos no verbales que pueden corroborar, contradecir, ensombrecer o enriquecer el mensaje oral.

Es primordial, cuando el tipo de comunicación que se emplea es la oral, no olvidar los signos no verbales que acompañan a nuestro mensaje, ya que si el receptor de los mismos detecta incoherencias entre ambas informaciones, se romperá el proceso de comunicación.

CUADRO 4.1
COMUNICACIÓN ORAL Y COMUNICACIÓN ESCRITA

	COMUNICACIÓN ORAL	COMUNICACIÓN ESCRITA
Ventajas	• Fácil y rápida en su transmisión. • Permite utilizar expresiones y gestos para clarificar el significado de lo que se dice. • La retroinformación es inmediata. • Se puede rectificar en el momento. • Más personalizada, el contacto con el interlocutor es directo.	• Reduce los riesgos de deformación del mensaje. • Conserva la información por un poco de tiempo. • Facilita la compresión de mensajes complejos mediante tablas gráficas, etc. • Permite un análisis detallado después de su recepción. • Se puede transmitir a un gran número de personas sin que sufra alteraciones.
Inconvenientes	• La información está sujeta a distintas interpretaciones en función de la persona que la recibe, el momento, el contexto… • El mensaje puede alterarse o deformarse en trasmisiones sucesivas. • Si el mensaje no está suficientemente pensado, se puede caer en la improvisación, perdiéndonos en detalles y olvidando aspectos fundamentales.	• No existe contacto personal. • La retroinformación no es inmediata. • Si los comunicados no están correctamente escritos y teniendo en cuenta el punto de vista de los receptores, pueden ser malinterpretados.
Cuándo utilizarla	• Transmitir informaciones que sean concretas, breves y directas. • Responder a preguntas, dudas: discutir, organizar el trabajo del grupo, recibir retroinformación inmediata, etc. • Conocer mejor a los receptores y/o generar un buen clima de trabajo.	• La información sea referida a procedimientos, organización, etc. • La comunicación se deba enviar a un número elevado de personas. • Se quiera dejar constancia de las informaciones por escrito.

4.1.4. La comunicación en el grupo de trabajo

Hemos considerado interesante analizar aunque sea brevemente la estructura de comunicación que se suele seguir en los grupos de trabajo. Para ello, nos vamos a centrar en el tema de las redes de comunicación.

Uno de los trabajos pioneros en este campo fue el realizado por Bavelas (1950), quién estudió la eficacia de diversas estructuras de comunicación en la resolución de problemas y toma de decisiones.

Estas estructuras o redes muestran el grado en que las comunicaciones del grupo están centralizadas, y definen el conjunto de canales disponibles para cada uno de los miembros. En concreto, el objetivo del análisis de las redes es conocer los efectos que la comunicación de un determinado mensaje tiene sobre sus receptores.

Se pueden distinguir dos grandes tipos de redes (ver Figura 4.7):

- **Centralizada**, en la cual los miembros del grupos se ven forzados a comunicarse a través de un individuo que actúa a modo de figura central durante la resolución del problema. Este es un proceso habitual en la comunicación en cadena o rueda. Es una estructura propicia para la aparición de un líder en el grupo.
- **Descentralizada**, los participantes pueden comunicarse con dos o más miembros del grupo; las más típicas son el círculo y la estrella.

FIGURA 4.7
TIPOS DE REDES DE COMUNICACIÓN

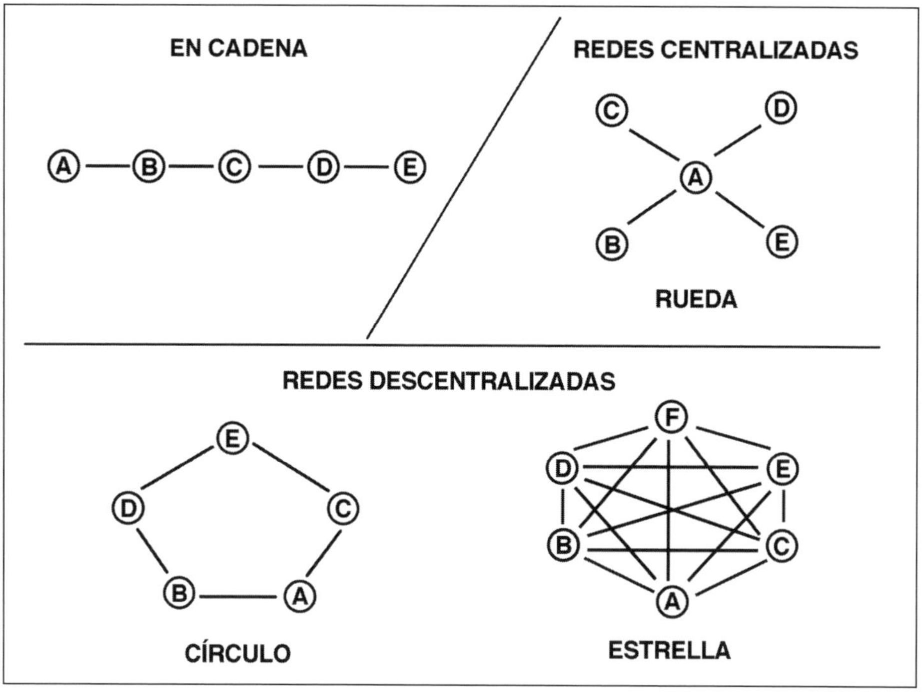

En función de la naturaleza de la tarea, simple o compleja, las investigaciones muestran que las redes centralizadas son más rápidas en la resolución de problemas simples, porque los miembros pueden transmitir la información relevante al individuo que actúa como líder para que este tome la decisión pertinente, mientras que las redes descentralizadas se muestran más lentas porque la información se transmite aleatoriamente hasta que se han recogido todos los datos y se resuelve el problema entre todos.

Sin embargo, si nos referimos a problemas complejos, las redes descentralizadas se tornan más rápidas, ya que es difícil que un sólo individuo posea toda la información necesaria para solventar un problema y, por tanto, es preciso compartir la que se tiene con los otros. Este tipo de redes aumentan los canales de entrada de información. Por el contrario, en las redes centralizadas sería mucho más costoso que la figura control recogiese las informaciones de todos los integrantes para, después, él tomar la decisión.

Otra de las variables a tener en cuenta es el grado de satisfacción de los ocupantes de los puestos. En general, y debido a la falta de participación de los miembros en las redes centralizadas, éstos dan muestras de menor grado de satisfacción, limitándose a transmitir la información que consideran conveniente. Por el contrario, los miembros de las redes descentralizadas suelen mostrar una satisfacción alta y participan activamente en la solución de los problemas, mostrando mayor implicación y satisfacción con la consecución de los objetivos del grupo.

En resumen, cada uno de los dos tipos de redes presentan unas ventajas e inconvenientes, las cuales se especifican en el Cuadro 4.2.

CUADRO 4.2

VENTAJAS E INCONVENIENTES DE LAS REDES DE COMUNICACIÓN

	Ventajas	Inconvenientes
Redes centralizadas	• Facilitan la aparición del líder. • La información completa está en manos de una única persona. • El grupo se organiza con gran rapidez. • En tareas rutinarias son más rápidas. • Son más eficientes en la resolución de problemas sencillos.	• Mayor probabilidad de cometer errores en la realización de las tareas. • El líder puede tener dificultades para manejar toda la información. • Los miembros del grupo se muestran menos implicados y satisfechos con la tarea. • Son pocos eficaces en la solución de problemas complejos.
Redes descentralizadas	• La posibilidad de cometer errores es menor. • La información está disponible para todos los miembros. • Los miembros del grupo muestran mayor implicación y satisfacción. • Son eficaces en la resolución de problemas complejos.	• Dificultan la aparición de un líder. • Exigen más tiempo. • Son menos eficientes en la realización de tareas rutinarias y en la solución de problemas sencillos.

4.1.5. Características de la comunicación efectiva

De lo expuesto en los apartados anteriores podemos extraer las características que debe reunir la comunicación para que esta sea eficaz:

1. **Adaptada.** La comunicación debe:
   - Tener en cuenta las expectativas, necesidades e intereses de los receptores.
   - Ser adecuada a las características del colectivo al que va dirigida.
   - Oportuna, en relación a la situación y contexto concreto en el que va a ser recibida la información.
   - Coherente con la cultura y valores de la empresa en general y del equipo de trabajo en particular.

   La comunicación, si se ajusta a los requerimientos enunciados, estará adaptada a sus receptores, intentará satisfacer sus necesidades y expectativas, se proporcionará en el momento oportuno y se utilizarán los canales más eficaces.

   Todo ello favorecerá que la información cumpla con mayor efectividad el propósito que condujo a su transmisión.

2. **Interés.** Se debe tener el deseo y la voluntad expresa de fomentar la comunicación en el grupo de trabajo.

   Si realmente se quiere proporcionar una información de calidad y favorecer la participación activa de los colaboradores, la primera piedra la debe poner la dirección mostrando una voluntad y un interés verdaderos.

3. **Transparencia.** Cuando se tiene el interés y la voluntad de comunicar, debe hacerse con todas sus consecuencias; es decir, debe existir el compromiso de informar con calidad y de escuchar a los colaboradores. De esta forma, no solamente aumentará la cantidad de comunicación descendente sino también la ascendente.

   El término transparencia implica claridad y precisión, así como informar tanto de las noticias positivas como de las negativas, con el fin de evitar que se puedan propagar rumores indeseables.

4. **Objetividad.** ¿Percibimos todos la información de la misma forma?, la respuesta claramente es que no; los datos, los hechos son percibidos de forma distinta en función del marco de referencia del receptor o del emisor, y es muy difícil que ambos se sitúen en la misma perspectiva.

   Para eliminar parte de este tipo de barreras que afectan a la comunicación, la información proporcionada deberá ser objetiva, es decir, referida a hechos y aspectos concretos, además de completa y continua en el tiempo.

5. **Simplicidad.** Este es un principio general que debe regir toda comunicación, independientemente del soporte que se utilice en su transmisión.

El emisor debe tener claro qué quiere transmitir y a quién y, en función de estas variables, determinar qué canales serán los más adecuados.

Sin embargo, independientemente del canal empleado, cuanto más simple y más concreto sea un mensaje menor probabilidad de deformación tendrá.

6. **Rapidez.** No debe olvidarse que las noticias pierden interés con el tiempo y que envejecen rápidamente. La rapidez evita que los colaboradores se enteren de las cosas, por ejemplo, por compañeros de otros departamentos, produciéndose situaciones de malestar, tensión, generación de rumores, desconfianza, etc.
7. **Variedad de medios.** Si una información es importante, no podemos enviarla y sentarnos a esperar qué ocurre. Para asegurarnos que la información llega, y lo hace en condiciones óptimas, habrá que pensar en la utilización simultánea de varios canales, por ejemplo, enviando un correo electrónico y manteniendo reuniones informales o entrevistas.

En resumen, el objetivo de toda comunicación es obtener una respuesta por parte de su receptor; por tanto, cuando se actúa como emisor debemos contemplar a los receptores como nuestros clientes; esto quiere decir que deberemos:

- Captar su atención.
- Generar interés.
- Informar, formar, demostrar, etc.
- Asegurar que se ha comprendido y aceptado el contenido del mensaje.

4.2. La entrevista

Dentro de las organizaciones uno de los factores más importantes para su correcto funcionamiento es el adecuado manejo de la información, tanto en su obtención como en su distribución; uno de los instrumentos más eficaces para ello es la entrevista.

Por tanto, la entrevista constituye una de las herramientas fundamentales de las que disponen directivos y mandos para establecer comunicaciones que, además de servir de intercambio de informaciones, facilitan la predisposición hacia el cumplimiento de los acuerdos alcanzados durante las mismas.

Sin embargo, la realización de entrevistas no es tan sencillo como en principio puede parecer; no consiste simplemente en hacer preguntas y esperar que el entrevistado conteste, para finalmente tomar una decisión. Tal y como iremos viendo a lo largo del apartado, la entrevista está sujeta a un gran número de posibles distorsiones durante su realización, hecho que la puede invalidar como instrumento válido y fiable de recogida de información, lo que exige que el entrevistador ponga en práctica un amplio abanico de competencias, además de poseer una formación técnica específica para su desarrollo.

Podemos definir la entrevista como un *proceso de comunicación cara a cara que puede tener distintas finalidades, todas encaminadas a alcanzar un objetivo previamente establecido.*

Esta definición tan general incluye todo tipo de entrevistas: promoción, selección, evaluación, salida, venta, compra...

El intercambio de información durante la entrevista no se efectúa únicamente por medio de las palabras, sino también a través de distintos indicadores no verbales como son los gestos, la postura corporal, el tono de voz, etc.

Para que la entrevista realmente sea una herramienta eficaz y, por tanto, cumpla sus objetivos, es necesario tener en cuenta los siguientes aspectos:

- **Determinar los objetivos específicos** que se pretenden lograr con su realización (recoger información, informar, motivar, etc.).
- **Preparar** la entrevista:
  - Fijar el *lugar* donde se realizará, y la *fecha*, la *hora*, la *duración*, etc.
  - Recoger y analizar detenidamente la *información* referente al asunto a tratar, y los datos de que dispongamos sobre el entrevistado.
  - Preparar una *guía de preguntas básicas.*
  - Preparar un guión de los *argumentos, datos, pruebas...,* a utilizar.
- **Concertar** la entrevista:
  - Avisar al entrevistado con suficiente antelación.
  - Especificarle el objeto de la misma.
- Procurar un **estado de ánimo** adecuado para su realización.
- Realizar un adecuado **seguimiento** (llevar a cabo los acuerdos alcanzados, utilizar los datos recogidos...).

4.2.1. Tipos de entrevista

Las entrevistas pueden clasificarse en función de:

a) Las **finalidades genéricas** con que se realizan las entrevistas son fundamentalmente cuatro:

- **De información:** Proporcionar y/o recoger información
- **De consulta:** Dar y/o solicitar sugerencias y opiniones.

- **De motivación:** Mostrar acuerdo o desacuerdo, así como manifestar apoyo o enfrentamiento.
- **De toma de decisiones:** Solucionar un problema, establecer un plan de acción, etc.

Por ejemplo, la entrevista en selección de personal se utiliza para recoger datos sobre el candidato, proporcionarle información del puesto de trabajo y de la organización, y para motivarle hacia el mencionado puesto de trabajo; la entrevista de evaluación sirve para dar información sobre los resultados alcanzados por el colaborador, consultar sus posibles vías de desarrollo profesional en la organización, manifestar la valoración que hace la dirección sobre su desempeño, así como recoger las opiniones y sugerencias del evaluado.

a) Según su **propósito concreto**, las entrevistas que se realizan en la organización pueden ser muy variadas:

- **Entrevista de selección de personal.** Es aquella por medio de la cual el entrevistador intenta formarse un juicio, del candidato entrevistado, sobre su idoneidad o no para cubrir el puesto vacante, en función de las exigencias marcadas por el mismo y por la organización.
- **Entrevista de evaluación.** Por medio de esta entrevista se intenta obtener información sobre el rendimiento y el potencial del colaborador, sus opiniones y actitudes en relación al puesto de trabajo, detectar posibles puntos débiles y elaborar planes de acción que permitan solventarlos, así como motivarles y animarles.
- **Entrevista de promoción.** Su objetivo es evaluar el desarrollo profesional del colaborador y su potencial para determinar si es posible promocionarle o no a otro puesto de mayor responsabilidad dentro de la organización, además de determinar de forma conjunta con el empleado las acciones a desarrollar y que facilitarán su posterior adaptación al nuevo puesto.
- **Entrevista de consejo o asesoramiento.** Su propósito es resolver o aclarar todas aquellas situaciones conflictivas que se pueden dar dentro de la organización y que, de no ser resueltas a tiempo, podrían repercutir en las relaciones interpersonales del personal y, por consiguiente, sobre su satisfacción y rendimiento.
- **Entrevista de salida.** Es conveniente realizarlas, ya que el empleado puede proporcionar información muy valiosa sobre problemas internos al equipo de trabajo o departamento y que suelen escapar a la percepción de la dirección de la empresa.
- **Entrevista de despido.** Permiten que el empleado exponga su versión de los hechos, pudiéndose obtener información sobre problemas internos a la organización, así como identificar posibles fallos en la selección o formación de los empleados. También dan la oportunidad de proponer y negociar las condiciones económicas del despido.

- **Entrevista disciplinaria.** Su función principal no es castigar, sino confirmar los hechos de una mala actuación del empleado, hacerle comprender su error, así como ayudarle a mejorar en el futuro.
- **Entrevista de solución de problemas.** Su objetivo es ayudar al empleado a que exprese y comprenda el problema, para que a partir de su análisis sistemático puedan tomarse las decisiones oportunas y obtener una solución determinada.
- **Entrevista para recogida de datos.** Su finalidad es obtener del entrevistado toda la información relevante referente a un tema en concreto y con un objetivo específico.

b) **Según el tipo de conducción con que se lleven a cabo**, las entrevistas se pueden clasificar en:

- **Entrevista estructurada.** En ella, se recoge información de forma sistemática y precisa, a partir de la formulación de preguntas (cerradas y abiertas) previamente elaboradas sobre aquellos aspectos objeto de la entrevista.

  Este tipo de conducción no es aconsejable durante toda la entrevista, ya que puede resultar incómodo para el entrevistado por su carácter rígido, a modo de cuestionario.
- **Entrevista libre.** Con esta forma de conducción, el volumen de información dada por parte del entrevistado puede ser muy amplia, pero para poderla llevar a cabo es necesario, por parte del entrevistador, un gran entrenamiento y experiencia.

  En este tipo de entrevista es fundamental el papel que juega el entrevistador; de él depende únicamente el evitar pasar por alto aspectos que son importantes, así como el no alargarla innecesariamente, perdiéndose en divagaciones y repeticiones de temas ya tratados suficientemente.
- **Entrevista semiestructurada.** Es un término medio entre las dos anteriores.

  Aunque para este tipo de entrevista el entrevistador tiene trazada una guía para su desarrollo, ésta consiste simplemente en unas anotaciones que sirven de referencia para no olvidar puntos importantes a tratar, proporcionando gran agilidad y flexibilidad a la entrevista, por lo que es una forma de conducción muy aconsejable para la mayor parte de los propósitos expuestos.

c) **Según el número de participantes que intervienen.**

- **Entrevista individual o de «uno a uno».**
- **Entrevista en grupo (*pannel interview*).** Varios entrevistadores realizan preguntas de forma simultánea al empleado o candidato. Este tipo de entrevista se utiliza fundamentalmente para la selección de personal.

También puede darse un solo entrevistador y varios entrevistados. Se formula una pregunta común, y cada uno de los entrevistados expone su punto de vista en público sobre el tema tratado.

Su uso es desaconsejable en las entrevistas «difíciles o conflictivas», por ejemplo, de consejo, disciplinarias, ... por el alto grado de tensión que pueden generar.

4.2.2. Fases de la entrevista

Aunque, en general, la mayoría de las entrevistas pasan por todas las fases que a continuación vamos a describir, éstas van a depender, así como su duración y amplitud, del propósito concreto que se persiga con su desarrollo y de las características específicas del colaborador.

Las principales fases de la entrevista son (adaptado de López, 1996):

A) LA PREPARACIÓN

La preparación es la primera fase y la base sobre la que se fundamenta y apoya todo el posterior desarrollo de la entrevista. Una incorrecta preparación puede suponer la no consecución de los objetivos marcados.

La planificación de la entrevista hace referencia básicamente a cuatro aspectos:

1. **El entorno físico.** El lugar donde se celebre la entrevista es un aspecto importante. Todo lo que pueda ayudar a evitar distracciones y hacer que el entrevistado se sienta cómodo es beneficioso.

   Un despacho normal es suficiente para realizar una entrevista de forma adecuada. El ambiente propicio lo crean más el entrevistador y el entrevistado que los equipamientos o decorados. No obstante, es fundamental evitar que se produzcan interrupciones tanto telefónicas como personales y todos aquellos elementos que puedan producir distracciones.

2. **El contenido de la entrevista.** Su preparación supone:

   – Delimitar la información que se desea obtener.

   – Realizar la guía de la entrevista.

   El entrevistador, previamente a la entrevista, debe haber delimitado la finalidad de la misma, así como haber recogido la información necesaria para poderla llevar a cabo, tanto en lo referente a los antecedentes del entrevistado como a los aspectos concretos que se van a tratar durante la misma.

   Por ejemplo, en el caso de ser disciplinaria, se deben haber comprobado los hechos sobre los que se basa la «acusación», así como asegurarse de que éstos son exactos.

Una vez que el entrevistador tiene clara la información que posee y la que quiere obtener por medio de la entrevista, deberá realizar una «guía» de la misma. La guía consiste en organizar el contenido de la entrevista y anotarlo en una ficha o guión de temas a tratar, para evitar que se olviden preguntas importantes.

La manera de planificar una entrevista y de organizar la guía es personal. Cada entrevistador debe buscar su propio sistema de trabajo; algunos necesitarán un guión muy exhaustivo y detallado, mientras que otros sólo requerirán tener a mano una hoja en la que estén reflejadas unas simples notas de referencia.

3. **La disposición del entrevistador.** La entrevista supone un esfuerzo de concentración y de atención muy grande, por lo que el entrevistador debe estar despejado y con una buena predisposición para realizarla.

4. **El modo de concertar la entrevista.** Antes de comenzar la entrevista se debe:

   - Avisar al entrevistado con suficiente antelación.
   - Especificarle el objetivo del encuentro.

   El colaborador debe disponer de tiempo suficiente para prepararla, ya que, si no es así, es muy posible que éste considere que la entrevista es una «encerrona» donde el objetivo es «pillarle» y será prácticamente imposible crear el clima de confianza necesario para que los objetivos de la entrevista se puedan alcanzar.

B) CONTACTO Y EXPLORACIÓN

1. EL CONTACTO

Los primeros momentos de la entrevista son fundamentales ya que marcarán la dinámica y el clima de toda la entrevista; por tanto, hay que dedicarles una atención especial.

Es uno de los momentos más delicados. La entrevista para muchas personas puede resultar una situación, más o menos incómoda, que les genere ansiedad. El objetivo de esta fase consiste en ayudar al entrevistado a vencer su sensación de incomodidad y crear un clima agradable, y así poder establecer una comunicación eficaz de doble vía.

Para conseguir esto, no existe una fórmula ideal, porque no existen dos situaciones idénticas; sin embargo, sí hay una serie de aspectos que debe tener en cuenta el entrevistador para favorecer la colaboración del entrevistado y facilitar la creación de un clima de confianza:

- Encuadrar la entrevista, es decir, recordar al colaborador su objetivo y los temas generales que se van a tratar en ella.

- Comenzar por algún comentario cortés que exprese la intención de eliminar la tensión inicial.
- Pedir permiso para tomar notas, explicando que son simples apuntes para evitar que se pierdan algunos datos importantes de la conversación.
- Utilizar adecuadamente la *comunicación* de doble vía:
  - *Escuchar* activamente. La escucha activa es percibida por el interlocutor como muestra de interés.
  - *Adecuar el lenguaje* al entrevistado.
  - *Emplear la comunicación no verbal*. La utilización de un tono de voz suave y agradable, la sonrisa..., predisponen positivamente a colaborar. Conviene usar la voz para transmitir sentimientos y emociones (interés, preocupación, curiosidad, admiración); por supuesto sin exagerar las expresiones.

    Sin embargo, una postura excesivamente relajada puede ser percibida como falta de interés.

    Otro elemento de la comunicación no verbal que debe saber manejar el entrevistador es el *silencio*. Un silencio puede ser positivo o negativo:

    - *Silencio positivo*, es aquél que utiliza el entrevistador para hacer hablar al entrevistado. Por ejemplo, si el colaborar únicamente contesta con monosílabos o con frases cortas, y se quiere que sea más explícito, sólo tendremos que permanecer en silencio unos segundos, y la persona se verá inclinada a completar su respuesta con más datos.
    - *Silencio negativo*, es aquél que bloquea la conversación dejando al entrevistado «sin palabras». Es papel del entrevistador cortar estos silencios, para evitar sus efectos negativos. No se puede mantener un silencio más de 15 segundos, porque el estado de ansiedad y tensión que produce es muy grande.
  - Comenzar con *preguntas abiertas*, en lugar de preguntas específicas. Los colaboradores suelen llegar a la entrevista con algunas respuestas, ya preparadas extensamente (si tienen conocimiento previo del motivo de la entrevista). Comenzar con una de estas preguntas típicas que el sujeto puede traer preparada le sirve para relajarse además de ser muy útiles por la cantidad de información que aportan. *Por ejemplo, en una entrevista de evaluación, «me gustaría que me comentaras qué dificultades has encontrado para alcanzar tus objetivos».*
  - *Introducir los temas a tratar en la entrevista* y comentar el motivo por el que se incluyen en ella. Cuando se finaliza un tema, antes de cambiar a otro, conviene cerrar el anterior, haciendo un comentario o resumen del mismo.

  Este tipo de elementos es importante cuidarlos durante toda la entrevista.

Sin embargo, también existen factores que pueden obstaculizar la creación de un clima receptivo, entre los cuales podemos destacar:

- Plantear preguntas demasiado directas desde el principio. *Por ejemplo, en una entrevista de salida, ¿cuáles han sido los motivos reales que le han llevado a querer dejar nuestra compañía?*
- Plantear preguntas sugiriendo la respuesta. *Por ejemplo, en una entrevista de selección o promoción. «En esta compañía valoramos las personas con iniciativa, ¿se considera una persona con iniciativa?»*
- Emplear un trato excesivamente condescendiente, distante o severo, con el entrevistado.
- Emplear un tono irónico que pueda hacer que el entrevistado se sienta ridículo o amenazado.
- Emplear un lenguaje inadecuado (grosero, descortés, vulgar...).

2. LA EXPLORACIÓN

Después de conseguir un ambiente agradable y distendido en la fase de contacto, su mantenimiento durante toda la entrevista facilitará el alcanzar los objetivos perseguidos.

El objetivo de la fase de exploración es conocer los puntos de vista y las informaciones del colaborador. Por ello, en esta fase es básico la habilidad del entrevistador para hacer preguntas, escuchar activamente y observar las reacciones del entrevistado ante los mensajes emitidos.

- **LAS PREGUNTAS**

Antes de hacer una pregunta, es necesario conocer el fin que se pretende con ella; inducir al entrevistado a que hable, ratificar ciertas impresiones, obtener información, percibir motivaciones, intereses, prejuicios, etc.

La realización de preguntas tiene una doble finalidad:

- Obtener información.
- Motivar al colaborador para que hable libremente.

Para alcanzar estos dos objetivos, las preguntas deberán:

- Ser claras, esto es, estar libres de ambigüedad.
- Formularse de una en una.

Existen distintas formas para formular una misma pregunta; saber emplear adecuadamente las posibilidades que los distintos tipos de preguntas ofrecen es todo un arte que un buen entrevistador debe dominar.

- **Preguntas Cerradas.** Son aquellas preguntas que se contestan con una palabra, normalmente un «sí» o un «no». Evitan divagaciones; sin embargo, tienen el inconveniente de que, si se abusa de ellas, la entrevista pasa a convertirse en un interrogatorio con las connotaciones negativas que eso supone.

En función del objetivo que se pretenda, las preguntas cerradas pueden clasificarse en:

- **Preguntas de identificación.** Con estas preguntas se indaga sobre: quién, cuándo, dónde, cuánto, cuáles... *Por ejemplo, ¿quién consideras que podría hacerse responsable de la tarea «X» en el proyecto «Y»?*
- **Preguntas de selección.** Se le pide al sujeto que elija entre dos o más alternativas. *Por ejemplo, ¿qué proyecto te interesa más: el X, o el Y?*
- **Preguntas definitivas.** Son las preguntas concretas que se responden simplemente con un «sí» o un «no». *Por ejemplo: ¿Estarías de acuerdo en realizar el turno de noche a partir del próximo mes?*

• **Preguntas Abiertas.** Son todas aquellas que deben ser contestadas con una explicación más o menos amplia.

Las preguntas abiertas son muy adecuadas para comenzar una entrevista. Le sirven al entrevistador para tener una visión global de un tema, y, a partir de ahí, dirigir la conversación hacia puntos más concretos en los que desea indagar.

Por ejemplo, una pregunta abierta para explorar los intereses laborales concretos sería: «*¿Con qué tareas de las que realizas te sientes más cómodo? Háblame sobre ellas*».

Las preguntas abiertas pueden subdividirse en:

- **De aclaración.** Tratan de obtener información adicional que aclare una pregunta anterior. Por ejemplo: «*Me has dicho que no tienes ningún tipo de problemas con tu equipo de trabajo y, sin embargo, has solicitado un traslado, ¿puedes explicarme un poco más esto?*»
- **De comparación.** Estas preguntas son más fáciles de contestar y dan mayor información, porque el colaborar puede estructurar su respuesta a partir de los dos términos de la comparación. *Por ejemplo: «En relación con tu desarrollo de carrera profesional, ¿qué formación y/o experiencias crees que te serían necesarias?»*

  Este tipo de preguntas dan plena libertad para contestar extensamente, resaltando aquellos aspectos que se desean destacar; esto contribuye a que el entrevistado se sienta cómodo respondiendo.
- **Proyectivas.** Son aquellas preguntas que permiten al entrevistado poner su opinión «en boca de otros». Facilitan la información deseada sin que el entrevistado se sienta comprometido. Se utilizan cuando el entrevistador detecta actitudes defensivas o «esquivas» del entrevistado ante determinados temas.

Deben ser planteadas de forma indirecta, para evitar que el sujeto se sienta presionado.

Por ejemplo, si se desea saber la opinión de un colaborador sobre un nuevo sistema de incentivos, se le podría preguntar para iniciar el tema: *«¿Qué opinan tus compañeros sobre el nuevo sistema de primas e incentivos?»*.

- **Situacionales o hipotéticas.** Colocan al entrevistado en una situación determinada, y se le pregunta qué haría. Aportan una información muy valiosa sobre las posibles reacciones del sujeto en un momento determinado, su experiencia en ese terreno, competencias, etc. Por ejemplo: *«¿Qué harías si tuvieses que establecer un sistema de incentivos para el personal de mantenimiento?»*

- **Preguntas que se apoyan en la última palabra o frase** que acaba de pronunciar el entrevistado. Es una buena técnica para profundizar más en alguna respuesta que el colaborador haya dado demasiado escueta. Por ejemplo:

  Entrevistado: «...Cuando dirigí el proyecto X...»

  Entrevistador: Entonces, ¿crees que la experiencia que acumulaste dirigiendo el proyecto X te podrá resultar útil para este nuevo proyecto?

- **Preguntas de elección múltiple.** Son aquellas en las que se dan varias alternativas de respuesta. Deben incluir al menos tres alternativas, para que sean útiles. Las alternativas no deben ser excluyentes entre sí, ni tienen por qué ser las únicas respuestas posibles. Por ejemplo: *«¿Qué harías para recuperar el tiempo perdido: utilizar más personas; trabajar más horas; contratar nuevo personal; ...?»*

- **Preguntas Directas.** Son aquellas que tratan específicamente aquello que se desea saber. Si el tema es algo incómodo, necesita suavizarse la pregunta. Las preguntas directas pueden ser provechosas si no se abusa de ellas, si se combinan con otras preguntas abiertas, o si se utilizan para profundizar en alguna información concreta que no ha quedado clara. No son aconsejables para utilizarlas al comienzo de una entrevista. Por ejemplo: *«¿Por qué le interesa cambiar de Departamento?»*

- **Preguntas Indirectas**. Con ellas aparentemente se pretende obtener una información, pero su verdadero objetivo es otro.

  Por ejemplo, si se desea conocer qué tipo de relaciones informales mantiene un empleado con sus compañeros de departamento, se le puede preguntar: *«¿Sales alguna vez con tus compañeros fuera del trabajo?»* Si la relación es de amistad, seguramente sí lo hará, y si no es así, la pregunta invita a ser respondida con un comentario o explicación.

Debido a la importancia que tiene el correcto manejo de las preguntas, a continuación exponemos algunos consejos a tener en cuenta durante su preparación y formulación.

- **Preparación:**
  - Tener elaborada previamente una «*guía de entrevista*», para evitar el olvidar algún tema importante.
  - Prever el *tiempo* que se dedica a cada tema, para evitar que se queden preguntas sin formular por falta de tiempo.
  - Las preguntas estarán lo suficientemente *claras* como para que se pueda comprender su significado sin dificultad.
  - Las preguntas deben ser *adecuadas al nivel de información* del colaborador. No tener la información necesaria para contestar una pregunta puede crear frustración e inseguridad, y llevar a la persona a emitir una respuesta inventada o falsa. Por ello, es importante que el colaborador conozca el motivo de la entrevista de forma previa a su realización.
- **Orden de presentación:**
  - Empezar la entrevista y cada uno de los temas a tratar por preguntas fáciles de contestar, dejando las más complejas o conflictivas para cuando el clima de relación esté consolidado.
  - Intercalar alguna pregunta fácil entre las más difíciles. Esto actúa como válvula de escape para la tensión que producen las preguntas complejas.
  - No hacer preguntas directas antes de haber creado un clima lo suficientemente relajado como para que el entrevistado sienta que puede hablar libremente.
  - Hacer las preguntas una a una, dando tiempo suficiente para que sean contestadas.
  - El cambio de tema se hará por medio de preguntas abiertas que permitan al entrevistado responder libre y extensamente.
- **Modo de presentarlas:**
  - Cuando se hagan preguntas sobre temas escabrosos o íntimos, deben ir precedidas de una pequeña explicación que justifique su presencia.
  - No cambiar de tema hasta que el que se esté tratando quede suficientemente claro.
  - Es importante utilizar adecuadamente las pausas y los silencios.
  - Utilizar la verificación, la repetición y el resumen, para asegurarse de haber entendido correctamente lo que el entrevistado está diciendo.
- **Defectos a evitar:**
  - Preguntas que lleven implícita la respuesta.
  - Cuando el entrevistado divague, hacerle volver al tema central de forma brusca.

- Insistir si el entrevistado vacila al responder a una pregunta o lo hace con una evasiva. (Se pasará a la siguiente y se continuará la conversación, para volver a ella más tarde, formulándola de manera diferente, para evitar que se repita la tensión).
- Disculparse por las preguntas que formule; toda pregunta debe tener una finalidad concreta.
- Hacer preguntas irrelevantes o improcedentes.

• **Cómo garantizar el seguimiento:**

- Tomar notas sobre las respuestas dadas.

No debe olvidarse que durante la exploración se sondean motivos, conductas, opiniones, etc., del colaborador, en función del objetivo concreto que se persiga, por tanto, además de saber realizar preguntas de forma eficaz, será necesario que el entrevistador escuche de forma activa las informaciones dadas por el colaborador para así comprender el significado de las mismas.

• LA ESCUCHA

A continuación, se exponen unas pequeñas anotaciones sobre la escucha, ya que este tema se ha desarrollado en el apartado dedicado a la comunicación.

Son muchos los entrevistadores que escuchan de forma pasiva. Esta pasividad puede deberse a distintos motivos como, por ejemplo, estar pensando en lo que uno mismo va a decir mientras habla la otra persona, distraerse, etc.

Para ejercitar una escucha activa, el entrevistador debe intentar situarse en el punto de vista del otro, tratar de descifrar cuáles son las ideas básicas que está exponiendo el entrevistado, «meternos en su piel» para tratar de averiguar por qué está diciendo eso...

Durante la entrevista es importante para realizar una escucha más efectiva y que a su vez esta sea percibida como tal:

- Mirar a los ojos a nuestro interlocutor.
- Cooperar físicamente en su discurso (sonreír, asentir...).
- No interrumpir ni desviar la conversación antes de que nuestro interlocutor haya finalizado su exposición.
- No exponer las propias ideas hasta no estar seguro de comprender las del otro.

• LA OBSERVACIÓN

Cuando se trata de conocer lo que piensa, o lo que desea otra persona, ningún detalle es insignificante.

Una gran parte de lo que comunicamos a los demás lo hacemos a través de gestos, posturas... es decir, a través de la Comunicación No Verbal.

La comunicación no verbal cumple distintas funciones:

- *Sustituir al lenguaje oral* (p. ej.: tocarse la cabeza con un dedo para indicar que uno está «chalado»).
- *Reforzar el lenguaje oral* (p. ej.: gestos para dar énfasis, contradecir, o aumentar la información dada verbalmente).
- *Facilitar y regular los diálogos* (p. ej.: gestos que indican al interlocutor que se le ha entendido, que se apresure, que es su turno de hablar).
- *Manifestar afectos y emociones* (p. ej.: expresiones del rostro, movimientos de la mano, posturas... que indican lo que se está sintiendo).
- *Adaptarse frente a estímulos perturbadores* (gestos de protección ante sentimientos incontrolados: frotarse las manos, rascarse...; gestos de control de objetos o personas: adelantar una mano cuando alguien se acerca más de lo deseado...).

Un entrevistador eficaz debe aprender a utilizar con precisión las tres primeras funciones; y a descifrar correctamente las dos últimas, poniéndolas en relación con los mensajes verbales. La coherencia, o incoherencia, entre palabras y gestos es un medio de averiguar la autenticidad de las manifestaciones de una persona. Esto no quiere decir que no se deba corroborar explícitamente esta información.

C) LA ARGUMENTACIÓN

Esta etapa, conjuntamente con la de negociación, es la parte central de la entrevista.

Durante la argumentación, el entrevistador expone sus razonamientos para mostrar sus razones, ideas u opiniones.

En función de las características concretas de cada colaborador, los argumentos pueden dirigirse a la razón, esto es, estar basados en hechos concretos o datos, o estar dirigidos a los sentimientos de éste. La eficacia de esta fase de la entrevista se basa en la realización correcta de la fase de exploración y del conocimiento previo que se posea del colaborador.

La argumentación se basa fundamentalmente en:

- La utilización correcta del lenguaje.
- La observación de las reacciones que produce el mensaje en el colaborador.

Por ello, la información que proporcione el entrevistador debe ser:

- Clara y precisa.

- Objetiva y veraz.
- Oportuna.
- Adaptada al vocabulario del entrevistado.
- Formulada utilizando palabras positivas y evitando las negativas.
- Apoyada en la comunicación no verbal, para enfatizar las ideas clave.

Por tanto, deberá evitarse proporcionar información ambigua, irrelevante, llena de tecnicismos innecesarios, etc.

D) LA NEGOCIACIÓN

El objeto fundamental de la entrevista es el intercambio de datos, opiniones, ... El entrevistador presenta sus aportaciones mediante la argumentación; a esta fase le sigue bien el acuerdo por parte del entrevistado, o bien la presentación de su propia postura, donde expone sus diferencias respecto a las del entrevistador.

Por tanto, la solución de las diferencias entre el entrevistador y el colaborador constituye la fase de negociación.

Así, durante esta fase se producen generalmente las objeciones o réplicas a los argumentos del entrevistador presentados anteriormente; es importante que el entrevistador esté preparado para afrontarlas.

Una objeción es una réplica del colaborador a algo que ha dicho o hecho el entrevistador y con la cual él no está de acuerdo o le plantea algún tipo de duda.

En ocasiones, las objeciones se plantean en forma de excusas o en intentos de bloquear los propósitos del entrevistador (por ejemplo, con interrupciones constantes, alargándose innecesariamente en determinadas preguntas, etc.), respuestas que deben considerarse normales cuando las personas consideran que están siendo «atacadas».

También se pueden producir objeciones por errores producidos en la comunicación durante las etapas anteriores, por falta de conocimiento sobre el entrevistado, o por mala preparación de la entrevista.

Las objeciones se pueden basar en motivos racionales (malas experiencias anteriores, falta de información...) o emocionales (prejuicios hacia el entrevistador, sentirse presionado...). En función de los motivos, las objeciones se deberán tratar de una u otra forma, contrarrestándolas con argumentos de un tipo o de otro.

Las objeciones no se deben percibir como un obstáculo, sino como una oportunidad para negociar y comprender realmente los comportamientos, opiniones, intereses... del entrevistado y concluir la entrevista eficazmente, habiendo alcanzado los objetivos previamente fijados.

Ante una objeción, el entrevistador debe:

- Escuchar atentamente (suele dar buen resultado repetirlas).
- Considerarla con el máximo respeto (no menospreciarlas).
- No discutir, conservar siempre la calma y hacer preguntas aclaratorias.
- Tratar de descubrir las objeciones reales que se esconden tras las excusas.

Para afrontarlas eficazmente:

- Distinguir si la objeción es sincera o solamente una excusa para ocultar otras razones. Para ello puede ser útil:
  - Transformar la objeción en una pregunta *¿por qué te parece que...?; entonces, ¿crees que...?; ¿de modo que lo que te desagrada es...?*).
  - Observar los gestos que la acompañan.
  - Utilizar la suposición: *«Si ese problema no existiera, ¿estaríamos de acuerdo?»*
  - En general, si se producen al principio de la entrevista, suelen ser excusas, mientras que, si se producen durante la fase de argumentación o en su conclusión, suelen ser reales. Asimismo, cuando son de tipo general, normalmente son excusas y, si se refieren a aspectos específicos, convendrá considerarlas como sinceras.
- Tratar cada tipo de objeción de alguna de las siguientes formas:
  - Evitándolas (por ejemplo, las derivadas de actitudes negativas del entrevistado).
  - Ignorándolas (por ejemplo, las excusas).
  - Contestándolas (las sinceras).

Una de las técnicas más utilizadas y que proporciona mejores resultados para afrontar esta etapa es la reformulación.

La reformulación es un método complementario a la escucha activa y a la observación, también denominada paráfrasis.

Consiste básicamente en repetir con nuestras propias palabras lo que hemos entendido del mensaje del otro.

Con ello se trata de dar la oportunidad de que nos corrijan si nos hemos equivocado a la hora de interpretar la información que nos ha proporcionado el colaborador.

El efecto que suele producir la utilización de la reformulación en el interlocutor es la de ampliar y especificar la información que está proporcionando.

Para utilizar la reformulación debemos esforzarnos, en primer lugar, en comprender lo que nuestro interlocutor trata de expresar y, en segundo lugar, expresar lo que hemos entendido con el fin de obtener el acuerdo del otro sobre su interpretación.

Como ayuda, debemos continuamente plantearnos: ¿qué significa esto desde su punto de vista?

Después de la reformulación, se podrá dar el propio punto de vista o decidir lo que debe hacerse, a condición de haber obtenido el acuerdo del colaborador sobre la síntesis de lo expuesto.

E) LA CONCLUSIÓN

Todo el desarrollo de la entrevista tiene como finalidad el alcanzar una meta concreta: motivar, recoger información, etc.

El entrevistador deberá plantear la conclusión cuando aparezcan señales de que el colaborador ha comprendido y aceptado los hechos expuestos, se posea la información necesaria para tomar una decisión, se haya elaborado el plan de acción, etc.

Para poder superar las posibles dificultades en esta etapa se debe:

- Comenzar cada entrevista con un objetivo claro y con el firme propósito de terminar con una decisión o acción determinada.
- No perder la calma.
- Aprovechar todas las oportunidades que se presenten (no es necesario que se pase por todas las etapas descritas si el colaborador está dispuesto a llegar a un acuerdo desde el principio). No porque se hayan previsto 45 minutos para su realización, estos se tienen que agotar hasta el límite.
- Ayudar en todo momento al colaborador a superar sus indecisiones (orientando, motivando, aconsejando...).

Antes de la despedida, se deben resumir los puntos más importantes de los temas tratados y de los acuerdos tomados.

Una vez finalizada, el entrevistador deberá completar inmediatamente sus anotaciones sobre la información recogida, para su análisis, síntesis y así poder tomar las decisiones oportunas.

Es muy beneficioso después de cada entrevista hacer un examen de cómo se ha llevado a cabo ésta, y analizar los posibles errores que se hayan podido cometer, estableciendo planes de mejora para las siguientes entrevistas.

4.2.3. La entrevista basada en competencias

Según Díaz, (2000:70[1]) «*la entrevista centrada en competencias consiste en la búsqueda de evidencias situacionales del pasado vinculadas con las compe-*

[1] DÍAZ, F. (2000): «La entrevista basada en competencias». *Capital Humano*, 130, 70-71.

tencias analizadas, preguntando sobre situaciones y dificultades con las que la persona ha tenido que enfrentarse». Otros autores como Pereda y Berrocal (2001:187[2]) la definen como «*Una entrevista semiestructurada, focalizada en la obtención de ejemplos conductuales de la vida laboral, académica y/o personal del entrevistado, susceptibles de ser utilizados como predictores de sus comportamientos futuros en el trabajo*».

Este tipo de entrevista se diferencia de la entrevista tradicional (biográfica) en que se centra en la obtención de «ejemplos conductuales» que el candidato describe sobre su vida laboral y/o personal; sin embargo proporciona información complementaria a la obtenida en la entrevista biográfica. En estas descripciones detalladas, se comprueba si el candidato ha mostrado o no esos comportamientos en el pasado y con qué nivel de dominio, por lo que pueden ser utilizados como predictores de comportamientos futuros y permiten comprobar si el candidato posee las competencias que requiere el puesto y si posee el nivel competencial adecuado. Con todo, en España se potencian más los métodos de evaluación que valoran el perfil duro (entrevistas tradicionales y pruebas psicológicas) que aquellas que miden el perfil blando (entrevista por competencias y *assessmet centres*).

Este tipo de entrevista permite estudiar los puntos fuertes y las áreas de mejora del candidato respecto a las funciones del puesto, y por otro lado permite comparar a los diferentes candidatos que participan en el proceso de selección. En relación a las comparaciones, se pueden hacer por diversas razones (Hay-Group, 2000:865[3]):

- ⇨ Las competencias en las que se basa la decisión están descritas de forma clara y objetiva.
- ⇨ Se concentra en lo que hace el entrevistado en relación a las competencias que están relacionadas con el éxito en el puesto de trabajo.

La entrevista es un método que es muy cuestionable por su validez predictiva y su escasa fiabilidad; sin embargo es una de las técnicas más utilizadas en evaluación de personal. Los motivos por los que se cuestiona este método son varios, especialmente, se incide en que entran en juego las actitudes personales del entrevistador, y los datos obtenidos, en ocasiones, se basan en prejuicios y estereotipos que nada tienen que ver con el desempeño futuro de la persona. No obstante, la entrevista se utiliza porque permite verificar la información proporcionada por el candidato, establecer un contacto y relación personal e individualizada, proporcionar informaciones sobre el puesto y la organización, motivar o desmotivar a las personas que participan en el proceso de selección, etc. Por tanto, se hace imprescindible optimizar estas funciones con un formato adecuado

---

2 Pereda, S. y Berrocal, P. (2001): *Técnicas de Gestión de Recursos Humanos por Competencias*. Madrid: Centro de Estudios Ramón Areces.

3 HayGroup (2000): *Factbook Recursos Humanos*. Elcano: Aranzadi & Thomson.

para cada puesto y/o persona, así como eliminar los posibles errores de percepción por parte del entrevistador.

La validez de este método mejora cuando se utiliza en procesos de identificación de potencial, utilizándola junto con otros predictores (cuestionarios de personalidad, autoevaluaciones,...) y en procesos de evaluación de potencial (*assessment centres*) (Díaz, F., 2000:70[4]).

4.2.4. Fases de la entrevista

Planificación y Preparación de la entrevista

Aunque en esta fase de la entrevista se deben contemplar, fundamentalmente, cuatro variables, que son el contenido, el entorno físico, la duración y disposición del entrevistador, sólo nos vamos a centrar en la primera. Es decir, cómo se van a identificar y evaluar las competencias siguiendo el modelo de competencias de la organización. Luego, habrá que determinar y especificar las competencias clave o críticas, y delimitar las conductas deseables para el puesto a seleccionar. Cuando existen escalas o niveles competenciales es una ayuda considerable.

Aunque puede resultar demasiado obvio, antes de preparar las preguntas (Guión), es necesario analizar la descripción del puesto y su perfil de competencias, reunir y familiarizarse con la información disponible del candidato (datos personales, evaluaciones previas, pruebas psicológicas,...). Existe un peligro a este respecto, esencialmente con entrevistadores poco experimentados, pues siguen ciegamente el guión y dejan de estar atentos a otros aspectos que son importantes durante el desarrollo de la entrevista. (Olaz, 1998:26[5])

Las preguntas que se incluyen en el Guión pueden formularse de la siguiente manera (De Ansorena, 2001:103[6]): definir una situación, una tarea, la acción y los resultados (***STAR***), es decir:

- ⇨ **SITUACIÓN:** Tener una descripción detallada, mediante preguntas del contexto en el que se produjo esa/s conducta/s.
- ⇨ **TAREA:** Obtener información exacta, mediante preguntas, sobre las responsabilidades y objetivos de la persona en esa situación pasada.
- ⇨ **ACCIÓN:** Conocer las conductas, mediante preguntas, que fueron puestas de manifiesto en aquella situación.
- ⇨ **RESULTADO:** Determinar el nivel de eficacia y eficiencia en la solución de esa situación del puesto.

---

4 DÍAZ, F. (2000): «La entrevista basada en competencias». *Capital Humano*, 130, 70-71.

5 OLAZ, A. (1998): «La entrevista en profundidad como herramienta en proyectos de investigación». *Capital Humano, Suplemento de Selección de Personal*, 116, pp. 18-32.

6 DE ANSORENA, A. (2001): *15 pasos para la selección de personal con éxito*. Barcelona: Paidós (Empresa).

FIGURA 4.8

ESTRUCTURA DE UNA «ESTRELLA CONDUCTUAL. STAR»

STAR

SITUACIÓN:

¿Qué paso?, ¿Dónde?, ¿Cómo?, ¿Cuándo?, ¿Con quién?

TAREA:

¿Cuál era su papel?, ¿Qué debía hacer?, ¿Para qué? ¿Qué se esperaba de usted?

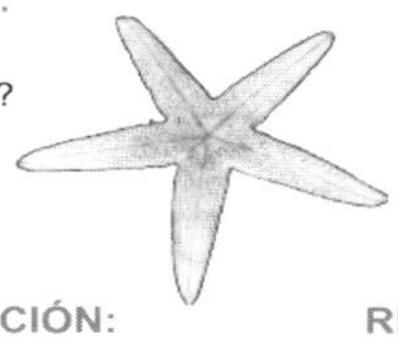

ACCIÓN:

¿Qué hizo?, ¿Cómo?, ¿Qué pasó?, ¿Por qué?, ¿Qué hicieron los otros?

RESULTADO:

¿Cuál fue el efecto?, ¿Qué indicadores vio?, ¿Cómo lo supo?, ¿Qué pasó después?

Fuente: De Ansorena, (2001:113[7]).

En resumen, durante la preparación de las preguntas hay que definir el tipo de situaciones a sondear según las competencias que se pretenden evaluar, y obtener ejemplos conductuales o evidencias de desempeño que permitan determinar la veracidad de los hechos. Con preguntas como: «*Piense en una situación donde su colaboración con otras áreas haya impactado de forma importante en su trabajo. Piense en la última situación en la que incorporó a alguien a su equipo. ¿Qué hizo?, ¿cómo le ayudó? Cuando trabaja en equipo, ¿qué prioridades y objetivos le parecen más importantes?*» (Díaz, 2000:71[8]).

En esta fase, es recomendable que la formulación de las preguntas se realice favoreciendo la posterior sistematización de las posibles reacciones del entrevistado (ver Tabla 4.1).

TABLA 4.1

POSIBLES REACCIONES DEL ENTREVISTADO

REACCIONES POSITIVAS	REACCIONES NEGATIVAS
Se muestra positivo hacia el trabajo en equipo, después de argumentar los pros y los contras.	Evidencia cierto rechazo o indiferencia a participar en actividades de grupo.
Cuando describe conductas que definen el trabajo en equipos menciona:	Habla más de los problemas que implica trabajar en equipo que de las posibles ventajas.
• Preocuparse más por los resultados del equipo que por sus ambiciones personales.	Sólo ve aspectos positivos en trabajar en equipo.
• Aprender de los otros miembros del equipo, valorando abiertamente su contribución. • Solicitar y transmitir su información. • Aportar ideas para mejorar/resolver conflictos.	Cuándo habla de su contribución al equipo, demuestra tener una fuerte motivación por ser la «estrella del equipo», asignándose más mérito del que le corresponde.

Fuente: Towers Perrin, 1999[9].

7 DE ANSORENA, A. (2001): *15 pasos para la selección de personal con éxito*. Barcelona: Paidós (Empresa).

8 DÍAZ, F. (2000): «La entrevista basada en competencias». *Capital Humano*, 130, 70-71.

9 Citado en DÍAZ, F. (2000): «La entrevista basada en competencias». *Capital Humano*, 130, p. 71.

Cuando un proceso de selección consta de varias entrevistas (entrevista inicial, basada en competencias, con el jefe inmediato, final,...) o van a intervenir varios entrevistadores, es posible evaluar todas las competencias propias del puesto. En este caso, es conveniente que existan coincidencias en aquellas competencias que son esenciales y cada una de ellas se analizarán con profundidad en al menos una entrevista (Klinvex, O'Connell y Klinvex, 2001:101[10]). Por esta razón, antes de llevar cabo las preguntas sobre las competencias, se habrán planificado las competencias a evaluar por cada uno de los entrevistadores, y se prepararán las preguntas necesarias para explorar si los candidatos poseen el perfil competencial adecuado.

Acogida o Inicio

En los primeros momentos de la entrevista, el objetivo principal es facilitar que el candidato se sienta cómodo y relajado, gracias al ambiente de comunicación creado por el entrevistador. Para conseguirlo se pueden utilizar las siguientes estrategias:

A) Encuadrar la entrevista o anunciar lo que se va hacer: «Durante tres minutos me presentaré y definiré mis responsabilidades y objetivos. Después de ello, dedicaremos 20 minutos a las preguntas que desee plantearme sobre el puesto que le hemos presentado. Intentaré contestar con concisión y precisión.

Después de esos 20 minutos, le plantearé algunas preguntas sobre su persona y en particular sobre sus experiencias anteriores y sus motivaciones. Luego concluiremos. Usted ya sabe que se entrevistará igualmente con uno o con dos compañeros míos y también que hay otros candidatos para este puesto». (Legrix, 1997:77[11])

B) Crear un adecuado rapport. Es decir, conseguir *«la familiarización de la persona con situación de entrevista, y hacer que el candidato se sienta bien».* (Pereda y Berrocal, 1999:188[12]; Sanghi, 2004:90[13])

C) Demostrar interés por los candidatos y un sincero respeto.

D) Estimular al candidato para que hable. «Comenzar bien es un arte y nos ayuda en el resto de la entrevista». (Alles, 1999:34[14])

---

[10] Klinvex, K.; O'Connell, M. y Klinvex, C. (2001): *Contrate a los nº 1.* Madrid: McGraw-Hill Profesional Hay Group.

[11] Legrix, B. (1997): *Reclutar a sus colaboradores.* Barcelona: Gestión 2000-AEDIPE, pp. 71-80. Citado en Peretti, J.M. (1997): *Todos somos Directores de Recursos Humanos.* Barcelona: Gestión 2000-AEDIPE.

[12] Pereda, S. y Berrocal, P. (1999): *Gestión de Recursos Humanos por Competencias.* Madrid: Centro de Estudios Ramón Areces.

[13] Sanghi, S. (2004): The handbook of Competency Mapping. Understanding, Designing and Implementing Competency Models in Organizations. New Delhi: Response Books.

[14] Alles, M. (1999): *Elija al mejor. Cómo entrevistar por competencias.* Buenos Aires, Argentina: Granica.

E) Solicitar permiso para tomar notas. Es una cuestión de cortesía y de esta manera no olvidaremos información que pueda ser relevante en la decisión final (Sanghi, 2004:91).

Desarrollo de la entrevista

Al finalizar esta fase, el entrevistador tiene que haber obtenido suficiente información para determinar si el candidato tiene las competencias necesarias para el desempeño del puesto, así como el nivel de desarrollo que garantice su éxito en el puesto y en esa organización.

Durante el desarrollo de la entrevista, los candidatos proporcionan respuestas teóricas y aprendidas con mucha frecuencia, y algunos entrevistadores no se percatan que lo que están escuchando son opiniones, cuando lo que realmente interesa conocer son «Ejemplos conductuales» sobre lo que han hecho en el pasado. Según Klinvex *et al* (2001) cuando un candidato incluye conceptos teóricos «lo que haría es, en esa situación se debería, podría tomar decisiones sobre,…» o términos imprecisos «siempre ocurre lo mismo, yo nunca lo haría, a veces ha pasado, con cierta frecuencia sucede,…» se obtienen respuestas no conductuales. En ese caso, el entrevistador tiene que pedir al candidato que describa una situación concreta, la acción promovida y el resultado (Klinvex, O'Connell y Klinvex, 2001:116-117[15]), y por tanto peguntar detalles específicos para poder hacerse una idea de la persona «en acción» (qué es lo dijo, hizo, pensó y sintió en ese momento), centrándose especialmente en experiencias de hace 12 o como máximo 24 meses (Shangi, 2004:92[16]).

En esta fase, las peguntas han de estar relacionadas (ver Tabla 4.2) con el repertorio de competencias que previamente se han definido y/o nivelado, con el propósito de evaluarlas a partir de las respuestas obtenidas por el entrevistado.

Un inconveniente de centrarse en comportamientos del pasado es que los candidatos sin experiencia no pueden responder de manera significativa. En este caso, Cooper *et al* (2004:97[17]) consideran que lo más adecuado sería utilizar una entrevista situacional[18], pues se centra en el comportamiento futuro en una situación concreta; y en preguntas del tipo: *«¿Qué haría usted SI…?»*. Sin embargo, las competencias se pueden adquirir y desarrollar en diferentes contextos (ocio, académico, y no sólo en el contexto profesional).

---

15 KLINVEX, K.; O'CONNELL, M. y KLINVEX, C. (2001): *Contrate a los nº 1*. Madrid: McGraw-Hill Profesional Hay Group.

16 SANGHI, S. (2004): The handbook of Competency Mapping. Understanding, Designing and Implementing Competency Models in Organizations. New Delhi: Response Books.

17 COOPER, D.; ROBERTSON, I. y TINTINE, G. (2003): Reclutamiento y selección. Marco de actuación para obtener el éxito. Madrid: Thomson.

18 Este tipo de entrevista fue desarrollada en 1980 por Latham y Saari. En estas entrevistas se necesitan respuestas de referencia que se dividen en buenas, medias o inadecuadas.

TABLA 4.2

PREGUNTAS PARA LA EVALUACIÓN DE LA COMPETENCIA DE ORIENTACIÓN AL CLIENTE

ORIENTACIÓN AL CLIENTE: *Comprende y escucha activamente a sus clientes, tanto internos como externos, para detectar sus necesidades actuales y futuras. Asesora y ofrece soluciones personalizadas e integrales que satisfacen y superan las expectativas y requerimientos de los clientes.*
Situación: Relátame una situación profesional, en relación a sus clientes, por la que le han felicitado o reconocido su actuación profesional. *Preguntas:* ⇨ ¿Qué pasó?, ¿Cuándo ocurrió?, ¿Con qué personas del equipo ocurrió? ⇨ ¿Qué se esperaba de usted?, ¿Para qué se hizo esa acción? ⇨ ¿Cómo actuó?, ¿Qué estrategia siguió? ⇨ ¿Qué resultados o mejoras se produjeron?, ¿Cuáles fueron las consecuencias profesionales y personales? ¿Lo volvería hacer igual o cambiaría algo?
Situación: Cuéntame una experiencia profesional reciente en las que has tenido que asumir algún riesgo por asesorar o ayudar a un cliente. *Preguntas:* ⇨ ¿Qué paso?, ¿Cuándo se produjo? ⇨ ¿Qué esperaba el cliente de ti?, ¿Tuvo que intervenir una tercera persona? ⇨ ¿Cuál fue el efecto en el cliente?, ¿Qué consecuencias tuvo para su organización?; ¿Qué pasó después?; en la actualidad, ¿Qué cambiaría de aquella situación?
Situación: Nárrame una situación en la que discutiste a un cliente su petición o demanda porque considerabas que no era lo mejor para él o para su empresa. *Preguntas:* ⇨ ¿Por qué hizo eso?, ¿Qué alternativas le propuso? ⇨ ¿Qué reacción tuvo su cliente?, ¿Quedó satisfecho?, ¿Cuál fue el efecto o consecuencias en sus relaciones a partir de ese momento? ⇨ ¿Lo volvería a hacer o cree que no merece la pena? ¿Por qué?
Situación: Descríbame una situación en la que un cliente quedo claramente insatisfecho. *Preguntas:* ⇨ ¿Qué pasó?, ¿Cuándo sucedió?, ¿Qué necesidades y expectativas tenía su cliente? ⇨ ¿Tuvo que intervenir su jefe u otra persona de la organización para solucionarlo?, ¿Qué se hizo o hicieron para solucionarlo?, ¿Qué fue exactamente lo que hiciste? ⇨ ¿Cuáles han sido las consecuencias?, en la actualidad, ¿sigue siendo cliente suyo?, ¿Qué aprendió de esta situación?

Fuente: Elaboración propia.

Para la evaluación objetiva y procesamiento de los ejemplos o respuestas conductuales es recomendable tener elaborado previamente una escala de valores o formulario, de evaluación que será utilizada por todos los evaluadores que participen en el proceso, y, por tanto, permitirá la comparación de las opiniones de los distintos evaluadores y no olvidar lo que, realmente, es importante en la entrevista (Alles, 1999:155[19]). Estas escalas son de carácter numérico y/o descriptivas (ver Tabla 4.3). Para la valoración de las respuestas dadas por el candidato mediante estas escalas, el entrevistador habrá tomado notas sobre los ejemplos conductuales relacionados con las competencias a evaluar.

TABLA 4.3
ESCALA DE VALORES CON Y SIN DESCRIPCIONES CONDUCTUALES

Escala de valores con descripciones conductuales				
1	2	3	4	5
Demostró poca capacidad para adaptarse al cambio; los cambios triviales le supusieron grandes obstáculos.	Intentó adaptarse al cambio; no le favoreció el cambio; sensible a los cambios pequeños; afecto a su rendimiento en el trabajo.	Aceptó el cambio; aprendió nueva información de manera oportuna; no le afectó a su rendimiento en el trabajo.	Disfrutó con el cambio; se adaptó con rapidez a la nueva tarea o al nuevo entorno; su rendimiento en el trabajo mejoró.	Disfruto enormemente con el cambio; se adaptó rápidamente; el rendimiento mejoró; demostró poseer un historial de daptación satisfactorio.
Escala de valores sin descripciones conductuales				
Mucho menos que aceptable.	Menos que aceptable.	Aceptable.	Más que aceptable.	Mucho más que aceptable.

Fuente: Klinvex, K.; O'Connell, M. y Klinvex, C. (2001:122[20]).

Finalización y despedida

La entrevista finaliza cuando el entrevistador considera que tiene la información suficiente y necesaria como para poder tomar una decisión sobre el candidato.

4.3. La gestión de conflictos en el equipo de trabajo

Una de las funciones básicas de todo responsable de equipos es gestionar adecuadamente los conflictos que surjan en el seno del grupo, bien sean entre los propios miembros o bien entre estos y él.

Esta función es clave si se desea que el grupo se convierta en un verdadero equipo efectivo, ya que, de no ser así, gran parte del tiempo y de los esfuerzos de los miembros estarán destinados a resolver disputas internas, impidiendo la evolución del equipo, pudiendo quedarse estancado en la fase de orientación, con todas las consecuencias nocivas que esto conlleva.

---

19 ALLES, M. (2000): *Dirección estratégica de recursos humanos.* Buenos Aires, Argentina: Granica.

20 KLINVEX, K.; O'CONNELL, M. y KLINVEX, C. (2001): *Contrate a los nº 1.* Madrid: McGraw-Hill Profesional Hay Group.

Sin embargo, no es suficiente con que el coordinador gestione adecuadamente los conflictos que surjan en el seno del equipo, es preciso que todos los miembros participen activamente, ya que son ellos los verdaderos motores del equipo.

El conflicto tiene para la mayoría de las personas, un significado (claramente peyorativo) de antagonismo, de enfrentamiento, de tensión y de «ganar o perder». Esta forma de entender el conflicto conlleva a que estos se traten de evitar, negar u ocultar y, únicamente cuando se considera que la situación es insostenible y el conflicto ha pasado de su fase latente a su fase manifiesta, es cuando se afrontan y se intentan solucionar, con los efectos negativos que esto puede conllevar para las partes implicadas, ya que generalmente el resultado o decisión adoptada, independientemente de las tensiones generadas y no solucionadas, una de las partes (o ambas) quedan insatisfechas.

Cuando los conflictos se gestionan de forma eficaz, pueden impulsar **el desarrollo de la persona, del grupo o de la organización**. Es más, los conflictos no sólo son inevitables, sino que son absolutamente necesarios para madurar y seguir desarrollándose. Aunque también es cierto que en ocasiones pueden suponer un obstáculo. La diferencia entre un conflicto que paralice y otro que haga avanzar reside, única y exclusivamente, en la forma en que se aborde y trate.

Por tanto, es preciso aceptar el conflicto (intrapersonal, interpersonal, intragrupo o intergrupos) como algo inevitable y como algo habitual al que hay que desposeer de su significado negativo.

En la literatura sobre el tema, existen múltiples definiciones de lo que es el conflicto; así, podemos señalar las siguientes:

- *Discrepancias entre dos o más personas* (Cross, Names y Beck, 1979).
- *Proceso que se origina cuando una persona percibe que otra/s ha/n frustrado o está/n a punto de frustrar alguno de sus objetivos e intereses* (Thomas, 1976).
- *Es una lucha expresa entre, al menos, dos partes interdependientes que perciben que sus objetivos son incompatibles, sus compensaciones son reducidas y la otra parte les impide alcanzar sus objetivos* (Hocker y Wilmot, 1985).
- *Dos partes están en conflicto cuando al menos una de ellas experimenta frustración ante la obstrucción o irritación causada por la otra* parte (Van de Vliert, 1984).

En general, en la mayoría de las definiciones de conflicto aparecen una serie de aspectos o conceptos comunes (ver Figura 4.9):

FIGURA 4.9
CARACTERÍSTICAS COMUNES A LOS CONFLICTOS

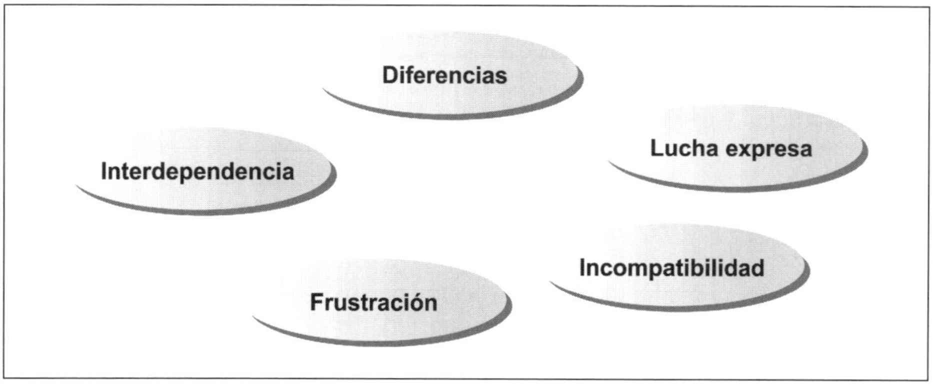

- **Diferencias**. Esto es, para que surja un conflicto entre varias personas o grupos, es preciso que existan diferentes objetivos, opiniones, valores, necesidades o acciones en las partes implicadas.
- **Lucha expresa**. Las dos partes implicadas se enfrentan de forma abierta (pueden existir diferencias y enfrentamientos soterrados, pero, en ese caso, se hablará de conflictos larvados).
- **Incompatible**. Los objetivos, valores, opiniones, necesidades o acciones de cada parte son incompatibles con los de la otra (por eso surge el conflicto, porque la consecución de los objetivos por una de las partes impide que la otra pueda alcanzar los suyos).
- **Frustración**. La parte implicada en el conflicto que no ha conseguido lo que deseaba muestra sentimientos de frustración y, como consecuencia, de agresividad.
- **Interdependencia**. Si las dos partes son independientes entre sí nunca surgirá el conflicto. Esta interdependencia, por lo general, se reflejará en una relación de poder, definida como *la capacidad de cada una de las partes para conseguir que la otra haga o deje de hacer algo que no haría de otro modo*.

A la vista de todo lo anterior, podemos intentar dar una definición de conflicto como el *enfrentamiento, latente o explícito, entre individuos o grupos que surge cuando una de las partes percibe que los objetivos, valores, decisiones o acciones de la otra dificultan o impiden la consecución de las metas propias*.

Ahora bien, el hecho de ser distintos y tener objetivos diferentes puede ser una oportunidad única para poder comunicarnos; por tanto, un conflicto puede ser un lastre para el desarrollo y la eficacia personal y/o grupal o, por el contrario, puede convertirse en una buena oportunidad para mejorar la comunicación de las partes implicadas en el mismo. Así:

a) El conflicto puede llevar a una comunicación más abierta, a una solución más creativa de los problemas y a una mejora de las relaciones; o,

b) puede dar lugar a un deterioro (a veces casi irreversible) de las relaciones de los miembros del equipo.

La diferencia va a residir en la forma en que se gestione el conflicto.

4.3.1. La gestión integrada de los conflictos

Van de Vliert (1985) expone los aspectos positivos que puede tener la intensidad adecuada del conflicto, indicando que:

- **Posibilita el cambio organizacional**, porque facilita la modificación de la estructura vigente de poder, los patrones de interacción y las actitudes arraigadas entre sus miembros.
- **Favorece la cohesión del grupo** ante un conflicto con otro u otros grupos, disminuyendo las tensiones intragrupo.
- **Produce un incremento en el nivel de tensión del grupo y lo torna más constructivo y creativo**, puesto que, si el nivel de tensión es demasiado bajo, se producirá un conformismo desmotivador.

Ahora bien, al exponer las ventajas de Van de Vliert, hemos subrayado el término «intensidad adecuada». En efecto, cuando la cantidad de conflicto es demasiado baja o demasiado alta, se produce un descenso en los resultados. Por tanto, podemos afirmar que la relación entre la cantidad de conflicto y los resultados obtenidos por la persona, el grupo o la organización adopta la forma de una «**U**» invertida.

Supongamos un equipo de trabajo en el que todas las personas estuviesen siempre de acuerdo en todos y cada uno de los temas que se planteasen, estaríamos ante un equipo en la que no surgirían nunca dudas ni discusiones y en la que poco a poco se iría produciendo un estancamiento y una pérdida de competitividad. ¿Por qué?

Sencillamente, porque el entorno que rodea a la organización, en general, y al equipo, en particular, no es estable, está en constante cambio, en continua evolución, y, como consecuencia, lo normal es que, ante las nuevas situaciones que se van presentando, surjan dudas, problemas, incompatibilidades que no serán las mismas para cada persona y, como consecuencia, surgirá el conflicto.

Por tanto, un conflicto se puede entender de dos formas distintas:

- **Aceptándolo y viéndolo como una oportunidad**. Como consecuencia, se gestionará de forma que aumente la competitividad y dedicación de todas las partes implicadas; o,

- **resistiéndose a él y viéndolo como una amenaza**. En este caso, seguramente en un primer momento se negará y, en caso de ser necesario, se afrontará como una situación en la que sólo se puede «ganar o perder», por lo que las partes enfrentadas se percibirán como enemigos irreconciliables.

Si el conflicto se acepta como una oportunidad, y se gestiona adecuadamente, teniendo en cuenta todas las variables presentes en la situación, las tensiones que surjan serán mucho menos importantes y desaparecerán cuando las dos partes se den cuenta de que han tomado la mejor decisión posible.

Al tener en cuenta todas las variables presentes en la situación, se pueden conocer *la naturaleza y la causa del conflicto* y actuar en consecuencia, ya que cada conflicto en función de las características de la situación concreta (partes implicadas, entorno, causas, etc.) es distinto.

Por ello, los conflictos no se pueden gestionar de una manera rígida, exigen flexibilidad y una evaluación permanente de la situación si realmente se quiere que estos aporten las ventajas señaladas anteriormente.

Para actuar con efectividad, es preciso analizar los problemas presentes en los conflictos y analizar la forma de gestionarlos adecuadamente. Para ello, consideramos que puede ser de gran utilidad tomar como referencia el proceso dividido en cinco fases, desarrollado por Borisoff y Victor (1991) para manejar los conflictos de forma integrada, y que a continuación exponemos (ver Figura 4.10):

FIGURA 4.10

PROCESO DE GESTIÓN INTEGRADA DEL CONFLICTO

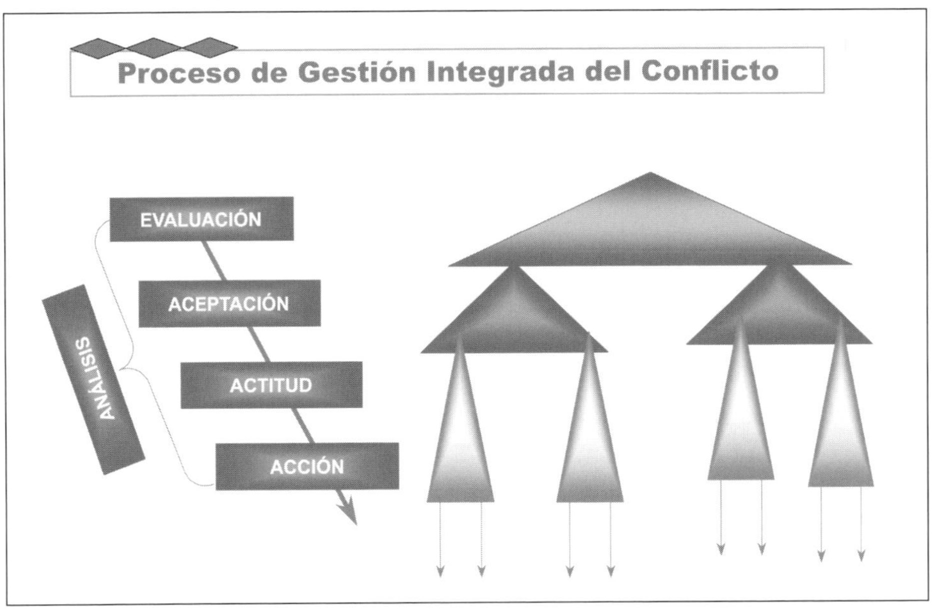

Fuente: Borisoff y Víctor, 1991.

1. **EVALUACIÓN**. Es el paso inicial, a través del cual las partes implicadas en el conflicto deberán tratar de clarificar la naturaleza de la relación, el curso del conflicto y las estrategias de comportamiento más adecuadas para poder superar sus diferencias.

En esta fase, y dado que consideramos el conflicto como una situación de interacción, será preciso evaluar:

- **Los objetivos reales de cada una de las partes** implicadas en el conflicto. Estos objetivos pueden ser *antagónicos* (la consecución de su meta, por una de las partes, impide que la otra pueda conseguir la suya) o *sinérgicos* (la consecución de su objetivo, por una de las partes, no implica que la otra no pueda conseguir el suyo, y el lograrlo ambas supone una mejora de la relación y los resultados globales).

Es preciso tener en cuenta que si el conflicto se gestiona adecuadamente la mayoría de los objetivos antagónicos se podrán convertir en sinérgicos.

Sin embargo, para poder encontrar la convergencia entre objetivos que en principio se muestran como antagónicos, es necesario que ambas partes «pongan sobre la mesa» sus *objetivos reales*, que en muchas ocasiones difieren de los que en un momento dado se han explicitado.

Obviamente, mientras los «objetivos ocultos» (las *agendas ocultas*) no salgan a la superficie será prácticamente imposible que las partes lleguen a un acuerdo satisfactorio, ya que cada una de ellas defenderá su postura «a capa y espada».

Por tanto, sólo cuando las agendas ocultas se expliciten, se podrán poner las bases para resolver el conflicto de una forma productiva.

- **El poder de cada una de las partes**. Si entendemos el poder como *la capacidad para conseguir que la otra parte haga o deje de hacer algo que de otra forma no haría*, está claro que, en una situación de conflicto, no se puede hablar de poder de una forma absoluta. En efecto, es preciso entender el término de una forma *relacional*; esto es, en función de la fuerza de cada una de las partes para influir en las decisiones y conductas de la otra.
- **El entorno**. En todo conflicto, es de importancia vital conocer las características del entorno en el que se produce la comunicación. Para ello, resulta muy útil plantearse, entre otras, las siguientes preguntas:
  - El clima imperante en el equipo de trabajo, ¿facilita una comunicación flexible y abierta?
  - ¿Qué procedimientos se han utilizado habitualmente para resolver los conflictos en la organización, en general, y en el equipo de trabajo, en particular?
  - ¿En situaciones similares cómo ha afrontado el equipo este tipo de conflictos (evitación, negación, negociación, mediación, etc.?

– ¿Qué resultados se obtuvieron con los procesos de gestión utilizados?

- **Las características personales de los implicados en el conflicto y el tipo de relación que mantienen**. Estos dos aspectos son variables claves para el desarrollo posterior del conflicto; debe tenerse en cuenta que la relación entre los miembros del equipo, y entre estos y el coordinador es de interdependencia, y que, independientemente de cómo sea resuelto el conflicto, en la mayoría de las ocasiones, deberán continuar las relaciones.

Para solucionar un conflicto es preciso que las partes implicadas en el mismo entren en contacto e interactúen. Este contacto es una relación de comunicación en cuyo éxito van a influir decisivamente las características personales de los participantes, tales como valores, intereses, actitudes, expectativas, experiencias previas, etc.

- **Decidir cuál parece ser la estrategia de comportamiento más adecuada para resolver el conflicto**. Thomas y Kilmann (1974), a partir de las cinco estrategias de solución de conflictos definidas por Blake y Mouton (1964): suavizar, transigir, forzar, retirarse y solucionar el problema, desarrollan su modelo.

  Thomas y Kilmann parten de la definición de dos variables ortogonales que están presentes, en grado distinto, en cada uno de los cinco estilos de afrontamiento de conflictos que establecen:

  – **Asertividad**. Tendencia a satisfacer las necesidades propias.

  – **Cooperación**. Tendencia a facilitar la satisfacción de las necesidades de los demás.

Los cinco Estilos de Thomas y Kilmann (1974), representados gráficamente en la Figura 4.11, son los siguientes:

FIGURA 4.11

ESTILOS DE AFRONTAMIENTO DE CONFLICTOS

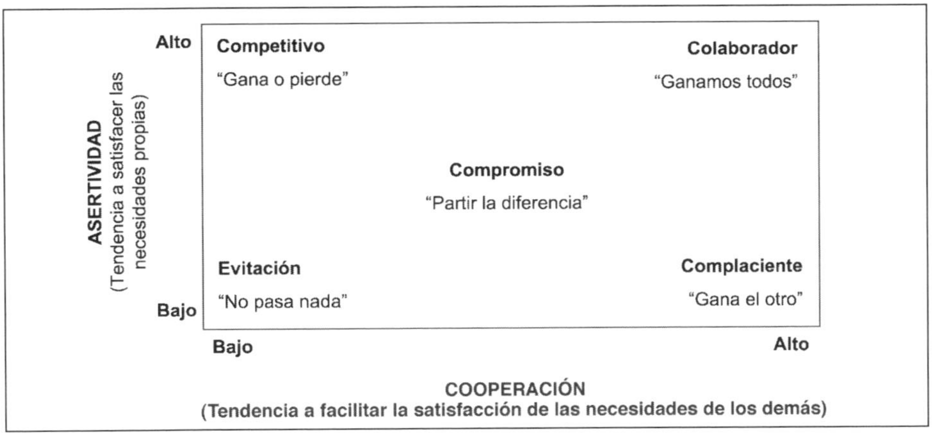

Fuente: Thomas y Kilmann, 1974.

- **Estilo competitivo (asertividad alta, cooperación baja)**. Es el estilo extremo de preocupación por las necesidades propias a costa de las de la otra parte (es el estilo «gana o pierde»).
- **Estilo de evitación (asertividad baja, cooperación baja)**. Lleva a retirarse ante el conflicto o a negar la existencia del mismo (es el estilo «no pasa nada»).
- **Estilo de compromiso (asertividad media, cooperación media)**. Es la más sencilla de las estrategias, aunque puede llevar a que una o todas las partes queden insatisfechas (es el estilo «partimos la diferencia o nadie gana»).
- **Estilo complaciente (asertividad baja, cooperación alta)**. Suele ir acompañado de una tendencia a restar importancia a las cosas y/o a ceder ante los deseos de las otras partes. Sólo resuelve las necesidades de uno de los implicados en el conflicto (es el estilo «gana el otro»).
- **Estilo colaborador (asertividad alta, cooperación alta)**. Es el que Thomas y Kilmann definieron como «ganamos todos», ya que es el método más integrador para solucionar los conflictos, dado que permite que ambas partes queden satisfechas.

  Los cinco estilos de afrontamiento de conflictos expuestos no se deben interpretar como «buenos» o «malos». La utilización de cualquiera de ellos puede ser eficaz o ineficaz en función de la situación, de las características del conflicto y de las personas incluidas en el mismo. Por ello, lo importante es determinar en función de cada conflicto qué estilo es el más adecuado, lo que implica el saber manejar adecuadamente los distintos comportamientos que están implicados en cada uno de ellos.

2. **ACEPTACIÓN**. Todo el trabajo realizado en la fase de evaluación no tendría sentido si no se acepta que, en el conflicto, hay otra parte involucrada; es más, es imprescindible reconocer que se está tratando con las percepciones de otra/s persona/s y, que dichas percepciones, pueden coincidir o no con una evaluación objetiva de la situación.

Por otro lado, es preciso no olvidar que se actúa según formas «inconscientes» de motivación; es decir, las conductas y los comportamientos, tanto propios como los de los demás, están determinados por los antecedentes, experiencia, cultura, etc., de cada uno, influyendo de una forma de la que, en muchas ocasiones, no se es consciente. Asimismo, cuando las propias expectativas se ven frustradas o interferidas, se experimentan sensaciones de incomodidad y ansiedad que, en muchos casos, llevarán a actuar de forma agresiva.

Como consecuencia, *dos personas pueden percibir el mismo hecho desde posturas diferentes e interpretarlo de maneras distintas (incluso opuestas).*

Mientras las personas implicadas en el conflicto no sean conscientes de ello y, por tanto, entiendan y acepten las expectativas de la otra parte, se verán inmersas en una relación frustrante y poco productiva.

Por tanto, en esta fase, antes de seguir adelante, las partes deberán reconocer que las necesidades, intereses, normas, etc. de los demás pueden diferir de los suyos propios. Sólo así se podrá superar la situación problemática.

3. **ACTITUD**. No es suficiente con aceptar a la otra parte con sus intereses, valores o características particulares, es preciso, también, tener una actitud favorable hacia la superación del conflicto; esto es, si se quiere que el problema se resuelva de forma productiva, es necesario que las personas implicadas en el mismo muestren un deseo expreso y verdadero de iniciar un intercambio de mutua dependencia que incluya a todas las partes sin exclusión alguna.

La actitud mostrada hacia la otra parte será una variable crucial a la hora de gestionar productivamente los conflictos, ya que será el punto de partida para conseguir una comunicación abierta y efectiva.

4. **ACCIÓN**. El objetivo final de la gestión de un conflicto es iniciar las acciones más adecuadas para alcanzar el objetivo deseado. La acción más favorable se podrá decidir mejor si se han llevado a cabo correctamente las tres fases anteriores de evaluación, aceptación y actitud.

La acción se va a reflejar a través de comportamientos verbales y no verbales en el proceso de interacción, que son los que van a provocar en la otra parte actitudes y conductas defensivas o cooperativas.

Por ejemplo, los mensajes emitidos con un tono evaluativo o que denoten superioridad producirán actitudes defensivas en la otra parte y, como consecuencia, dificultarán el alcanzar un resultado satisfactorio para las partes implicadas.

Por tanto, las partes enfrentadas deberán ser conscientes de sus actos y esforzarse en adquirir experiencia en el uso de las distintas técnicas de comunicación, cuidando tanto sus comportamientos verbales como no verbales.

5. **ANÁLISIS**. Se desarrolla durante todo el proceso de gestión del conflicto, desde la evaluación a la acción. En esta fase es fundamental que el coordinador del equipo, si está actuando como gestor del conflicto, evite los siguientes errores (Pruitt y Rubin, 1986):

- Buscar un culpable.
- Actuar con ambigüedad, sin especificar lo que pretenden las partes.
- Interferir la comunicación entre las partes.
- Dificultar la empatía y comprensión mutuas.
- Aceptar la suposición de que lo bueno para una parte es malo para la otra.

Además tendrá que actuar preventivamente para evitar:

- Que se produzca una escalada de hostilidad y agresividad.
- Que las percepciones y actitudes negativas de las partes se refuercen constituyendo un círculo vicioso.

Asimismo, deberá:

- Comprobar que se ha prestado la debida *atención* a las preocupaciones de todas las partes.
- Comprobar que las decisiones que se vayan tomando se *pueden poner en práctica* de manera rápida y eficaz.
- Analizar si los *efectos* de las decisiones se podrán comprobar a corto, medio o largo plazo.
- Estudiar si *la relación* entre las partes se ha modificado, de forma productiva, a lo largo del proceso.

Aunque cada autor enfoca la gestión del conflicto de forma que se adecúe a la escuela teórica en que se incluye, se puede plantear un modelo general del proceso que debería seguir dicha gestión:

1. **Prever mejor que curar**. Obviamente, la mejor gestión del conflicto es aquella que, a través de una política previsora, impide su desencadenamiento. Para ello, es preciso conocer la situación que puede hacer que fuerzas, hasta entonces sinérgicas, puedan convertirse en antagónicas.

   La detección de las contradicciones existentes entre los objetivos, valores o pautas de comportamiento de los individuos y grupos (en su intento de adaptarse a los cambios en el entorno) debiera servir para establecer un diagnóstico precoz de los conflictos. Pero la valoración de los síntomas, cuando no se han producido obstrucciones explícitas o la hostilidad entre las partes es manifiesta, es difícil. No existen medios rigurosos para detectar cuándo el conflicto latente es perjudicial, y cuándo es un síntoma de crecimiento.

   La consecuencia es la que apuntábamos más arriba; ante cualquier conflicto latente se debe adoptar una actitud preventiva, basada en el afrontamiento racional de las contradicciones y la toma de decisión de las estrategias de comportamiento más adecuadas.

   Pero, para ello, es preciso tener informaciones válidas y fiables sobre el clima social de la organización, en general, y de los equipos de trabajo, en particular, lo que se puede conseguir con distintos métodos:

   - **Estudios generales de clima**. Tienen como objetivo conocer el grado de satisfacción e insatisfacción de los empleados. En estos estudios se suelen recoger informaciones sobre: sistemas de trabajo, sistemas de remuneración, estilos de dirección, comunicación, etc.
   - **Indicadores indirectos**. Tales como índices de absentismo y rotación, cambios en la calidad de los productos, etc., pueden ser síntomas de conflictos larvados.
   - **Observaciones directas**. Las entrevistas o reuniones de trabajo con los colaboradores pueden proporcionar datos relevantes sobre los posibles conflictos que pueden surgir en un futuro más o menos próximo.

Todos estos datos proporcionan informaciones que permiten prever cuándo va a surgir un conflicto y tomar medidas oportunas para que éste no llegue a «estallarnos en las manos».

Sin embargo, hay ocasiones en las que no es posible y/o conveniente evitar el conflicto y éste se desencadena, pasando del estado latente al manifiesto. En ese momento, es cuando se pasa a la segunda fase.

2. **Aparición del conflicto**. Como acabamos de comentar, hay ocasiones en las que no se puede y/o no se quiere evitar el desencadenamiento del conflicto. Esto puede suceder por diferentes causas:

- Una o las dos partes implicadas en el conflicto no están de acuerdo con la situación actual y lo provocan para tratar de cambiar el «statu quo». En este caso, suele haber una **fase preparatoria**, durante la cual la parte que desea que surja el conflicto suele «calentar el ambiente», tratando de ampliar el antagonismo y el distanciamiento con la otra y creando, por tanto, un clima de tensión, aunque, en muchas ocasiones, las acusaciones que se viertan no tengan mucho que ver con el motivo real del conflicto.

  La parte que no desea el conflicto debe, dentro de su gestión del mismo, aguardar, para romper la relación y pasar a la fase siguiente al momento más oportuno para ello. Así, en ocasiones se producirá el desencadenamiento del conflicto por un motivo mucho más nimio que el que realmente es la fuente de la disputa.

  Obviamente, esta situación se produce cuando hay un enfrentamiento, una lucha entre las partes implicadas que tienen objetivos claramente antagónicos.

  Una vez creado el clima de tensión adecuado, llega el momento del **desencadenamiento del conflicto**. Para ello, la parte que desea la confrontación utilizará un acontecimiento (casual o provocado) para hacer que el conflicto se desencadene.

  Es preciso no olvidar que, **una vez desencadenado el conflicto, el proceso será irreversible**. Por tanto, la parte que no desea llegar a esta situación deberá gestionar adecuadamente el caso, de forma que, a partir de una información lo más exacta posible sobre todas las variables relevantes, trate de disminuir la contaminación que se ha generado durante la fase preparatoria.

- Ninguna de las partes desea llegar al conflicto pero, por diversas razones, la situación se ha ido haciendo cada vez más tensa.

  Suelen ser ocasiones en las que las partes tienen un objetivo común, pero difieren en la forma en que creen que se puede alcanzar la meta y, como consecuencia, tienen objetivos particulares (real o aparentemente) antagónicos.

Ante el estallido del conflicto se puede producir una gestión productiva, aceptándolo y viéndolo como una oportunidad o resistiéndonos a él y viéndolo como una amenaza, tal y como hemos comentado.

4.4. Análisis de problemas y toma de decisiones

4.4.1. Análisis de problemas

A) CLARIFICAR Y DEFINIR LA SITUACIÓN ACTUAL

Es conveniente que clarifiquemos por qué empezamos hablando de «situación actual» y no de «problemas». Fundamentalmente, se debe a que la situación actual, en algunos casos, puede ser catalogada como «situación problemática», en otros, las cosas «no van mal», sin embargo son susceptibles de mejora.

Ahora bien, ¿qué es un problema? La palabra **problema**, del latín *problema* y del griego *próblema (de proballo, lanzar hacia delante)*, se utiliza para referirse a una cuestión o proposición dudosa que se trata de aclarar o resolver, de la cual se conocen algunos elementos y desconocen otros. También, para referirse a un conjunto de hechos o circunstancias que dificultan la consecución de algún fin.

Y, ¿cuándo existe un problema? Un problema existe cuando hay una discrepancia entre un estado actual (lo que está sucediendo) y un estado deseado (lo que debiera ser), y el individuo no dispone de una solución.

Todo problema tiene dos cosas en común: una meta u objetivo, y la imposibilidad inmediata de alcanzarlo.

Un esquema de la definición se presenta en la Figura 4.12.

FIGURA 4.12
DEFINICIÓN DE PROBLEMA

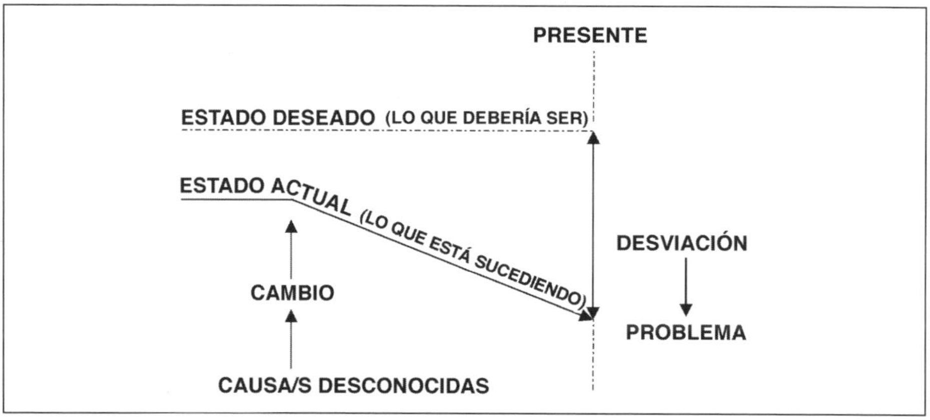

Lo que origina la desviación es la causa, luego cuanto antes conozcamos su origen, antes podremos tomar medidas correctoras para que el problema desaparezca. Para que esto sea posible, se debe determinar con la mayor precisión posible cuál es la situación que se afronta, cuándo se produjo, en dónde se está produciendo, quién es el responsable, cómo se detecto la situación y cuáles son sus causas, características y consecuencias.

Es decir, cuanto más se conoce la situación, más fácil y eficaz será la decisión a la que se llegue. Es prácticamente imposible llegar a una decisión acertada cuando no se conoce, en todos sus detalles, la situación que se afronta.

Un error típico que se da con bastante frecuencia es el de querer tomar decisiones sin antes detenerse a analizar con claridad y precisión la situación. Se debe a la creencia de que así se gana tiempo. Sin embargo, esto no es cierto, puesto que cuanto menos se conoce de la situación, más tiempo se necesita y la probabilidad de elegir una solución equivocada aumenta de manera significativa.

La situación estará correctamente clarificada y definida cuando se tiene respuesta a las siguientes preguntas:

- ¿En qué consiste, realmente, el asunto o tema que se está analizando?
- ¿En qué momento se produjo?
- ¿Qué áreas de la empresa están afectadas?
- ¿Cuál es la naturaleza del problema-situación y su entorno?, ¿cuáles son las dimensiones del problema?
- ¿Cómo se detecto la situación actual?
- ¿Quién es el responsable de la decisión?
- ¿Qué o quién estará afectado por la decisión?
- ¿Existen limitaciones para su solución (tiempo, legales, coste, etc.)?
- ¿Cuáles son las causas y orígenes del problema?
- ¿Se han producido anteriormente problemas similares?, ¿cómo se resolvieron?, ¿cuáles fueron los resultados obtenidos?
- ¿La definición del problema o de la situación está expresada objetivamente e incluye sólo los hechos?
- ¿El alcance del problema está suficientemente limitado como para poder empezar a trabajar en él?
- ¿Qué sucedería si la situación se mantuviera tal y cómo está ahora?

Sin embargo, durante esta fase se pueden cometer numerosos errores que es preciso tener en cuenta para poderlos prevenir; entre los más importantes y usuales destacan los siguientes:

- **Incluir cualquier causa en la definición del problema o situación.** Esto nos puede llevar en la dirección equivocada o caer en otro de los errores como es la *creencia de que toda situación plantea un problema único central.*

- **Definición apresurada de la situación o del problema.** Con frecuencia, se comete este error debido a:

  - Las urgencias y las presiones con que se realiza el trabajo.
  - Malos hábitos a la hora de decidir (decisiones mecánicas, rutinarias).
  - Celeridad por recomendar cursos de acción, para impresionar a quienes nos rodean.
  - Las propias características personales, ya que en ocasiones somos poco reflexivos y actuamos impulsivamente.
  - Falta de implicación con el problema.
  - No reconocer que cada situación es única y que por tanto requiere un planteamiento individual, lo que nos lleva a recurrir a decisiones basadas sólo en el pasado.

- **Incluir soluciones en la definición del problema sin haber investigado las causas.**

- **Creencia de que toda situación plantea un único problema central que puede ser aislado, y cuya solución resolverá toda la situación.**

- **Confundir los síntomas de un problema con el problema en sí.**

- **Falta de método, tomando decisiones sobre la marcha.**

- **Tener miedos por lo que se evita enfrentarse o responsabilizarse del problema.**

- **Imprecisión en la información.** La información debe ser precisa y contrastada.

- **«Esto siempre ha sido así...».** La mentalidad abierta al cambio conlleva tomar decisiones novedosas, creativas y con cierto riesgo; ser demasiado conservador no permite muchos avances.

- **«Esperemos a ver qué ocurre...».** Ignorar el problema o dilatar las decisiones en el tiempo no es una buena estrategia. Es más, el día a día demuestra que genera más problemas.

En el capítulo de herramientas, se explican técnicas que ayudan a superar esta fase. Estas técnicas le permitirán ser más riguroso, preventivo y sistemático, a la hora de definir y analizar problemas.

B) ANALIZAR LAS CAUSAS

> *«Mantengo seis servidores honestos (me enseñaron todo lo que sé); sus nombres son Qué y Por qué y Cuándo y Cómo y Dónde y Quién».*
>
> RUDYARD KIPLING

Una vez definido el problema, llega el momento de analizar las causas. Es la etapa en la que es necesario formular preguntas y seleccionar la información reunida. Para lograr analizar más eficazmente las causas potenciales, se han de seguir los siguientes pasos:

a) **Identificar las causas potenciales** que están contribuyendo al problema. Para ello, se prepara una lista de causas más probables y procederemos al análisis con la ayuda de herramientas como los *Diagramas de causa, brainstorming o diagramas de campos de fuerza.*

b) **Determinar las causas más probables**. Para ello, se puede utilizar, por ejemplo, herramientas como el *diagrama de Pareto*, de manera que sea posible identificar las causas más probables y que más contribuyan a generar el problema o la situación actual.

c) **Identificar el verdadero origen de las causas.** Es decir, volver a analizar las causas más probables para identificar sus orígenes. Para ello, podemos recurrir a la **Técnica de los Porqué en Secuencia** o crear un **Diagrama de Flujo**.

4.4.2. Toma de decisiones

A) FIJACIÓN DE LOS OBJETIVOS

> *«¿Me podría indicar, por favor, hacia dónde debo dirigirme desde aquí?», preguntó Alicia.*
>
> *«Eso depende en gran parte de a dónde quieras llegar», dijo el gato.*
>
> *«No me importa demasiado a dónde», respondió Alicia.*
>
> *«Entonces, da igual dónde te dirijas», dijo el gato.*
>
> LEWIS CARROL, en
> «Alicia en el País de las Maravillas»

Los objetivos nos indican dónde esperamos llegar o qué queremos lograr con la ejecución de determinas acciones que son propias del proceso de gestión, debido a que consideramos que los resultados son positivos para la organización y/o para quienes la dirigen o componen.

Una decisión, en definitiva, consiste en la selección sobre qué se hace entre diversas alternativas, con el fin de asegurar que se ha seleccionado la mejor manera de alcanzar un objetivo; es decir, lo que se espera obtener.

En cualquier proceso de toma de decisiones se persigue uno de los dos siguientes objetivos:

- Lograr una solución para una situación que No es conflictiva (ej.: Crear nuevos grupos de mejora).
- Solucionar un problema conflictivo que requiere una solución inmediata o ser afrontada en el más breve plazo de tiempo posible (ej.: descenso de las ventas; descenso de la productividad, dimisión de un directivo clave, etc.). En estos casos, el problema puede estar determinado por variables tales como:
  - Urgencia.
  - Aplicabilidad.
  - Peligrosidad.
  - Importancia.
  - Impacto en el cliente interno y externo.
  - Coherencia con la misión, visión y valores de la empresa.
  - Coste económico.
  - Etc.

La fijación de los objetivos cumple dos funciones principales en el proceso de toma de decisiones:

1. Definir un **curso de acción.** ¿Qué queremos lograr?, ¿dónde queremos ir?
2. **Establecer los criterios** que se emplean para valorar la propia decisión. Los criterios son los parámetros, perspectivas, directrices o variables que van a permitir evaluar y seleccionar las distintas alternativas que se den durante el proceso de decisión. No todos los criterios tienen la misma importancia o magnitud. De hecho, en el proceso de decisión existen dos tipos de criterios:
   - **Criterios obligatorios**: establecen los requisitos imprescindibles que debe cumplir la decisión que se proponga para solventar el problema.
   - **Criterios deseables**: representan otras situaciones que sería conveniente cumplir, y que, a pesar de reunir una serie de requisitos, no es indispensable para considerar la decisión como acertada. Sin embargo, aumenta la posibilidad de que una opción sea elegida con respecto a otras.

El conjunto de criterios obligatorios y deseables permiten establecer las condiciones y características que debe cumplir la solución ideal a la situación que se afronta y como consecuencia a la decisión ideal.

B) GENERACIÓN, EVALUACIÓN Y SELECCIÓN DE LAS ALTERNATIVAS

«Existen pocas cosas tan inútiles –si no peligrosas– como la respuesta correcta a una pregunta equivocada».

PETER E. DRUCKER

Antes de llegar a la decisión final, nos queda la última etapa, que está integrada por dos fases:

– Generación de alternativas.
– Evaluación y selección de las alternativas.

Generación de alternativas

Una decisión implica seleccionar, entre varias alternativas u opciones, la que mayor probabilidad ofrece de alcanzar los objetivos establecidos con anterioridad. Por tanto, cuanto mayor es la cantidad de alternativas u opciones generadas, mayor es la probabilidad de que se pueda elegir la mejor.

Llegados a este punto, es conveniente reflexionar sobre lo que nos han enseñado, desde muy pequeños, a creer acerca de lo que es un proceso creativo o de generación de ideas. Se considera que es un proceso:

– Instantáneo.
– Individual y propio de genios.
– Que surge «por generación espontánea».
– Que proporciona soluciones, normalmente, absurdas y que no sirven para nada útil.

Estas cuatro afirmaciones no son correctas, puesto que:

- La creatividad no es instantánea sino que hace falta todo un proceso para llegar a ella y hacer que las ideas sean aplicables y útiles.
- La creatividad es claramente un resultado sinérgico de un ambiente y fruto de una labor de equipo y, desde luego, no hace falta ser un genio para tener ideas creativas.
- Requiere trabajo, tesón, esfuerzo y metodología pero, eso sí, utilizando una sistemática o metodología (ver apartado de herramientas).
- En cuanto a su utilidad, sabemos que muchas organizaciones que han triunfado son las que, además de poner en su empeño mucho trabajo y perseverancia, han dispuesto de una gran idea que les ha permitido diferenciarse de sus competidores.

Sin embargo, no podemos olvidar que existen algunas barreras que dificultan el proceso creativo o de generación de ideas, fundamentalmente debidas a la educación que hemos recibido:

- La costumbre de que exista una única respuesta correcta.
- La búsqueda de una respuesta «mágica».
- Adoptar la respuesta esperada o que esperan los demás, sin detenernos a considerar si ésta es la mejor.
- La excesiva racionalidad, que en algunos casos actúa como trampa a la creatividad.
- No discutir lo evidente porque se considera que se pierde el tiempo.
- Emitir juicios rápidos que bloquean la posibilidad de que aparezcan nuevas ideas.
- El temor a la crítica, a quedar en evidencia, etc.
- El pudor a opinar en voz alta, presentando una alterativa inusual que pueda provocar críticas, ira, mofas o desprestigio.
- La dificultad para autocriticarse y autoevaluarse y no reconocer, por tanto, nuestra capacidad o derecho a errar.

Mas adelante describimos técnicas que permitan superar todas estas barreras. Sin embargo, es importante tener en cuenta que el nacimiento de una idea creativa no se produce instantáneamente, sino que requiere un procedimiento y continuidad. De hecho, todo proceso creativo consta de cuatro fases:

- **Preparación:** Consiste en reunir a las personas adecuadas, crear las condiciones ambientales necesarias y un clima que favorezca que se esté relajado durante el proceso.
- **Incubación:** Dependiendo de la técnica que se utilice se facilitará la fase siguiente en mayor o menor medida. También, se le denomina fase de calentamiento.
- **Iluminación:** Es la única de las cuatro fases que vulgarmente es considerada creativa; en ella se pondrán en funcionamiento las técnicas de generación de ideas.
- **Verificación:** El grupo analiza y selecciona una por una cada alternativa para elegir la mejor.

En el capítulo de herramientas se desarrollan distintas técnicas que se utilizan en los procesos creativos.

Evaluación y selección de las alternativas

«Creo que ahora he encontrado la verdadera solución».
ALBERT EISNTEIN (1925)

Una vez que hemos producido un número de alternativas suficientes, se procede a su evaluación, y, como consecuencia, poder llegar a la decisión final.

Para ello, en primer lugar, se eliminan las alternativas que no se consideran viables y, por tanto, no podrán ser posteriormente implantadas.

El proceso de evaluación debe ser sistemático y riguroso; asimismo deben tenerse en cuenta los dos elementos que anteriormente comentamos, los objetivos y los criterios. Este es el momento de formularnos dos preguntas claves, para cada una de las alternativas:

- ¿Cumple los requisitos establecidos en los criterios?
- Si lo hace, ¿en qué medida lo cumple?

Es decir, el objetivo de esta fase es determinar si las alternativas definidas reúnen las condiciones que se han establecido con anterioridad. Una vez que se analiza y verifica que todas y cada una de las alternativas cumplen todos los criterios, obtendremos una clasificación de las mismas según su aplicabilidad, idoneidad y viabilidad de puesta en práctica.

Después del proceso de generación y evaluación de las alternativas, se llega a la *decisión final.*

En el caso de que todos los pasos anteriores se hayan realizado de forma sistemática, tendremos prácticamente garantizada la selección que mejor se ajuste a los objetivos que esperábamos obtener.

C) IMPLANTACIÓN, SEGUIMIENTO Y CONTROL

Una vez tomada una decisión, es necesario elaborar un plan de acción que permita una implantación adecuada y, así, poder alcanzar los objetivos fijados. El diseño y ejecución de este plan es tan importante como la propia toma de decisiones.

Para evitar que todo el trabajo realizado hasta ahora no sirva para nada, es necesario revisar y evaluar el plan de acción. Por ello, nos vamos a cerciorar de haber tenido en cuenta todas las variables que son necesarias para que el plan tenga el éxito esperado. A continuación presentamos una serie de preguntas esenciales que le ayudarán en el proceso de implantación, seguimiento y control:

- ¿Qué personas participarán en la puesta en marcha?
- ¿Cuál será el nivel de responsabilidad de cada una de ellas?

- ¿Quién será la persona responsable de la ejecución y seguimiento de cada una de las fases del plan?
- ¿Las personas que van a participar en la implantación y/o seguimiento disponen de las competencias necesarias para afrontar los desafíos del plan de acción?, ¿están suficientemente implicadas?
- ¿Existen barreras culturales o actitudinales que pueden entorpecer o dificultar el cambio?, ¿qué estrategias se van a llevar a cabo para superar esta situación?
- ¿El clima laboral es de colaboración y trabajo en equipo o por el contrario de confrontación?
- ¿Es el plan suficientemente claro en relación con las tareas que debe desempeñar cada persona?
- ¿Qué personas, bien de nuestra área o de otras, se verán influidas directa o indirectamente con la decisión adoptada?
- ¿Se ha pensado en la forma que se va a comunicar la decisión? ¿Y el curso de acción a los afectados en su implantación y a los afectados por la decisión?
- ¿Se ha implicado a todas las personas necesarias, ya sean clientes internos como externos?
- ¿Qué fechas límite se ha establecido para la implantación?
- ¿En qué tiempo deberán ejecutarse las acciones (cronograma o calendario de actividades)?, ¿es realista y viable?
- ¿Cada cuánto tiempo está previsto verificar y hacer un seguimiento de los resultados?, ¿cómo se realizará?
- ¿Qué indicadores de medida y de control se han establecido para evaluar los resultados que se obtengan? ¿Quién será responsable de los mismos?
- ¿Qué medidas correctoras se van a tomar en caso de que se den determinados problemas?
- ¿En qué lugar deberán realizarse las acciones?
- ¿Qué recursos y medios son necesarios para lograr que las acciones se lleven a cabo?
- ¿Los recursos de que disponemos actualmente (tiempo, humanos, equipamiento, materiales, económicos, información, tecnológicos) son suficientes para la implantación?
- ¿Se han valorado los costes que implica la implantación? ¿Merece la pena implantarlo teniendo en cuenta la relación costes-resultados?
- ¿Existen obstáculos de procedimiento o estructurales en la Organización que dificulten la ejecución?

No debemos olvidar, que durante la ejecución del plan de acción se debe evaluar su eficacia en todas y en cada una de las áreas que están relacionadas; es decir:

- Medir los logros obtenidos durante el proceso previsto.
- Realizar los ajustes o introducir medidas correctoras con respecto a las incidencias que se vayan produciendo.
- Establecer indicadores de medida o estándares de calidad referidos a las actuaciones o acciones a realizar (p. ej.: productividad, quejas). Esta es la única forma de poder detectar los cambios, las mejoras y/o los desajustes que se están produciendo.
- Establecer un sistema o método que permita detectar rápidamente las desviaciones que se produzcan, de manera que puedan ser corregidas lo antes posible, aplicando las medidas oportunas.

Cuestionario: Autoevaluación del nivel competencial

A continuación se ofrece un listado de 16 competencias que permiten evaluarse en relación con las exigencias del puesto que se está desempeñando, y al mismo tiempo establecer el nivel que se considera adecuado para alcanzar nuestras metas profesionales.

EJEMPLAR RESERVADO PARA EL INTERESADO

Apellidos: **Nombre:** **Fecha:**

COMPETENCIAS CLAVE	NIVEL ACTUAL							Trabajo actual	Trabajo futuro
	Ninguno	Básico		Intermedio		Avanzado		☒	☒
1. **Adaptabilidad:** «Modificar la propia conducta para alcanzar determinados objetivos cuando surgen dificultades, nuevos datos o cambios en el entorno».	0	1	2	3	4	5	6	☐	☐
2. **Análisis de problemas:** «Clarificar y definir problemas, recopilar información significativa y datos relevantes, y diagnosticar posibles causas».	0	1	2	3	4	5	6	☐	☐
3. **Aprendizaje:** «Asimilar información y métodos nuevos, y aplicarlos eficazmente. Rapidez para aprender».	0	1	2	3	4	5	6	☐	☐
4. **Atención al cliente:** «Tratar con clientes ofreciéndoles un servicio de alta calidad, identificando de forma precisa sus necesidades y siendo capaz de darles satisfacción razonable con el menor coste posible».	0	1	2	3	4	5	6	☐	☐
5. **Atención al detalle:** «Manejo eficaz y prolongado de información detallada. Realizar el trabajo prestando atención a todas las áreas afectadas, preocupándose de todos los aspectos del trabajo y revisando todos los procesos y tareas».	0	1	2	3	4	5	6	☐	☐
6. **Comunicación:** «Informar clara y oportunamente y obtener información de una amplia gama de personas».	0	1	2	3	4	5	6	☐	☐

COMPETENCIAS CLAVE	NIVEL ACTUAL							Trabajo actual	Trabajo futuro
	Ninguno	Básico		Intermedio		Avanzado		☒	☒
7. **Conocimiento técnicos:** «Tener un amplio y detallado conocimiento de las técnicas en uso y las más avanzadas en la profesión que se ejerce; experiencia y conocimiento del entorno (interno y/o externo)».	0	1	2	3	4	5	6	☐	☐
8. **Decisión:** «Toma de decisiones activa, eligiendo entre varias alternativas de solución a un problema incluso cuando puedan resultar difíciles o poco populares».	0	1	2	3	4	5	6	☐	☐
9. **Desarrollo/apoyo de los colaboradores:** «Analizar las necesidades de desarrollo de los colaboradores. Crear un ambiente de trabajo positivo en el que el personal reciba información de retorno sobre su gestión, apoyo y asesoramiento para mejorar en la realización de sus tareas».	0	1	2	3	4	5	6	☐	☐
10. **Gestión de conflictos:** «Establecer los márgenes de una negociación, intercambiando concesiones y alcanzando acuerdos satisfactorios basados en una filosofía ganar-ganar cuando existen distintos intereses».	0	1	2	3	4	5	6	☐	☐
11. **Innovación:** «Descubrir soluciones ingeniosas a problemas relacionados con el trabajo».	0	1	2	3	4	5	6	☐	☐
12. **Liderazgo:** «Guiar y dirigir un grupo, y establecer y mantener el espíritu de grupo necesario para alcanzar sus objetivos. Asumir la responsabilidad de la ejecución de una tarea, estructurándola, dirigiéndola y delegando responsabilidades para la consecución de la misma».	0	1	2	3	4	5	6	☐	☐
13. **Necesidad de mejora:** «Determinación para fijar las propias metas de forma ambiciosa, por encima de los estándares y de las expectativas, mostrando insatisfacción con el desempeño medio».	0	1	2	3	4	5	6	☐	☐
14. **Persuasión:** «Convencer a otros con argumentos relevantes sobre la base de un estilo para adaptarse a los distintos puntos de vista o ponerse de acuerdo sobre planes».	0	1	2	3	4	5	6	☐	☐
15. **Planificación y organización:** «Determinar eficazmente las metas y prioridades estipulando la acción, los plazos y los recursos requeridos para alcanzarlos».	0	1	2	3	4	5	6	☐	☐
16. **Trabajo en equipo:** «Participar activamente en la consecución de una meta común. Trabajar abierta, amable y cooperativamente con otros».	0	1	2	3	4	5	6	☐	☐

Capítulo 5

Herramientas de gestión para el desarrollo y dirección de equipos de trabajo

5.1. Herramientas de análisis de problemas y toma de decisiones.

5.2. Herramientas de generación y evaluación de alternativas.

5.3. Herramientas grupales.

5.1. Herramientas de análisis de problemas y toma de decisiones

Aparentemente es fácil definir correctamente un problema; sin embargo, la realidad parece demostrar lo contrario, ya que cuando, durante el trabajo de un grupo, surgen dificultades en la resolución de un problema, en la mayoría de las ocasiones lo que sucede es que, por no estar correctamente definido, cada miembro del equipo ha entendido algo diferente y, como consecuencia, cada uno está trabajando en direcciones distintas y, a veces, opuestas.

Para favorecer que la definición del problema sea clara, concisa y concreta y, por tanto, evitar alguno de los problemas mencionados, a continuación se desarrollan las siguientes herramientas:

5.1.1. Técnica de los por qué en secuencia

Es una representación gráfica que consiste en formular la pregunta «***¿Por qué?***», es decir, de manera que se analicen las causas que están produciendo el problema. Cuando se obtiene una primera respuesta que, normalmente, da como resultado más de una posibilidad o causa, se plantea para cada opción un nuevo «***¿Por qué?***» y así repetidamente hasta lograr analizar en toda su magnitud el problema o situación que se está analizando. En la Figura 5.1 se presenta un ejemplo.

Este diagrama constituye una variante del enfoque desarrollado en el Diagrama Causa-Efecto. Esta técnica puede utilizarse tanto de forma individual como grupalmente; en ambos casos proporciona un análisis en profundidad de las causas siguiendo un método sistemático.

A continuación, se presentan las distintas fases:

FASE I: DEFINICIÓN DEL PROBLEMA

Mediante consenso se define el problema; para ello se pueden utilizar algunas de las técnicas tratadas anteriormente en este módulo, que son específicas de la etapa de definición y análisis de problemas.

Una vez definido el problema, se escribe en una pizarra o rotafolios de tal forma que todos los participantes puedan visualizar el problema o situación a analizar.

FASE II: CONSTRUCCIÓN DEL DIAGRAMA DE LOS POR QUÉ EN SECUENCIA

Se pide al grupo que de respuesta a la pregunta «***¿Por qué?***», de esta manera se conocen las razones por las que el grupo considera que se está produciendo esta situación. Como consecuencia del primer análisis, se puede descubrir una gran variedad de respuestas causales. Para cada respuesta se plantea una nuevo «***¿Por qué?***», y así sucesivamente hasta que se delimite y detalle cada aspecto del problema. (Ver Figura 5.1)

FIGURA 5.1

EJEMPLO DE LA TÉCNICA DE LOS POR QUÉ EN SECUENCIA

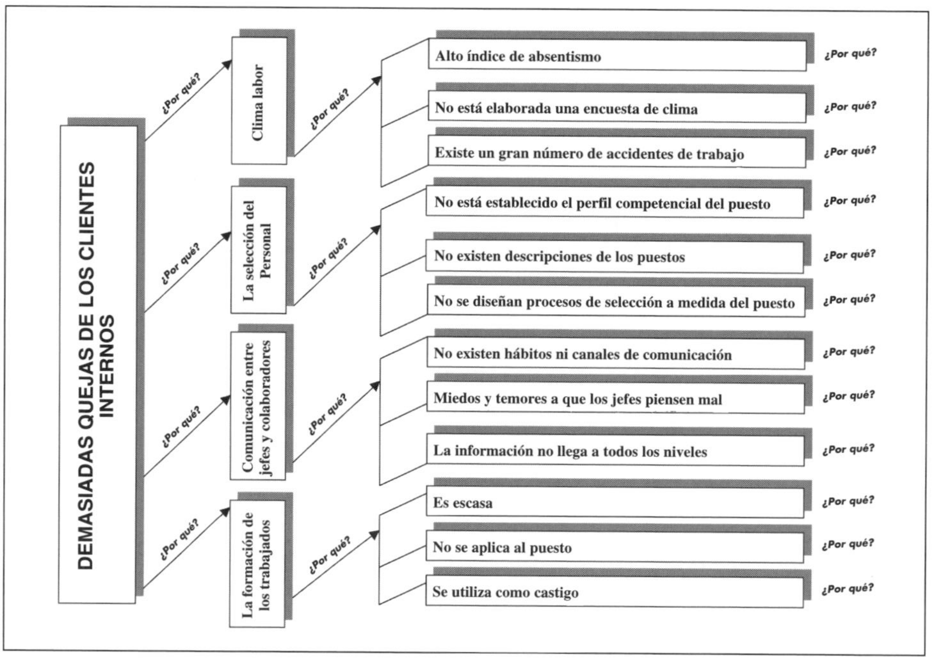

Cuando se estima que el Diagrama está concluido, su visualización permite a los miembros del grupo comprender con exactitud y claridad la naturaleza del problema y sus causas.

CUADRO 5.1

RESUMEN DE LA TÉCNICA DE LOS PORQUÉS EN SECUENCIA

<table>
<tr><td>EN QUÉ CONSISTE</td><td colspan="2">Es una representación gráfica que consiste en formular la pregunta «¿Por qué?» de forma continuada.</td></tr>
<tr><td>FASES</td><td>FASE I: Definición del Problema

Mediante consenso se define el problema.</td><td>FASE II: Construcción del Diagrama

El grupo da respuesta a la pregunta «¿Por qué?» para conocer las razones por las que se produce una situación.

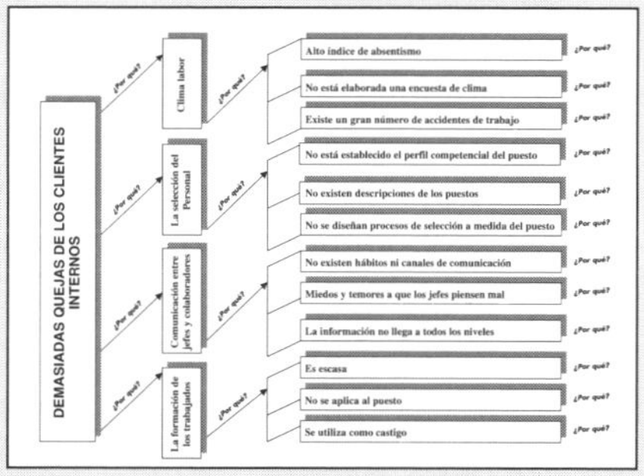
</td></tr>
<tr><td>ERRORES A EVITAR</td><td colspan="2">➢ Pretender conocer a priori las causas o solución al problema.
➢ Contentarse con unas cuantas respuestas y no analizar todas ellas con la profundidad que requiere el problema.
➢ Eliminar, en principio, alguna posible vía de análisis.</td></tr>
<tr><td>PROS</td><td colspan="2">➢ Analizar las causas más probables para identificar sus orígenes.
➢ Potenciar la creatividad y el pensamiento divergente del grupo, puesto que tienen que pensar en distintas alternativas, siguiendo caminos divergentes, en lugar de orientarse por una única línea de pensamiento.
➢ Al ser una variante del Diagrama causa-efecto también tiene sus ventajas e inconvenientes.
➢ Diferenciar los «síntomas» del verdadero problema.</td></tr>
</table>

5.1.2. Diagrama de las seis palabras

Es «***un método para explorar lo que el problema es y lo que no es***», de tal manera que facilita el análisis y definición del mismo. El método permite estudiar las posibles causas del problema y diferenciar aquellas que no lo son, delimitando claramente la situación actual del problema.

La metodología que propone esta técnica para analizar la situación consiste en la formulación del siguiente tipo:

- ➢ *Quién*
- ➢ *Qué*
- ➢ *Por qué*
- ➢ *Cuándo*
- ➢ *Dónde*
- ➢ *Cómo*

Los pasos que Robson (1982) considera adecuados para hacer un uso eficaz de esta técnica son:

FASE I: CONSTRUCCIÓN DEL DIAGRAMA

En primer lugar, hay que partir de una clara y completa definición del problema. A continuación, se construye el diagrama (ver Figura 5.2). Para ello:

a) Se dibuja una tabla con seis columnas, donde cada una hace alusión a los seis pronombres interrogativos.

b) Se divide la tabla en dos partes iguales, en una mitad superior se escriben «***causas***» y en la inferior «***no causas***». Las líneas que separan las seis columnas son flechas que se dirigen hacia la línea central. Según Robson (1982), la función de las flechas es *proporcionar «una idea se equilibrio de fuerza»* entre las causas y las no causas.

FIGURA 5.2

REPRESENTACIÓN GRÁFICA DEL DIAGRAMA DE LAS SEIS PALABRAS

FASE II: PRODUCCIÓN DE IDEAS

A través de una sesión de generación de ideas, por ejemplo, utilizando la técnica del *Brainstorming*, los miembros del grupo producen ideas sobre causas y no causas.

Durante la sesión se van formulando preguntas del tipo:

- ¿Cuándo ocurre el problema?
- ¿Cómo se reconoce la existencia del problema?
- ¿Qué causa el problema?
- ¿Quién causa el problema?
- ¿Dónde ocurre el problema?
- ¿Por qué no existía antes?
- ¿Cuándo no ocurre el problema?
- ¿Cómo se reconocería la inexistencia del problema?
- ¿ Qué no causa el problema?
- ¿Quién no causa el problema?
- ¿Dónde no ocurre el problema?
- O si ha existido siempre, ¿Por qué no existe en otras áreas?

CUADRO 5.2

RESUMEN DEL DIAGRAMA DE LAS SEIS PALABRAS

EN QUÉ CONSISTE	Consiste en analizar lo que es y no es un problema mediante la utilización de preguntas.
FASES	**FASE I: Construcción del diagrama** Se representa en una tabla. En la parte superior se escriben «causas», y en la inferior «no causas». 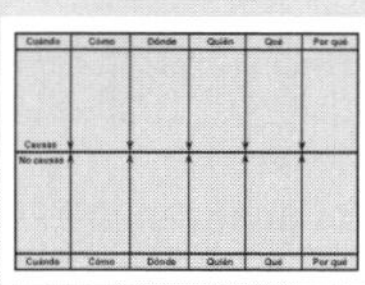 **FASE II: Producción de ideas** Los miembros del grupo producen ideas sobre las «causas» y «no causas». **FASE III: Incubación de ideas** Alejarse del problema para generar ideas nuevas. **FASE IV: Análisis y evaluación de las ideas** Identificar y evaluar las causas prioritarias.
ERRORES A EVITAR	➢ No asegurarse de realizar todas las cuestiones importantes sobre la situación problema.
PROS	➢ Permite considerar la situación desde distintos puntos de vista. ➢ Explorar lo que es y lo que no es del problema. ➢ Es una técnica que promueve la reflexión y el análisis sistemático.

FASE III: INCUBACIÓN DE IDEAS

Para alejarse de la situación problema y generar nuevas ideas, se expone el diagrama a otras personas de la organización para que todos tengan la posibilidad de aportar ideas.

FASE IV: ANÁLISIS DE LAS IDEAS

En esta fase, Robson (1982) recomienda el uso del Diagrama de Pareto de manera que se definan las causas más importantes y, como consecuencia, se identifiquen las causas prioritarias.

5.1.3. Esquema de los ocho interrogantes básicos

Es una guía donde se plantean todas las cuestiones necesarias para determinar de forma integral una situación o problema que se desea definir. Simplemente consiste en dar respuesta a la mayor cantidad posible de las siguientes preguntas:

¿QUÉ?

¿En qué consiste el problema que se está analizando? ¿Qué es?
¿De qué se trata?
¿Podría ser que sólo fuese un síntoma?
En el caso de ser un síntoma ¿debería abordarse de otra forma?
¿El conocimiento de la situación se basa en opiniones o en evidencias o hechos?
¿Es un problema interno o externo a nuestra organización?
¿Es un problema tangible o intangible?
¿Cuáles son sus características principales?
¿Cuáles son sus principales consecuencias?
¿Cuál es la situación global de la que forma parte la situación?
¿Se puede dividir la situación en varias partes para facilitar su análisis?
¿Cuáles son esas partes?
¿Existen otras situaciones relacionadas con la que se está analizando?
¿Cuáles son sus vinculaciones?
¿Cuál es la palabra clave que podríamos utilizar para definir la situación?
¿Qué es lo que está funcionando mal?
¿Se trata de un problema usual o es único, extraordinario?
¿Son fiables las informaciones que poseemos sobre la situación?
¿Existen intereses particulares o prejuicios que pudiesen estar sesgando la información?
Y similares.

¿CUÁNDO?

¿En qué momento se produjo?

¿Cuándo se detectó? ¿Se ha producido anteriormente?

¿Hay algo que antes funcionaba bien y que ahora no lo hace?

¿Es un problema permanente, ocasional, repetitivo?

¿Es una situación vieja que de nuevo se está repitiendo?

¿Cómo se resolvió en otras ocasiones?

¿Se resolvió?

¿Por qué no funcionó?

¿Existen matices que cambian esa vieja situación?

¿En qué momentos acontece más la situación?

¿Cuándo debe estar resuelto el problema? ¿Cuál es la fecha límite?

¿Podría producirse en el futuro?

¿Cuáles son las probabilidades de que se resuelva solo, sin necesidad de intervenir en el problema?

Y similares.

¿CUÁNDO?

¿En qué momento se produjo?

¿Cuándo se detectó? ¿Se ha producido anteriormente?

¿Hay algo que antes funcionaba bien y que ahora no?

¿Es un problema permanente, ocasional, repetitivo?

¿Es una situación vieja que de nuevo se está repitiendo?

¿Cómo se resolvió en otras ocasiones?

¿Se resolvió?

¿Por qué no funcionó?

¿Existen matices que cambian esa vieja situación?

¿En qué momentos acontece más la situación?

¿Cuándo debe estar resuelto el problema? ¿Cuál es la fecha límite?

¿Podría producirse en el futuro?

¿Cuáles son las probabilidades de que se resuelva solo, sin necesidad de intervenir en el problema?

Y similares.

¿DÓNDE?

¿En qué áreas o procesos de la empresa se está produciendo la situación?

¿En qué área o proceso se originó?

¿Cuáles son las áreas más afectadas? ¿Cuáles son las partes del proceso que están afectadas?

¿Dónde debemos buscar la solución?

¿Qué áreas deberíamos cambiar para lograr la solución?

Si la solución es adecuada, ¿cuáles serían las áreas que más se beneficiarían?

Y similares.

¿QUIÉN?

¿Quién es el responsable de la situación o del área en la que se está produciendo?

¿Quién es el responsable de buscar una solución?

¿A quién deberíamos consultar, tanto interna como externamente, durante el proceso de búsqueda de la solución?

Y similares.

¿CÓMO?

¿Cómo se detectó la situación actual?

¿Cómo se inició?

¿Cuáles fueron los síntomas originales?

¿Por qué no se actuó ante los primeros síntomas de la situación?

¿Es un problema técnico, operativo, humano, financiero, social, medioambiental o de calidad?

Y similares.

¿CUÁL?

¿Cuáles son las causas y orígenes de la situación?
¿Cuáles son los resultados imprevisibles que se están produciendo?
¿Cuáles son los síntomas?
¿Cuáles son los auténticos problemas?
¿Cuántos grupos de problemas se podrían crear?
¿Cuál es la urgencia e importancia de los problemas detectados?
¿Cuál es la mejor solución?
Y similares

¿CUÁNTO?

¿Cuál es la magnitud de la situación?
¿Cuál es su importancia?
¿Se trata de un problema crítico o clave?
¿De qué forma afecta a los resultados del área o unidad donde se está produciendo?
¿De qué forma afecta a los resultados operativos y estratégicos de la empresa?
¿Está afectando a la consecución de los objetivos? ¿Qué objetivos?
Y similares.

¿QUÉ SUCEDERÍA?

¿Qué sucedería si la situación se mantiene en el tiempo tal y como está ahora?
¿Cuáles son sus principales consecuencias actuales y en el futuro?
¿Cuáles serían las consecuencias si no se hace nada para solucionar la situación?
¿Qué tiempo tenemos para encontrar una solución?
¿Debería atacarse ahora sólo parte del problema o de manera completa?
Realmente ¿qué logramos al resolver el problema?
Y similares.

CUADRO 5.3
RESUMEN DE LOS OCHO INTERROGANTES BÁSICOS

EN QUÉ CONSISTE	Dar respuesta a una serie de cuestiones para definir de forma integral el problema o situación a analizar. Las cuestiones tienen que ver con: **¿Qué?** **¿Cómo?** **¿Cuál?**  **¿Quién?** **¿Dónde?** **¿Cuánto?** **¿Qué? sucedería?** **¿Cuándo?**
ERRORES A EVITAR	➢ Dejarse llevar por las prisas y las presiones. ➢ No tener en cuenta todas las evidencias obtenidas en el análisis. ➢ Creer que toda situación plantea un único problema central.
PROS	➢ Establecer la verdadera importancia del problema. ➢ Centrarse en sus aspectos más importantes. ➢ Herramienta que facilita un planteamiento global e integral de la situación o problema que se desea analizar.
CONTRAS	➢ Dada su extensión dificulta en ocasiones su puesta en práctica.

5.1.4. Diagrama causa-efecto

El diagrama de causa-efecto fue diseñado por Kauro Ishikawa; por esta razón también se le denomina diagrama de Ishikawa aunque popularmente se le conoce como diagrama de espina de pez por la forma que adopta.

Tras la segunda guerra mundial y en plena reconstrucción del Japón, esta herramienta se utilizó para la formación del personal de organizaciones industriales, convirtiéndose en una técnica de control de calidad muy utilizada por los niveles inferiores. Posteriormente, y dado su éxito, se aplicó a un 90% de las empresas japonesas que llevaban a cabo sistemas de control de calidad.

El diagrama causa-efecto permite estructurar, de una manera lógica y sistemática, las causas del problema que se está tratando de resolver. En este proceso, se parte de la definición precisa de un problema y, mediante un análisis exhaustivo y riguroso de la situación, se construye el diagrama para determinar las causas que influyen sobre él. El diagrama causa-efecto se construye en tres fases:

FASE I: DEFINICIÓN DEL PROBLEMA A ESTUDIAR (EFECTO)

En primer lugar, es necesario efectuar una precisa definición del problema objeto de estudio, pues cuanto mejor definido esté, más eficaz y riguroso será el análisis de las causas. Para favorecer el análisis y definición del problema, se pueden utilizar diferentes técnicas como el *Brainstorming*, Pareto, los Ocho interrogantes básicos o recurrir al asesoramiento o recomendación externa.

FASE II: GENERACIÓN DE LAS CAUSAS

Mediante una técnica de generación de ideas, por ejemplo, el *Brainstorming*, los miembros del grupo elaboran las posibles causas que están afectando al problema.

Seguidamente, se pasa a buscar todas las posibles causas que pueden influir sobre el efecto. Para ello suelen emplearse tres métodos (Cuadro 5.4):

- Método de la Clasificación de las causas.
- Método por Fases del proceso.
- Método por Enumeración de las causas.

A continuación vamos a explicar esta herramienta siguiendo el método de la clasificación de las causas.

FASE III: CONSTRUCCIÓN DEL DIAGRAMA

Permite estructurar de forma lógica y sistemática las causas del problema. Su construcción se inicia escribiendo y recuadrando, en la parte derecha del papel, el problema (efecto) que se va estudiar. A continuación se dibuja una flecha que apuntando al efecto centre la atención sobre él (la «columna vertebral» de la raspa de pescado). En la Figura 5.3, se muestra el eje central del Diagrama de nuestro ejemplo.

FIGURA 5.3
ESPINA CENTRAL DEL DIAGRAMA CAUSA-EFECTO

El siguiente paso consiste en colocar las «espinas principales», que se corresponden con las cinco familias en que más habitualmente se agrupan las causas de los problemas:

a. **MÁQUINAS**. Todos los aspectos referidos a ellas y que sean relevantes al problema.
b. **PERSONAL**. Aspectos referidos a las personas.
c. **MÉTODOS**. La forma de hacer las cosas.
d. **MATERIALES**. Materias primas, papel, piezas, electricidad, etc.
e. **MEDIO**. Ambiente físico y humano; esto es, condiciones de trabajo, ergonomía, clientes, etc.

Si por ejemplo en nuestro caso se considera que las causas del problema vienen determinadas por la acción conjunta de los cinco grupos de posibles causas, entonces se colocan en forma de flechas que inciden sobre el eje central, de la forma que se muestra en la Figura 5.4.

FIGURA 5.4
LAS CINCO «FAMILIAS» DE CAUSAS

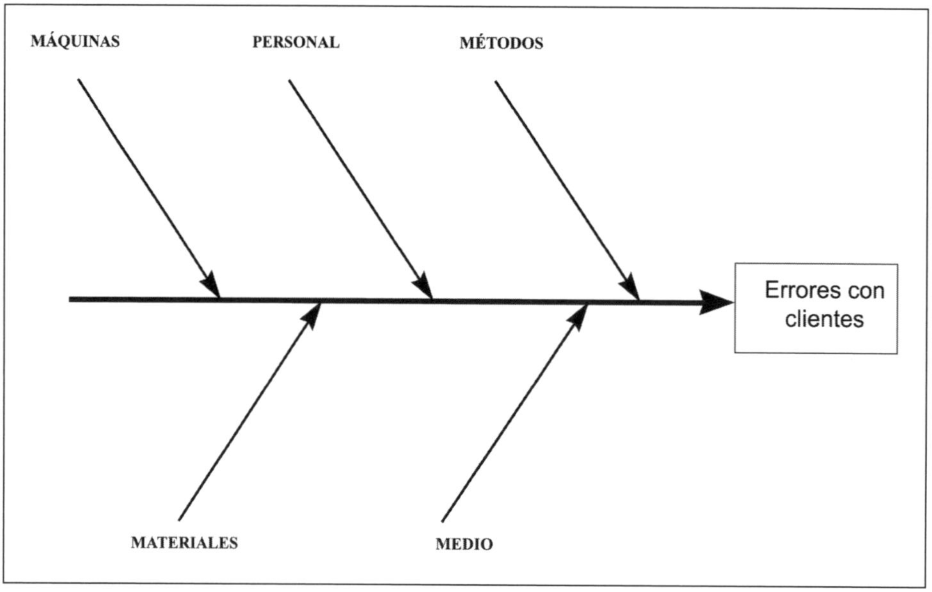

FASE IV: ASIGNACIÓN DE LAS CAUSAS A LAS CATEGORÍAS

El paso siguiente será colocar las causas detectadas, en el problema concreto que se está resolviendo, en cada una de las familias, también en forma de flechas. Para cada causa, se utilizará un nombre (una o dos palabras) que permita su identificación de manera fácil e inequívoca. El Diagrama podría, en estos momentos, adoptar una forma similar a la que se presenta en la Figura 5.5.

FIGURA 5.5
EJEMPLO DE DIAGRAMA CAUSA-EFECTO

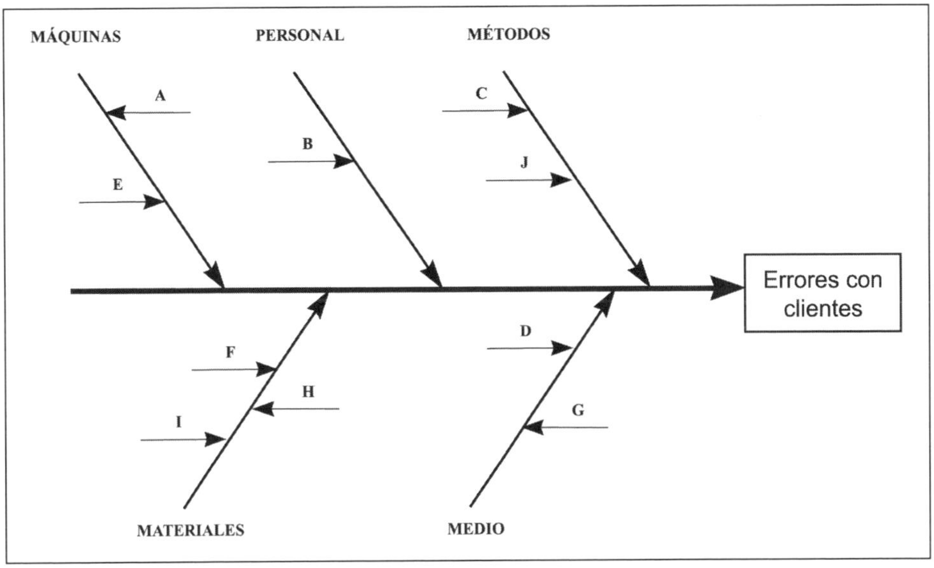

En algunos casos, las causas se podrán desglosar en otros componentes más simples que, también, se incluirán en el Diagrama, de la forma que se presenta en la Figura 5.6. Es preciso no olvidar que, cuanto más se complique el Diagrama, llegando a un grado de detalle cada vez mayor, más útil será para el equipo. Así, en la Figura 5.6, la subcausa «j_1» sería la razón por la que aparece la causa «J»; mientras que «b_{11}» sería la causa de «b_1» que, a su vez, da lugar a «B» (obviamente no tendría sentido desglosar un Diagrama cuando sólo hay una subcausa de una causa, aquí lo hemos hecho así para simplificar las explicaciones).

Debe tenerse en cuenta que, al construir el Diagrama Causa-Efecto, se trabaja, tal y como hemos explicado, de lo general a lo particular; mientras que para interpretarlo y trabajar con él, se avanza en sentido contrario; esto es, de lo particular a lo general.

FIGURA 5.6

EJEMPLO DE DIAGRAMA CAUSA-EFECTO EN EL QUE APARECEN SUBCAUSAS

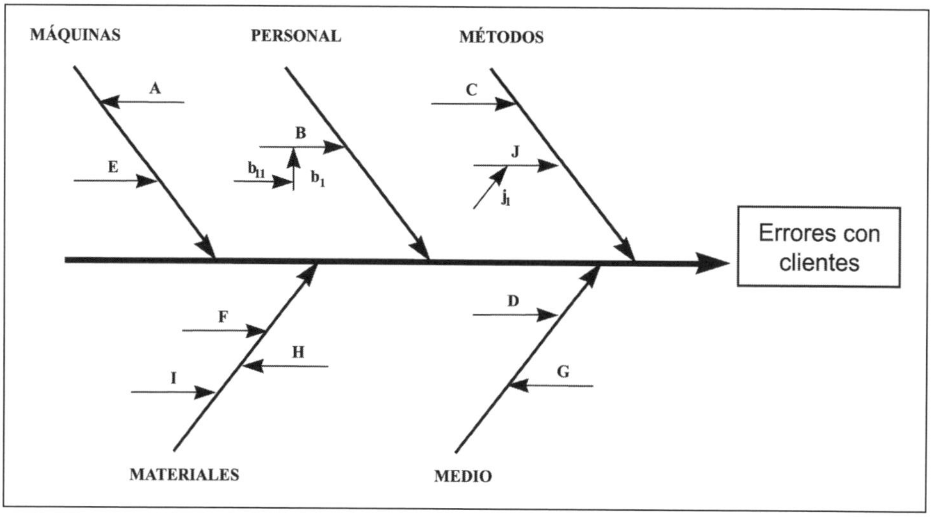

FASE IV: ANÁLISIS DE LAS RELACIONES CAUSA-EFECTO

La construcción del diagrama da origen a una serie de causas relacionadas con el efecto que se estudia. En el análisis se examinan, de manera crítica, las causas con la finalidad de:

- *Definir las causas más probables.*
- Definir las causas más importantes.
- Verificar si las causas más importantes son las que realmente influyen sobre el efecto (causas verdaderas).

	CLASIFICACIÓN DE LAS CAUSAS	FASES DEL PROCESO	ENUMERACIÓN DE LAS CAUSAS
EN QUÉ CONSISTE	Clasificar en categorías las relaciones existentes entre las causas y el efecto (problema).	Establecer las posibles causas que afectan a un proceso que tiene fases bien definidas y separadas.	Enumerar el mayor número posible de causas y no limitarse a categorías generales de causas. Construir, de forma lógica, las relaciones recíprocas entre las diversas causas enumeradas.
FASE I	Definir de forma precisa el problema objeto de estudio.	ídem	ídem
FASE II	Elaborar una lista de las posibles causas que están afectando al problema mediante una técnica de generación de ideas.	ídem	ídem
FASE III	Construir el diagrama; y se establecen las principales categorías de causas. Suelen emplearse varias categorías. 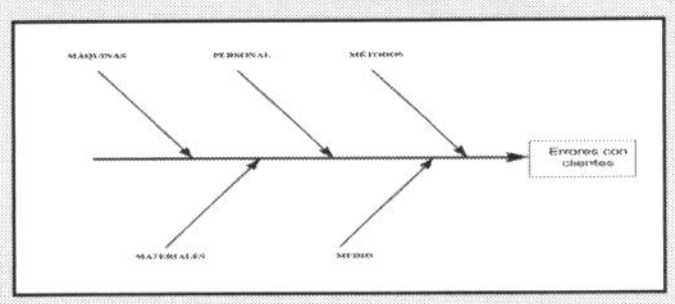	Colocar en orden secuencial, a la izquierda del efecto, las fases unidas entre sí por una flecha recta. 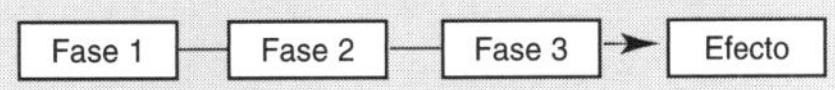	Determinar las principales categorías causales propias del grupo. 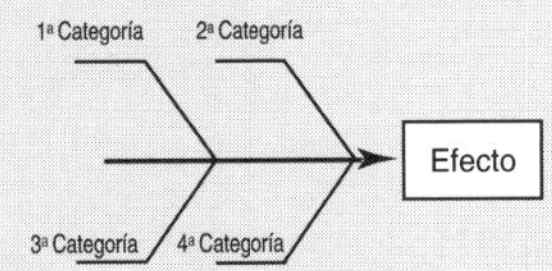
FASE IV	Asignar las causas detectadas en cada una de las categorías principales. 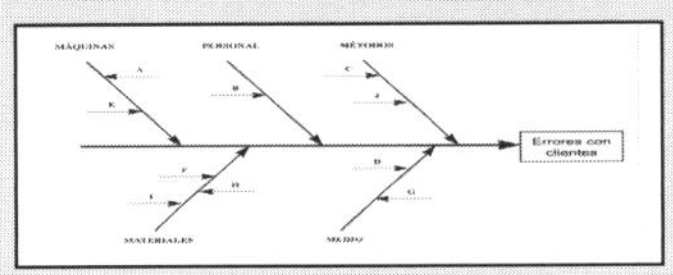	Clasificar las posibles causas en la fase del proceso que corresponda. 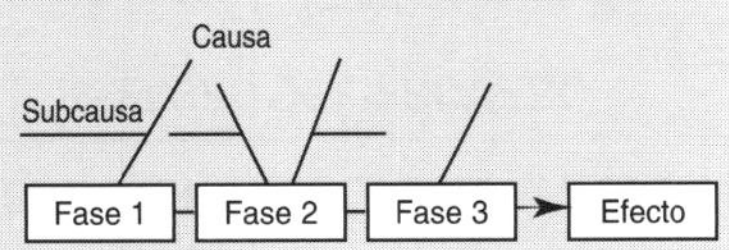	Agrupar las posibles causas entre las categorías establecidas. 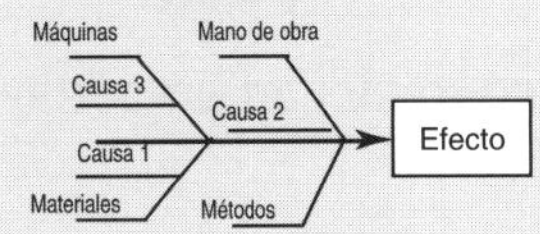

Figura 5.4

RESUMEN DEL DIAGRAMA CAUSA-EFECTO

	CLASIFICACIÓN DE LAS CAUSAS	FASES DEL PROCESO	ENUMERACIÓN DE LAS CAUSAS
FASE IV	Definir las causas más probables e importantes para establecer la relación con el efecto (causas verdaderas).	ídem	ídem
ERRORES A EVITAR	➢ Pretender conocer a priori las causas o solución al problema. ➢ Contentarse con unas cuantas causas. ➢ Ser rígido en la definición de las categorías.	➢ Los mismos errores salvo que la rigidez haría referencia a las fases del proceso.	ídem
PROS	➢ Las causas derivan de reglas correctamente relacionadas entre sí. ➢ Ofrece una imagen completa y organizada de las causas.	➢ La construcción y comprensión del diagrama causa-efecto se ven facilitadas por la secuencia natural del proceso. ➢ Ofrece una imagen completa y organizada de las posibles causas. ➢ Las causas se encuentran bien estructuradas por fases.	➢ Se enumera un mayor número de causas. ➢ Ofrece una imagen completa y organizada de las causas.
CONTRAS	➢ No siempre se alcanza el mismo nivel de detalle en las diversas categorías. ➢ La forma depende de quien lo construya y no todas las causas menores se ponen de manifiesto.	➢ Resulta difícil representar causas debidas a la combinación de dos o más factores de fases diversas. ➢ Una misma causa puede estar repetida en diversas fases.	➢ Es difícil organizar y describir las relaciones recíprocas.

5.1.5. El diagrama CEDAC

CEDAC significa «***diagrama causa-efecto con adición de tarjetas***», en inglés *cuase-effect diagram with addition of cards*. En la década de los ochenta, esta técnica fue utilizada por diversas compañías de todo el mundo, con resultados excepcionales, y en la actualidad se sigue utilizando.

El diagrama CEDAC es una representación gráfica similar a un diagrama causa-efecto; sin embargo su objetivo es distinto. Su utilización permite poner de manifiesto los problemas, las propuestas de mejora, y verificar los resultados de las mejoras implantadas (ver Figura 5.7). Es un gráfico de gran tamaño que se ubica físicamente cerca del lugar donde se produce el problema o la situación a mejorar, de manera que sea visible para todos los implicados. El diagrama CEDAC se elabora de la siguiente manera.

FASE I: ELABORACIÓN DE TARJETAS

Una vez que está definida y analizada la situación, por tanto se sabe lo que está sucediendo (estado actual) y lo que debería ser (estado deseado); todas las personas relacionadas con el proceso son invitadas a rellenar unas tarjetas en dos colores diferentes; unas destinadas a reflejar las propuestas de mejora y otras para identificar los obstáculos o problemas. Las tarjetas van firmadas por su autor.

FASE II: CONSTRUCCIÓN DEL DIAGRAMA

Una vez entregadas todas las tarjetas, se pasa a construir el diagrama. En la parte derecha del papel, se representa un gráfico que muestra las tendencias de los indicadores de rendimiento que reflejan el grado de consecución de los objetivos marcados. Después, se traza una flecha dirigida al objetivo que servirá de *espina central. A* continuación se representan las categorías por medio de líneas rectas, «*espinas secundarias*», que se dirigen hacia la espina o línea central. En la parte izquierda de cada categoría *espina secundaria* se colocan las tarjetas «*problema*», mientras que en la derecha se ubican las tarjetas de «*mejora*». En la colocación de las tarjetas se tiene que procurar que estén próximas aquellas tarjetas problemas y de mejora que estén relacionadas (ver Figura 5.7).

FASE III: IMPLANTACIÓN Y CONTROL DE LAS MEJORAS

Una vez analizadas se ponen en marcha las propuestas de mejora, y se comprueba su influencia en el indicador de rendimiento. Aquellas propuestas que los datos demuestran que son válidas se estandarizan.

FIGURA 5.7
EJEMPLO DE DIAGRAMA CEDAC

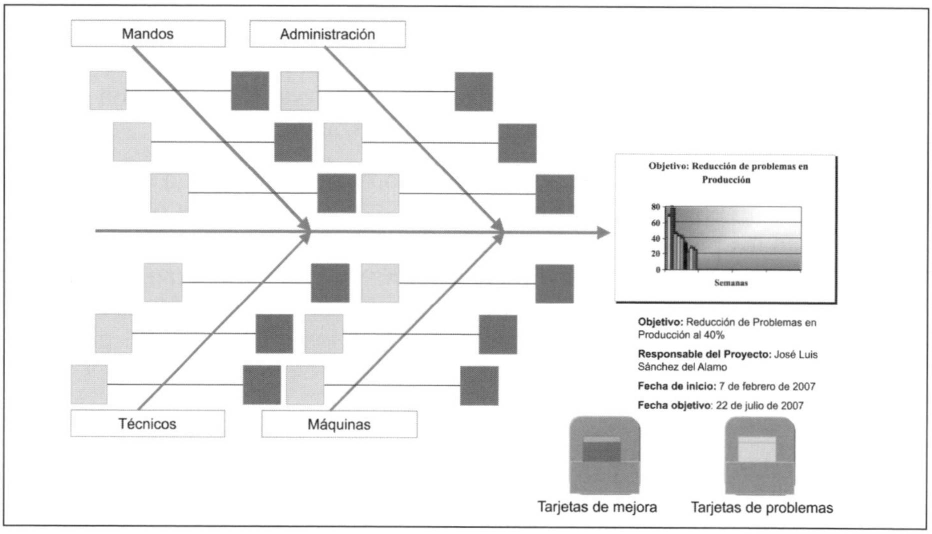

CUADRO 5.6
RESUMEN DEL DIAGRAMA CEDAC

<table>
<tr><td>EN QUÉ CONSISTE</td><td colspan="3">Es una representación gráfica que permite identficar los problemas y/o situaciones de mejora, y verificar los resultados de las mejoras implantadas.</td></tr>
<tr><td rowspan="2">FASES</td><td>FASE I:
Elaboración de las tarjetas
Las personas interesadas rellenan tarjetas de «mejora» y de «problemas».</td><td>FASE II:
Construcción del diagrama
Se presentan los resultados, las categorías y se colocan las tarjetas «mejorar» y de «problemas» en el lugar que les corresponde.</td><td>FASE III:
Implantación y control de las mejoras
Seguimiento y control de los resultados de las propuestas de mejora.</td></tr>
<tr><td colspan="3">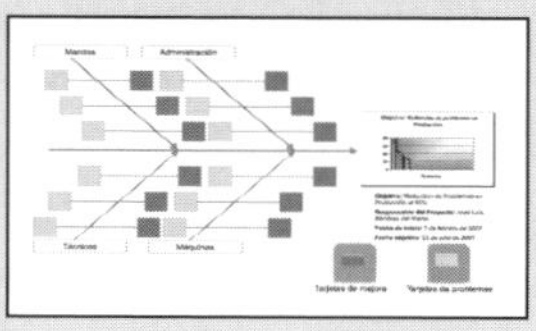</td></tr>
<tr><td>ERRORES A EVITAR</td><td colspan="3">➢ No conseguir la suficiente implicación y participación de todos los interesados.
➢ No actualizar el diagrama con los cambios que se produzcan.
➢ Falta de comprobación de la influencia real de las mejoras en el indicador de rendimiento.</td></tr>
<tr><td>PROS</td><td colspan="3">➢ Ahorra tiempo, pues no requiere reuniones frecuentes.
➢ Reduce la burocracia, puesto que se eliminan los informes escritos.
➢ La ventaja principal es la comunicación. Los resultados producidos están visibles para todos en el área de trabajo.
➢ Permite incluir múltiples contribuciones, incluso de personas ajenas al área.
➢ Es un proyecto «abierto» y «público».</td></tr>
</table>

5.1.6. El diagrama de flujo

Es una técnica que representa gráficamente la secuencia de eventos o actividades que conforman un proceso. Esta representación permite, de una forma relativamente simple pero muy útil, comprender cómo funciona un proceso y detectar y/o eliminar los problemas inherentes al mismo. Para elaborar el diagrama de flujo de un proceso, conviene seguir los siguientes pasos:

FASE I: DELIMITACIÓN DEL INICIO Y FINAL DEL PROCESO

El equipo de trabajo debe delimitar claramente el inicio y final del proceso. Para ello, es necesario responder a las siguientes preguntas:

- ¿Qué acontecimientos o actividades son propios del inicio de este proceso?
- ¿Qué acontecimientos o actividades señalan claramente el final del proceso?

FASE II: CREATIVA

Mediante la técnica del *Brainstorming* o cualquier otra técnica de generación de ideas se determinan los acontecimientos o actividades del proceso. El equipo revisa las actividades planteadas durante la fase creativa y las anota en tarjetas o «post-its» utilizando los siguientes símbolos.

El **comienzo o final** de actividad se representa con una elipse.

Las **Actividades o Paso del proceso** se representan con un rectángulo en cuyo interior se describe de una forma breve el contenido de la actividad.

Símbolo de decisión. Las decisiones a tomar durante el proceso se representan mediante un rombo en cuyo interior se incluye la pregunta que determinará la dirección de las siguientes actividades a realizar.

La flecha indica la **dirección y la conexión** con otras actividades del proceso.

FASE III: CONSTRUCCIÓN DEL DIAGRAMA

La representación gráfica viene dada por la ordenación secuencial de los pasos del proceso utilizando los símbolos descritos (ver Figura 5.8). En esta fase, es conveniente no dirigir más de una flecha hacia cada actividad, y en el caso de que una actividad tenga varias entradas o salidas hay que intentar dividir la actividad en pequeñas actividades.

FIGURA 5.8

EJEMPLO DE DIAGRAMA DE FLUJO

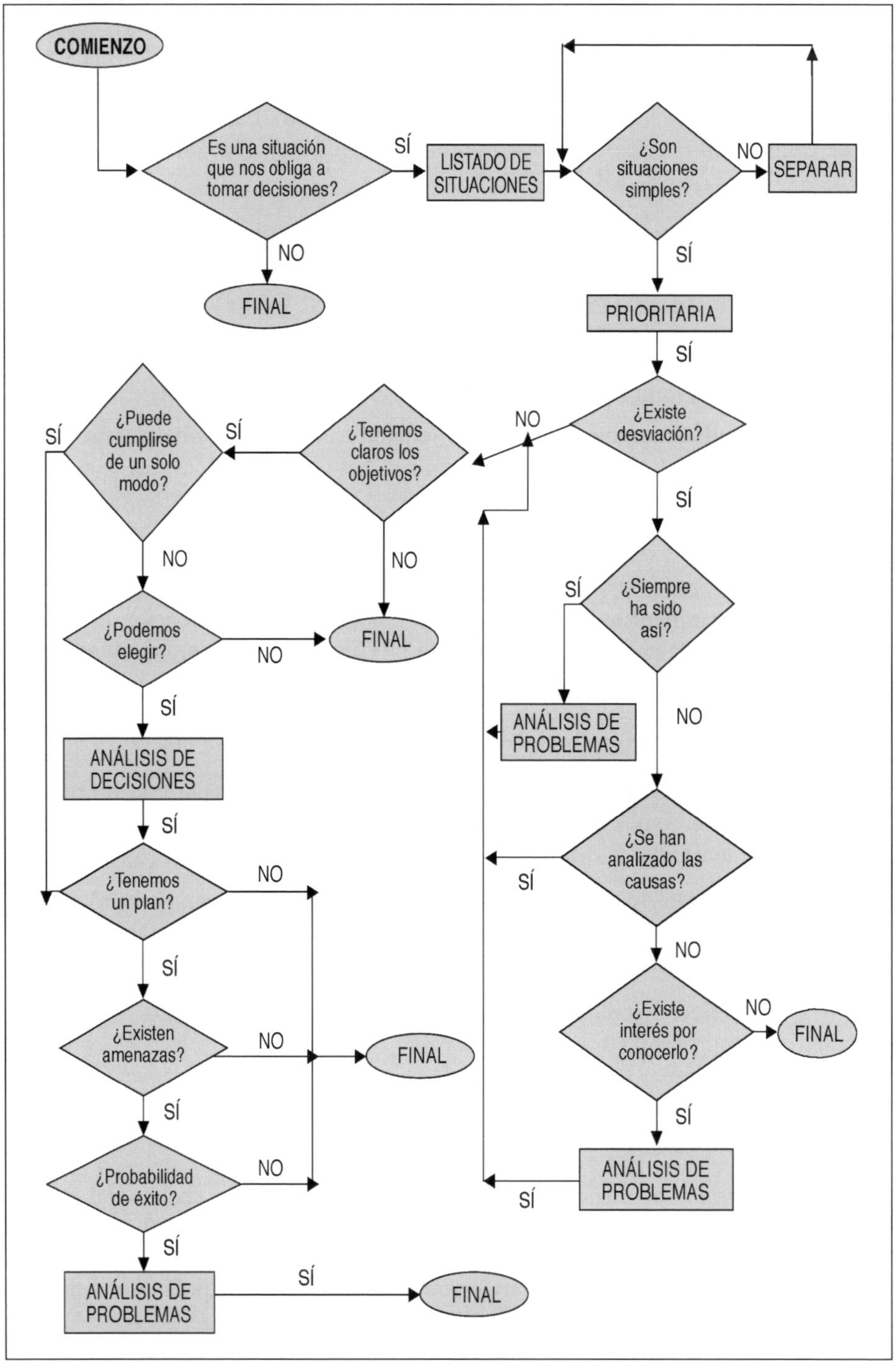

CUADRO 5.6

RESUMEN DEL DIAGRAMA DE FLUJO

<table>
<tr><td>EN QUÉ CONSISTE</td><td colspan="3">Representación gráfica de la secuencia de actividades o eventos que conforman un proceso.</td></tr>
<tr><td rowspan="2">FASES</td><td>FASE I:
Delimitación del inicio y final del proceso
Establecer claramente el inicio y final de un proceso.</td><td>FASE II:
Creativa
Mediante una técnica de generación de ideas se determinan las actividades.</td><td>FASE III:
Construcción del diagrama
Ordenación de los pasos del proceso utilizando los símbolos adecuados.</td></tr>
<tr><td></td><td></td><td>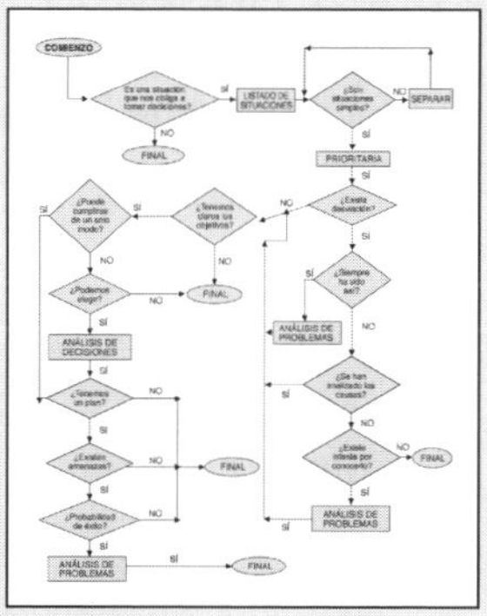
</td></tr>
<tr><td>ERRORES A EVITAR</td><td colspan="3">➢ La no-participación de personas interesadas en el proceso.
➢ Dedicar tiempo a esta herramienta y que luego no se optimice la información obtenida.</td></tr>
<tr><td>PROS</td><td colspan="3">Cuando los diagramas de flujo son construidos por las personas que se ven «afectadas» por el proceso, proporciona:
➢ Una base común para la comprensión objetiva del proceso.
➢ Mejora de la comunicación.
➢ Ahorro de tiempos en la identificación de problemas.
➢ Permite detectar oportunidades de mejora y explicar a otros el proceso y los cambios propuestos.</td></tr>
</table>

5.1.7. Brainstorming

Hacia los años cincuenta, Alex Osborn desarrolla esta técnica «como una forma de alentar el pensamiento creativo en pequeños grupos de solución de problemas» (Robson, 1982). Osborn estaba convencido de que las personas pueden ser más creativas si dejan de ser críticas con sus propias ideas. Por tanto, las ideas se generan mejor en un ambiente relajado y exento de juicios precipitados e impulsivos, donde todos los participantes puedan exponer sus ideas sin temer a que estas no sean escuchadas o criticadas.

Es una herramienta grupal muy útil para llegar a soluciones consensuadas, y a la vez fomenta la participación de todos los miembros del grupo por igual. Una de las ventajas del trabajo en equipo es que está comprobado que aumenta la creatividad de sus miembros.

El objetivo del *Brainstorming* es generar y crear el mayor número de ideas posibles para facilitar y enriquecer las decisiones. El desarrollo del *Brainstorming* implica las siguientes fases:

FASE I: CLARIFICACIÓN DE LA TÉCNICA

El facilitador de la reunión deberá asegurarse de que todos los participantes comprenden las «reglas» de la técnica, que son las siguientes:

- No se permite evaluar, enjuiciar o criticar las ideas que se generen durante la fase creativa.
- Ser creativos, formular la mayor cantidad de ideas, sin importar cuán locas, estúpidas o extrañas puedan parecer en ese momento.
- De la cantidad se obtendrá la calidad.
- Todos los miembros del grupo deben participar por igual. Puede establecerse un turno de intervención para expresar las ideas, pudiéndose ceder el turno cuando no se tengan ideas.

FASE II: EJERCICIOS DE PRECALENTAMIENTO

El objetivo principal es lograr que los participantes se relajen, desinhiban, y generen el marco y el ambiente apropiado para la realización de la técnica. Para ello, durante 20 ó 30 minutos, se utilizarán ejercicios tales como acertijos, narraciones de un hecho divertido, un *brainstorming* «ficticio», series lógicas, etc.

FASE III: DEFINICIÓN DE LA SITUACIÓN

Consiste en alcanzar el consenso sobre la cuestión a elaborar o el problema a resolver, de manera que los participantes tengan un conocimiento claro y definido de la situación. Al mismo tiempo, se proporcionan las informaciones, conocimientos teóricos-prácticos, así como experiencia previa en cuestiones relativas a la situación a tratar.

FASE IV: CREATIVA O DE PRODUCCIÓN DE IDEAS

El grupo comienza a generar ideas. El facilitador por su parte ha de estimular al grupo, preguntando «¿qué más?», con el objetivo de potenciar su creatividad.

Además, debe alentar a modificar o combinar ideas, superponiéndolas, para así obtener otras nuevas. Mientras tanto, él o un anotador van reflejando en una pizarra o papelógrafo las ideas generadas. Cuando la creatividad del grupo comienza a disminuir, el facilitador puede repasar las ideas anotadas en voz alta.

Actualmente, para hacer más atractiva esta fase a los participantes, el facilitador reparte tarjetas (de 7 por 13 centímetros) para que anoten las ideas, de manera, que se vaya construyendo un panel, muy vistoso, con todas las aportaciones del grupo.

FASE V: INCUBACIÓN

Consiste en alejarse del problema para que después el grupo proporcione de nuevo ideas brillantes. Ahora es necesario relajarse, dejar aparcado el problema y cambiar de actividad. Unas horas después o, si es posible, al día siguiente, el facilitador pregunta a los participantes por las ideas que han surgido desde la reunión anterior, incorporándose las nuevas ideas a la lista principal.

La habitual falta de tiempo en las organizaciones hace que esta fase no siempre pueda llevarse a la práctica.

FASE VI: CATEGORIZACIÓN

El grupo, ayudado por el facilitador, examina cada idea agrupándolas por categorías. En esta fase, se puede cometer el error de combinar ideas que aparentemente parecen análogas y sin embargo tienen distintos significados para los participantes, por lo que es importante el facilitar una explicación clara de cada una de ellas (ver Figura 5.9).

FIGURA 5.9

PANEL DE *BRAINSTORMING*, DESPUÉS DE CATEGORIZAR LAS IDEAS

TEMA		
Categoría 1	Categoría 2	Categoría 3
Idea 1.1	Idea 2.1	Idea 3.1
Idea 1.2	Idea 2.2	Idea 3.2
Idea 1.3	Idea 2.3	Idea 3.3
Idea 1.4	Idea 2.4	Idea 3.4
Idea 1.5	Idea 2.5	Idea 3.5

FASE VII: CRÍTICA

En esta fase, el grupo puede descartar aquellas ideas e incluso categorías completas irrelevantes o inviables para su puesta en práctica. Se valoran y seleccionan las ideas producidas, valoración que tiene que ver con la idoneidad, efectividad y aplicabilidad de cada una de ellas con respecto al problema tratado.

CUADRO 5.7

RESUMEN DEL BRAINSTORMING

EN QUÉ CONSISTE	El objetivo principal es generar y crear el mayor número de ideas para facilitar y enriquecer las decisiones.
FASES	FASE I: CLARIFICACIÓN DE LA TÉCNICA Esclarecer las reglas y el procedimiento FASE II: EJERCICIOS DE PRECALENTAMIENTO Promover un clima relajado FASE III: DEFINICIÓN DE LA SITUACIÓN Percibir y definir, de forma consensuada, la situación FASE IV: CREATIVA Generar y estimular la mayor cantidad posible de ideas FASE VI: INCUBACIÓN Alejarse del problema para después proporcionar nuevas ideas FASE VII: CATEGORIZACIÓN Categorizar las ideas del grupo FASE VIII: CRÍTICA Evaluar y seleccionar la solución adecuada al problema
ERRORES A EVITAR	➢ Admitir críticas o juicio en la fase creativa. ➢ El facilitador participa de forma activa en el proceso de generación de ideas, o en la fase de crítica. ➢ El facilitador no debe inhibir o entorpecer la creatividad.
PROS	➢ Es un medio para obtener un gran número de ideas en poco tiempo. ➢ Genera ideas útiles. ➢ Facilita el desarrollo grupal. ➢ Las normas asociadas a la técnica ayudan a aumentar la cohesión entre los miembros y a evitar conflictos entre los mismos. ➢ Crea una atmósfera abierta que alienta la participación de todos.
CONTRAS	➢ Todas estas ventajas se pueden convertir en grandes inconvenientes si no se dan dos condiciones: la existencia de un grupo con intereses y objetivos comunes, y un líder (facilitador) que sepa guiar al grupo durante el proceso.

5.1.8. Diagrama de afinidad

El diagrama de afinidad es un método de organización y clasificación de la información reunida en sesiones de lluvia de ideas. Este método suele ser utilizado por un equipo para organizar una gran cantidad de datos de acuerdo con las relaciones naturales entre los mismos. Su autor es Kawakita Jiro, por lo que también es conocido como el método KJ.

Esencialmente, se trata de escribir cada concepto en una tarjeta o notas adhesivas (Post-It) y pegarla en una pared. A continuación, los miembros del equipo mueven y organizan las ideas en grupos basándose en las relaciones y asociaciones que establecen entre los distintos conceptos. De esta manera, el grupo obtiene una percepción estructurada y común de la situación analizada.

Se recomienda su utilización cuando un problema es complejo o difícil de entender; cuando parece estar desorganizado; cuando requiere de la participación de todo el equipo; o cuando se requiere determinar los temas claves de un gran número de ideas o de problemas.

FASE I: DEFINICIÓN DEL PROBLEMA

Se recomienda la presencia de personas con diferentes perfiles competenciales y de experiencia, con el objetivo de afrontar la sesión con mayor creatividad.

El facilitador del equipo es responsable de dirigir al grupo durante las distintas fases del método. Es necesario que ponga de manifiesto las siguientes conductas:

- Hacer preguntas claras y precisas.
- Demostrar objetividad en sus actuaciones.
- Dejar de hablar y dejar hablar a todos.
- Resumir las ideas del grupo.
- Centrar al grupo cuando se disperse o distraiga en temas que no son propias de la sesión.
- Utilizar fundamentalmente preguntas abiertas.
- Estimular al grupo cuando se produzcan bloqueos.
- Felicitar por las aportaciones constructivas.
- Animar para que participen todos por igual.

El equipo inicialmente debe tener claro el problema que se va a analizar. Es de gran ayuda formular el problema en forma de una pregunta.

FASE II: CREATIVA

La generación de ideas se realizará mediante una «Tormenta de ideas» o cualquier otra técnica que decida utilizar el facilitador. En cualquier caso, las ideas se reflejarán en las tarjetas o notas adhesivas, teniendo en cuenta las siguientes normas:

- Se tenderá a que las expresiones contengan, al menos, un verbo y un sustantivo.
- Deben escribirse con claridad.
- Ser legibles, MAYÚSCULAS, y evitar siglas.
- Una sola idea por tarjeta.
- Describir hechos precisos y concretos.

FASE III: CREAR EL PANEL DE IDEAS

Seguidamente se pegan las notas en un panel, pizarra o pared sin seguir un orden en particular. Se deben introducir las nuevas aportaciones si fuera necesario (sinergia). No obstante, hay que procurar que se realice en silencio.

FASE IV: CLASIFICAR LAS IDEAS

La agrupación de las ideas se hace en función de la relación que tienen unas ideas con otras. Este proceso puede llevarse a cabo de la siguiente manera:

a) Comenzar detectando las tarjetas que estén relacionadas entre sí, y situarlas juntas en una parte del panel.

b) Buscar otras tarjetas que están relacionadas entre sí o con una agrupación ya conformada.

c) Repetir el proceso hasta que todas las tarjetas hayan sido agrupadas.

d) Aquellas tarjetas que no encajen en ningún grupo pueden incluirse en un grupo que en la fase siguiente denominaremos como «Misceláneos».

De nuevo, se recomienda que el grupo trabaje en silencio, moviendo y agrupando las tarjetas según su propio criterio. En el caso de que una idea se considere que debe estar en dos categorías diferentes, puede hacerse un duplicado de forma que aparezca en dos o más categorías.

FASE V: CREAR LAS TARJETAS DE AFINIDAD

El encabezamiento o título es una idea que refleja la relación esencial de cada grupo de ideas. Este título o encabezamiento es escrito en otra tarjeta y es consensuado por el grupo por medio de la discusión. Esta tarjeta será colocada encima del grupo de ideas a que se refiere, y, a su vez, pueden ser agrupadas en otros encabezamientos de nivel superior (superencabezamiento o supertítulo) que recoja las relaciones existentes entre grupos de ideas.

FIGURA 5.10
DIAGRAMA DE AFINIDAD

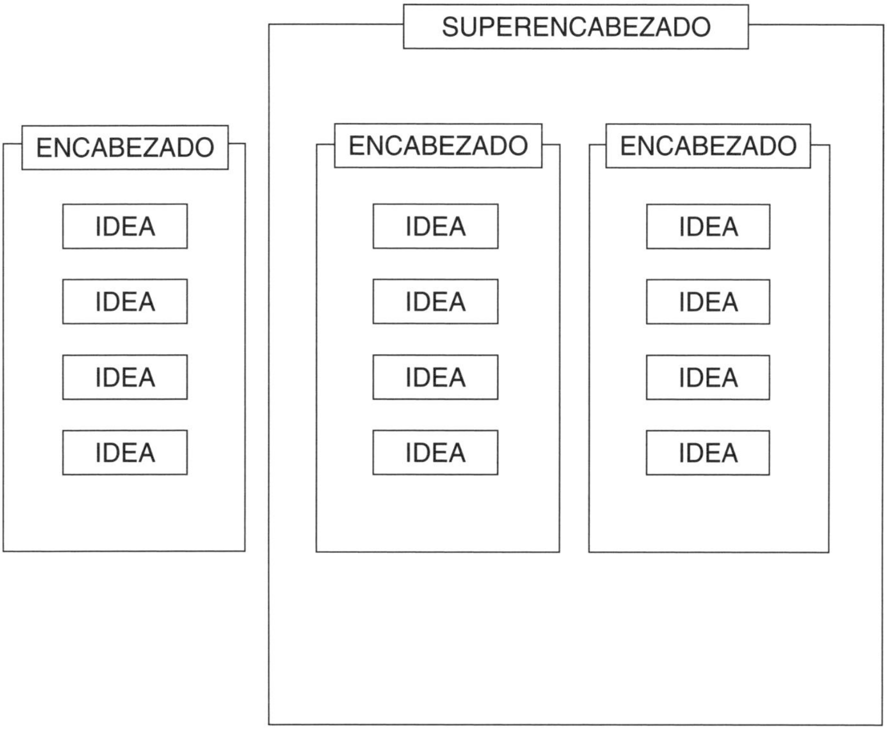

FASE VI: DIBUJAR EL DIAGRAMA DE AFINIDAD

Se dibujan líneas conectando encabezados, superencabezados, grupos, subgrupos... indicando la relación existente. Después de que los grupos están ordenados, se discutirá la relación de los grupos y sus elementos correspondientes.

CUADRO 5.8

RESUMEN DE LOS DIAGRAMAS DE AFINIDAD

	DIAGRAMA DE AFINIDAD
EN QUÉ CONSISTE	El diagrama de afinidad es un método de organización y clasificación de la información reunida en sesiones de lluvia de ideas.
FASES	**FASE I: Definición del problema** Mediante consenso se define el problema.
	FASE II: Creativa Las ideas generadas se reflejan en tarjetas.
	FASE III: Crear el panel de ideas A continuación se pegan las notas en un panel sin seguir un orden en particular.
	FASE IV: Clasificar las ideas La agrupación de las ideas se hace en función de la relación que tienen unas ideas con otras.
	FASE V: Crear las tarjetas de afinidad Cada tarjeta refleja la relación esencial de cada grupo de ideas.
ERRORES A EVITAR	**FASE VI: Dibujar el diagrama de afinidad** Se dibujan las líneas conectando la relación existente.
CONTRAS	➢ Ser utilizada como técnica para pasar un buen rato y entretener al personal.
PROS	➢ La visualización es permanente. ➢ Fomenta la participación de todos permitiendo la correlación de ideas (sinergias). ➢ Obliga a estructurar y clasificar las ideas. ➢ Facilita una posible ponderación de las ideas aportadas.

5.2. Herramientas de generación y evaluación de alternativas

5.2.1. Análisis del campo de fuerzas

Esta técnica se desarrolló en el área de las ciencias sociales como herramienta para mejorar la definición y análisis de problemas, y la selección de alternativas para solucionarlos (Lewin, 1947).

La técnica del análisis del campo de fuerza constituye una forma de representar gráficamente las fuerzas positivas o impulsoras, y las negativas o limitadoras de la situación o problema a analizar. El proceso que se sigue es el siguiente:

FASE I: IDENTIFICACIÓN DE LAS FUERZAS IMPULSORAS O LIMITADORAS

Los miembros del grupo elaboran y discuten sobre qué factores pueden favorecer el éxito y cuáles podrían afectar negativamente a la situación o problema objeto de análisis. A continuación, una vez establecidos los factores se representan gráficamente, de manera que aquellas que actúan como fuerzas impulsoras se representen por medio de flechas que empujan hacia (arriba), el nivel del éxito proyectado, mientras que las fuerzas limitadoras se representan por fechas que empujan hacia abajo. (Ver Figura 5.11).

FIGURA 5.11

REPRESENTACIÓN GRÁFICA DE LAS FUERZAS IMPULSORAS Y LIMITADORAS QUE ESTÁN AFECTANDO A UN PROBLEMA O SITUACIÓN

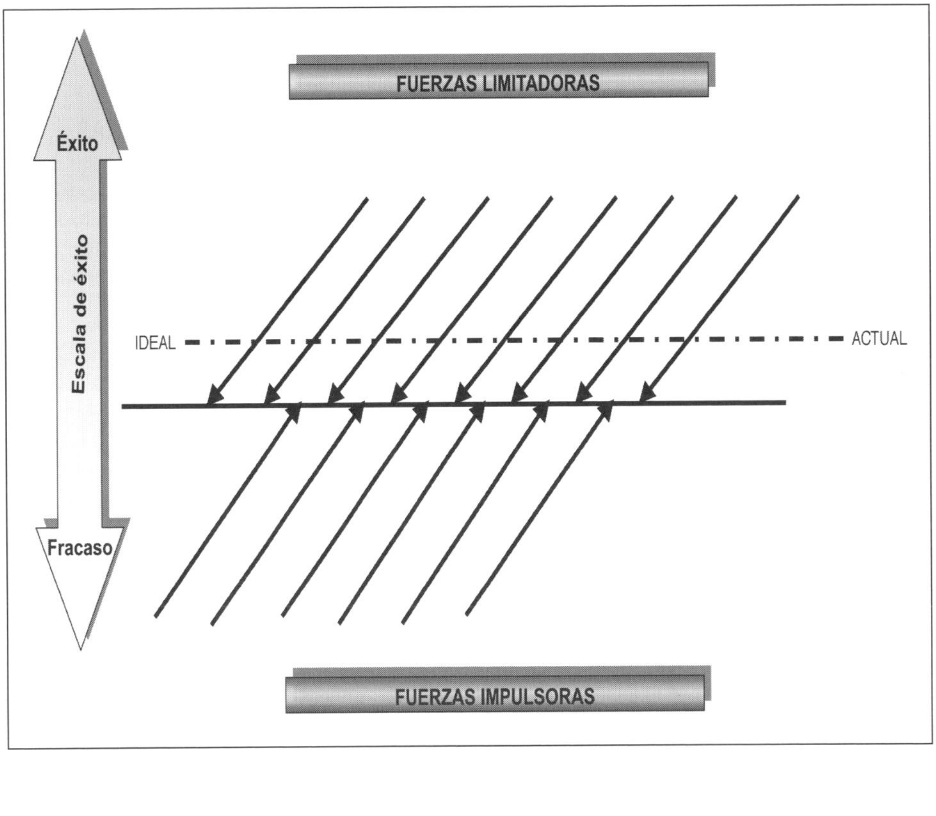

FASE II: ASIGNACIÓN DE PESOS A LAS FUERZAS IMPULSORAS Y LIMITADORAS

El equipo analiza los factores e intenta dirimir la importancia que tiene cada uno en relación con los otros factores. Para determinar la importancia de cada factor se utiliza normalmente una escala de 1 a 10, donde el 1 se asignará a aquel factor que se considera menos significativo y el 10 al más importante o influyente. No es necesario que se otorguen valores distintos a cada factor pues puede darse que varios factores tengan la misma importancia. (Ver Figura 5.12).

FASE III: EVALUACIÓN DEL CAMPO DE FUERZA

Si se elabora con rigor el campo de fuerza, se puede visualizar de forma rápida el posible éxito futuro de la innovación o cambio propuesto. En aquellos casos en los que las fuerzas limitadoras son mayores y más importantes que las impulsoras, las probabilidades de éxito; en caso contrario serán bastante escasas; la idea o alternativa puede convertirse en la clave del éxito.

Esta técnica es muy útil para la selección de alternativas, especialmente, cuando se están analizando entre 5 ó 6 que se han considerado más viables y se está decidiendo cuál se va a implantar.

FIGURA 5.12

ASIGNACIÓN DE PESOS A LAS FUERZAS IMPULSORAS Y LIMITADORAS QUE ESTÁN AFECTANDO A UN PROBLEMA O SITUACIÓN

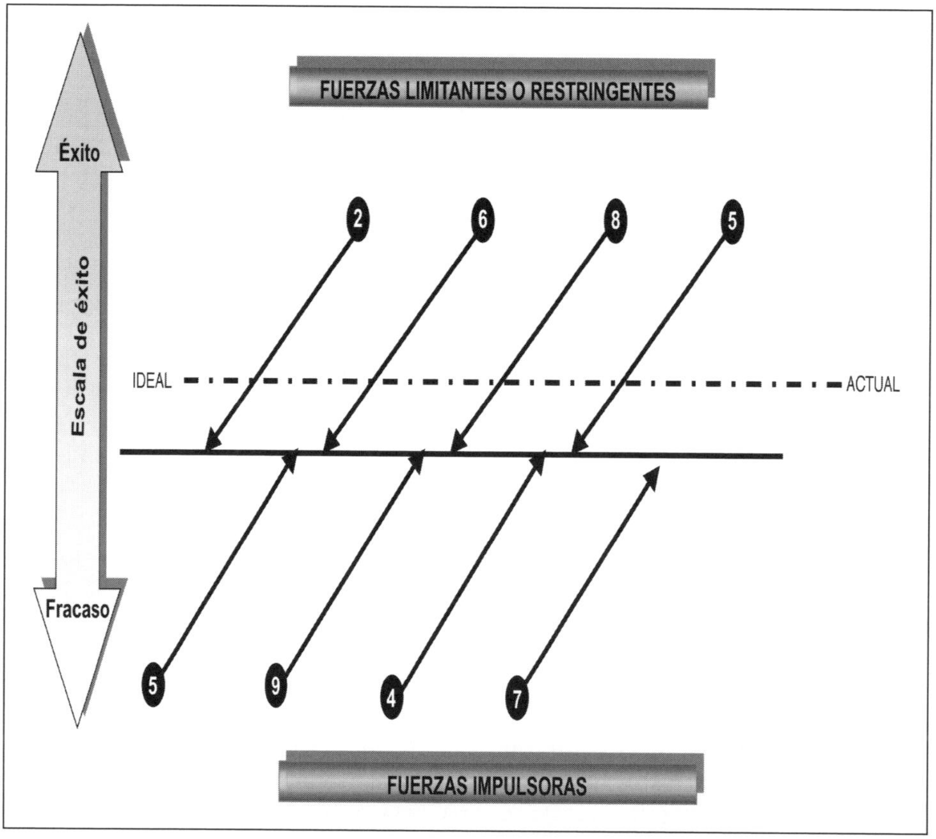

CUADRO 5.9
RESUMEN DE CAMPO DE FUERZAS

	CAMPOS DE FUERZAS		
EN QUÉ CONSISTE	Representación gráfica de las fuerzas impulsoras y las limitadoras de la situación o problema a analizar.		
FASES	**FASE I: Identificación de las fuerzas impulsoras o limitadoras** Discusión sobre los factores que puedan afectar positiva o negativamente al éxito. 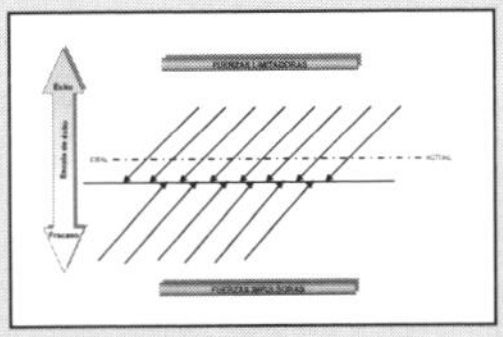	**FASE II: Asignación de pesos** Determinar la importancia de cada factor. 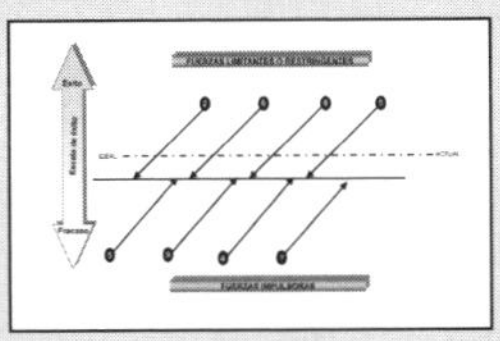	**FASE III: Evaluación del campo de fuerza** Selección de la alternativa o idea a implantar, asegurándose el futuro éxito.
ERRORES A EVITAR	➢ Que el grupo, durante la evaluación, tienda a puntuaciones centrales o extremas.		
PROS	➢ Predecir el impacto y éxito de una solución innovadora. ➢ Ser proactivos y preventivos, dado que anticipan el efecto de las fuerzas impulsoras y limitadoras. ➢ Determinar la importancia relativa de cada factor. ➢ Constituye una técnica de predicción.		

5.2.2. Grupo nominal

Se trata de una técnica relativamente simple y sencilla que aporta estrategias para la resolución de problemas. Este método facilita en gran medida el trabajo autónomo e independiente. De hecho, en varias de las etapas, los integrantes del grupo, a pesar de estar reunidos y estar juntos, trabajan individualmente sin poder comunicarse con los demás participantes. Un esquema de las etapas que se sigue, para desarrollar esta técnica, es el siguiente:

FASE I: PRODUCCIÓN

Al principio, se da a conocer a todos los participantes el problema y la metodología a seguir. Cada participante, de manera independiente y en silencio, escribe en una hoja (ver Figura 5.13) sus ideas en respuesta al problema planteado.

FIGURA 5.23
HOJA DESCRIPTIVA

HOJA DESCRIPTIVA
Problema o pregunta:
1.
2.
3.
4.
5.
6.
7.
8.
9.
10.

En esta fase, y debido a que el trabajo se realiza de forma individual, se elimina la presión grupal pues el grupo sólo existe desde el punto de vista físico.

FASE II: EXPOSICIÓN DE LAS IDEAS GENERADAS

Una vez concluida la fase de producción, el facilitador de la sesión o una persona seleccionada por el grupo reflejará en un papelógrafo o pizarra las ideas que cada participante ha escrito en su hoja descriptiva. En esta fase:

- No se discute el contenido de las ideas propuestas.
- No importa que existan repeticiones.
- Se solicita a los participantes que presenten sus ideas siguiendo el turno establecido hasta que se agoten todas.

FASE III: DISCUSIÓN GRUPAL

Los miembros del grupo dialogan y discuten entre sí todas y cada una de las ideas aportadas. Esta discusión se realiza con el propósito de clarificar las ideas o de generar nuevas.

FASE IV: CLASIFICACIÓN DE IDEAS

Finalizada la discusión grupal, cada participante selecciona, de la hoja resumen generada por el grupo, las 5 ideas que considera más importantes desde su punto de vista. En esta fase, no sólo se trata de anotar las 5 ideas más importantes sino de establecer prioridades. Es decir, cada participante ordena las 5 ideas de mayor a menor importancia.

El anotador recoge todas las clasificaciones individuales y se suman las puntuaciones obtenidas de cada idea. En la Tabla 5.1, se puede apreciar cómo la decisión final es rápida, pues se acepta, como solución al problema, la idea mejor clasificada, o las dos o tres que han recibido una mayor puntuación.

TABLA 5.1

EJEMPLO DE PRIORIZACIÓN DE IDEAS

	Idea 1	Idea 2	Idea 3	Idea 4	Idea 5
Participante 1	2	5	4	1	3
Participante 2	3	4	5	2	1
Participante 3	1	4	4	2	3
...	...	...	...	...	...
Participante N	4	5	3	1	2
SUMAS	11	20	19	10	14

Posteriormente, se analiza en grupo el grado de satisfacción y aceptación con la idea mejor clasificada.

CUADRO 5.10

RESUMEN GRUPO NOMINAL

	GRUPO NOMINAL
EN QUÉ CONSISTE	Generación de soluciones a un problema y priorización de las mejores alternativas.
FASES	**FASE I: Producción.** Cada participante genera independientemente soluciones al problema planteado. **FASE II: Exposición de las ideas generadas.** Se irán reflejando las ideas de todos los participantes. **FASE III: Discusión grupal.** Los miembros discuten entre sí para clarificar las ideas expuestas o generar otras nuevas. **FASE IV: Clasificación de ideas.** Selección y priorización de las cinco ideas más importantes desde el punto de vista del grupo. Se suman las clasificaciones y se llega a la decisión final
ERRORES A EVITAR	➢ En ocasiones es difícil conseguir una participación significativa, con lo cual se puede realizar una generalización que no es válida.
PROS	➢ Asegurar que la participación de los miembros sea prácticamente idéntica, evitando las posturas dominantes o el exceso de protagonismo de determinados miembros del grupo. ➢ Evitar la presión grupal sobre los individuos, facilitando el pensamiento autónomo. ➢ Establecer prioridades entre los problemas y alternativas generadas.

5.2.3. Análisis morfológico

Su autor, un astrónomo suizo del *California Institute of Technology* (Zwichy, 1962), concibió esta técnica para la generación de ideas por medio de una matriz (bidimensional, tridimensional o cuatridimensional). En la actualidad, se considera como una de las técnicas más valiosas para producir una gran cantidad de ideas en un corto período de tiempo.

Es un método análitico-combinatorio que puede ser utilizada como herramienta de producción individual o grupal de ideas. Por su rapidez, facilidad de uso y su lógica hace que sea fácilmente aceptado y comprendido por grupos de muy diversa índole.

Básicamente consta de tres etapas:

FASE I: IDENTIFICACIÓN DE LAS DIMENSIONES

Antes de iniciar el análisis morfológico, es necesario aclarar y definir el problema de forma simple y comprensible. La definición, una vez consensuada, se escribe en una pizarra o rotafolios para que esté visible para todos los participantes.

A continuación, los miembros del grupo identifican las dimensiones más apropiadas para el problema. Resulta útil recordar al grupo que:

- Las dimensiones deberán ser esenciales e importantes, y, por supuesto, mostrar una interrelación lógica con respecto al problema.
- Las ideas que se incluyan en cada dimensión pueden ser muy distintas entre sí.

En el caso de ser un grupo que utiliza por primera vez esta técnica, se recomienda que identifiquen como máximo tres dimensiones para construir una matriz tridimensional. (Ver Figura 5.14)

Por ejemplo, imagínese que su empresa tiene un problema de comunicación interna pues no se transmite la información de carácter general (objetivos estratégicos, proyecto de empresa, cambios organizacionales, etc.) a todos los empleados. Es más, el oscurantismo y la falta de transparencia son características inherentes a su organización. En resumen, el problema es informar a todo el personal sobre aspectos generales de la empresa, consiguiendo su implicación.

El equipo de personas responsables de mejorar esta situación han identificado, durante esta fase, tres dimensiones básicas: comunicador, mensaje y canal.

FASE II: CREATIVA

Consiste en crear una matriz morfológica combinando todas las ideas que el grupo ha generado con relación a cada una de las dimensiones. Cuanto mayor sea el número de ideas relacionadas con las distintas dimensiones, mayor será el número de soluciones. Siguiendo con el ejemplo anterior, el equipo ha generado las siguientes posibilidades con respecto a cada dimensión:

- Comunicador: Director general, Director de Recursos Humanos, Director de Comunicación, Directivos, Mandos Intermedios, Experto o Consultor externo, Técnicos, Accionistas, Empleados, Actor, etc. (N=10 ideas).
- Mensaje: Positivo, Claro, Transparente, Conciso, Persuasivo, Medible, etc. (N=6 ideas).
- Canal: Periódico Interno, Carta personal, Tablón, Intranet, Vídeo conferencia, Vídeo, Correo electrónico, Memorándum, Megafonía, etc. (N=8 ideas).

Con el ejemplo expuesto se obtendrían 480 posibles soluciones ($10 \times 6 \times 8 = 480$).

FIGURA 5.14

EJEMPLO DE MATRIZ TRIDIMENSIONAL

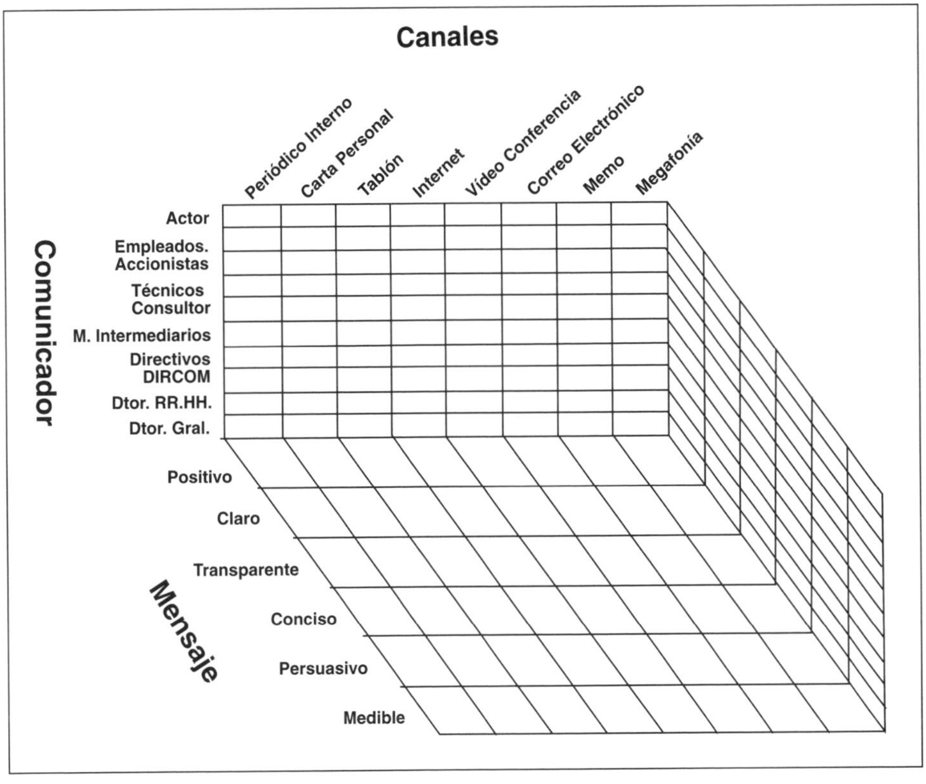

FASE III: EVALUACIÓN DE LAS POSIBLES SOLUCIONES

La última fase suele plantear serios problemas a quienes tienen que evaluar los resultados, dado el gran número de ideas generadas que proporciona esta técnica. El objetivo en esta fase es comprobar y estudiar la viabilidad de las combinaciones generadas con respecto al problema planteado.

CUADRO 5.11

RESUMEN DEL ANÁLISIS MORFOLÓGICO

<table>
<tr><th></th><th>ANÁLISIS MORFOLÓGICOS</th></tr>
<tr><td>EN QUÉ CONSISTE</td><td>Es un método analítico-combinado que consiste en generar ideas por medio de una matriz.</td></tr>
<tr><td>FASES</td><td>FASE I: Identificación de dimensiones.
Una vez definido el problema, el grupo identifica las dimensiones implicadas en el mismo.

FASE II: Creativa.
Se combinan todas las ideas relacionadas con cada dimensión para crear la matriz morfológica.

FASE III: Evaluación.
El grupo comprueba qué soluciones de las generadas cumplen con los requisitos del problema y elige la/s que considera más adecuada/s
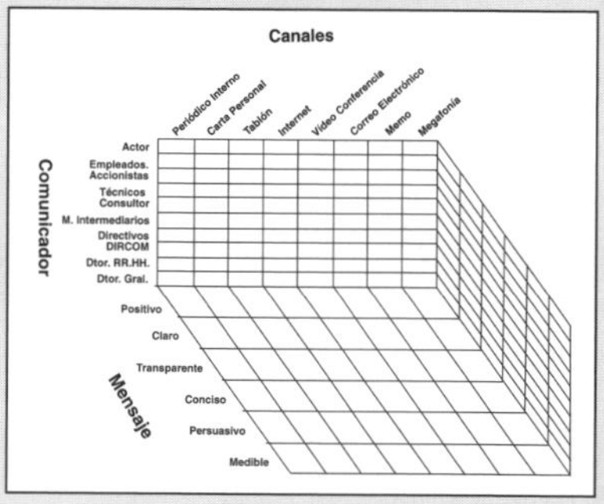
</td></tr>
<tr><td>ERRORES A EVITAR</td><td>➢ Ser impulsivos y desechar aquellas soluciones que se consideran «raras», porque se puede eliminar alguna que realmente sea viable, original y distinta.
➢ Analizar todas las posibles combinaciones cuando el producto morfológico es elevado.
➢ No seleccionar las dimensiones pertinentes para el asunto analizado.</td></tr>
<tr><td>PROS</td><td>➢ No necesita una formación especializada por parte del facilitador del grupo.
➢ Trabajar con ideas que se expresan visualmente resulta más fácil.
➢ Puede ser utilizada bien como herramienta de producción grupal o bien como individual.
➢ Ser aceptada y comprendida por colectivos de muy diversa índole.
➢ Producir una gran cantidad de ideas en un corto período de tiempo.</td></tr>
<tr><td>CONTRAS</td><td>➢ En ocasiones, el tiempo de análisis de las soluciones generadas puede ser muy elevado.</td></tr>
</table>

5.2.4. Técnica Delfhi

El método Delphi, cuyo nombre proviene del antiguo oráculo de Delphos, fue ideado a finales de los años cuarenta en el centro de investigación americano *The Rand Corporation*, aunque su desarrollo y perfeccionamiento se produce durante los años cincuenta, y, especialmente, en la década de los setenta. (Landeta, 1999:35[1]). Norman C. Dalkey y Olaf Helmer, creadores del método, definen la técnica Delphi como un método para «*obtener el consenso de opinión más fidedigno de un grupo de expertos*»[2]. En esa misma línea, Landeta (1999:35) define el método, aunque de forma más abierta, y lo considera como la «*obtención de una opinión grupal fidedigna a partir de un conjunto de expertos*».

La justificación de la utilización del Método Delphi responde a que es una técnica que trabaja con *información subjetiva*[3] y a que responde a las *necesidades de las ciencias aplicadas. «Estas ciencias comparten la finalidad de ser instrumentos eficaces para la sociedad..., de incrementar la utilidad práctica de los decidores, privados o públicos, mediante la reducción de la incertidumbre creciente que envuelve sus acciones de toma de decisiones. Decisiones que, por otra parte, deben ser adoptadas en su momento concreto, independientemente de la existencia o no de información objetiva disponible*» (Landeta *et al.* 2002:176[4]). En relación a esta última idea, es bien cierto que estas técnicas proporcionan datos más validos y útiles al decisor que la ausencia de ellos, y favorece que el decisor esté en una situación más propicia que la que se deriva de la intuición y/o suerte.

El hecho de recurrir a una técnica que se basa en información subjetiva y, en consecuencia, al juicio de expertos no significa renunciar a una metodología científica. Es más, para que este tipo de información alcance un nivel más elevado de objetividad, se debe actuar en tres áreas (Helmer, 1983:58[5]; Landeta *et al*, 2001:177[6]):

---

[1] LANDETA, J. (1999): *El método Delphi. Una técnica de previsión para la incertidumbre.* Barcelona: Ariel Practicum.

[2] DALKEY, N. y HELMER, O. (1963): «An experimental application of the Delphi method to the use of experts». *Management Science*, vol. 9, pp. 458-67. *Citado en pp. 35 de LANDETA, 1999. Ídem*

[3] *«Aquella que es obtenida a partir de la filtración de sucesos, experiencia y datos acumulados por el individuo o grupo a través de sus creencias, expectativas u opiniones, constituye una fuentes de información alternativa o complementaria a la objetiva que, en ocasiones, es la única disponible o utilizable»* (Landeta *et al*, 2002:176).

[4] LANDETA, J.; MATEY, J.; RUÍZ HERRÁN, V. y VILLARREAL, O. (2002): «Alimentación de modelos cuantitativos con información subjetiva: aplicación Delphi en la elaboración de un Modelo del gasto turístico individual en Catalunya». *QÜESTIIÓ,* vol. 26, 1-2, pp. 175-196. [En línea]. http://www.idescat.net /cat_/idescat/ formacioRecerca /formacio / Art. Landetaetal .Qvol26,1-2.pdf. [Consulta: 30 de Noviembre de 2006].

[5] HELMER, O. (1983): *Looking forward: a guide to futures research.* Sage publications. Citado en LANDETA, J.; MATEY, J.; RUÍZ HERRÁN, V. y VILLARREAL, O. (2002): «Alimentación de modelos cuantitativos con información subjetiva: aplicación Delphi en la elaboración de un Modelo del gasto turístico individual en Catalunya». QÜESTIIÓ, vol. 26, 1-2, pp. 177. [En línea]. http://www.idescat.net /cat /idescat /formacioRecerca /formacio/ Art. Landetaetal., Qvol26,1-2.pdf. [Consulta: 30 de Noviembre de 2006].

[6] LANDETA, J. y RUÍZ HERRÁN, V. (2001): «Aplicación del método Delphi en la elaboración de la tabla simétrica de las tablas input-output 2001 de Catalunya (TIOC2001)». *Instituto de economía Aplicada de la Universidad del País Vasco,* pp. 1-26. [En línea]. http://www.idescat.es / cat/ idescat/ formacioRecerca/ formacio/Informe%202003%20Landeta-UPV.pdf. [Consulta: 30 de Noviembre de 2006].

- Mejorar la elección de las fuentes de información (los expertos) más adecuadas para cada caso, precisando criterios de selección para ello.
- Facilitar las actividades a realizar por los expertos, esencialmente mediante la delimitación precisa de la situación requerida, proporcionar información adecuada y facilitar la interacción entre los expertos.
- Establecer métodos de previsión y/o obtención de datos que garanticen la calidad en la información conseguida.

Sus principales características son (Landeta *et al.*, 2001:6[7]; y Landeta *et al.*, 2002:178[8]):

- Es un *proceso iterativo*. En definitiva, el método consiste en consultar a un grupo de expertos, sobre cuestiones referidas a determinados acontecimientos. Los juicios de los expertos se realizan en varias rondas, de tal manera que puedan pensar de nuevo, pues son ayudados por las informaciones recibidas por otros expertos.
- Mantiene el *anonimato* de las respuestas de los expertos, pues van directamente al grupo de investigadores. Por ello, se evitan «influencias negativas que en las respuestas individuales pudieran tener factores relativos a la personalidad de los expertos participantes» (Landeta *et al.*, 2002:177[9]).
- *Feedback controlado.* El intercambio de información se realiza a través del equipo de investigadores para evitar informaciones poco relevantes.
- *Respuesta estadística* de grupo. Las informaciones proporcionadas por los expertos deben permitir un tratamiento cuantitativo y estadístico.

A continuación, se explicitan las fases que se realizan en el proceso habitual del método:

FASE 1: FORMULACIÓN DEL PROBLEMA

Definir con precisión el campo de investigación (problema) es de gran importancia pues condiciona claramente la selección posterior de los participantes (expertos).

---

7 LANDETA, J. y RUÍZ HERRÁN, V. (2001): *Ídem.*

8 LANDETA, J.; MATEY, J.; RUÍZ HERRÁN, V. y VILLARREAL, O. (2002): «Alimentación de modelos cuantitativos con información subjetiva: aplicación Delphi en la elaboración de un Modelo del gasto turístico individual en Catalunya». *QÜESTIIÓ,* vol. 26, 1-2, pp. 175-196. [En línea]. http://www.idescat.net /cat_/idescat/ formacioRecerca /formacio / Art. Landetaetal .Qvol26,1-2.pdf. [Consulta: 30 de Noviembre de 2006].

9 LANDETA, J.; MATEY, J.; RUÍZ HERRÁN, V. y VILLARREAL, O. (2002): «Alimentación de modelos cuantitativos con información subjetiva: aplicación Delphi en la elaboración de un Modelo del gasto turístico individual en Catalunya». *QÜESTIIÓ,* vol. 26, 1-2, pp. 175-196. [En línea]. http://www.idescat.net /cat_/idescat/ formacioRecerca /formacio / Art. Landetaetal .Qvol26,1-2.pdf. [Consulta: 30 de Noviembre de 2006].

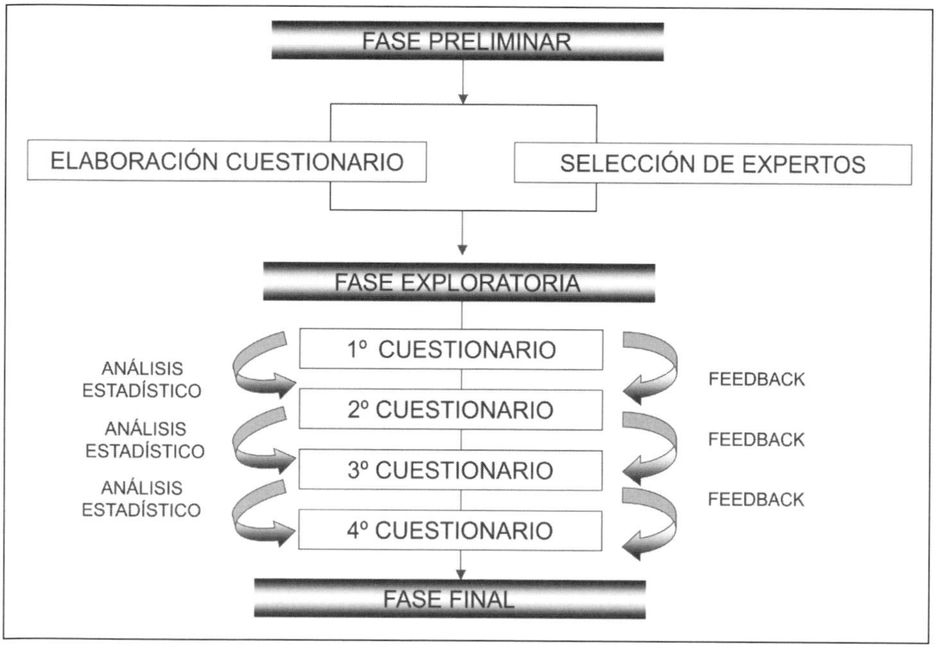

FASE 2: ELECCIÓN DE LOS EXPERTOS

El término de «experto» es bastante ambiguo, por lo que nosotros lo utilizaremos tal y como lo interpreta Landeta (1999:57[10]): «*aquel individuo cuya situación y recursos personales le posibiliten contribuir positivamente a la consecución del fin que ha motivado la iniciación del trabajo Delphi*».

El número «*óptimo*» de expertos en cada panel varía en función del área de conocimiento sobre el que se investiga, de los colectivos representativos relacionados con la naturaleza del estudio, de la dispersión geográfica propia del estudio, etc. Sin embargo, Landeta (1999:60[11]) recomienda que es necesario un mínimo de 7, y no más de 30 expertos por panel.

FASE 3: ELABORACIÓN Y ENVÍO DE UN CUESTIONARIO A LOS PARTICIPANTES

Los cuestionarios se elaborarán de manera que faciliten la respuesta por parte de los consultados. Preferentemente las respuestas habrán de poder ser cuantificadas y ponderadas.

[10] LANDETA, J. (1999): *El método Delphi. Una técnica de previsión para la incertidumbre.* Barcelona: Ariel Practicum.

[11] LANDETA, J. (1999): *El método Delphi. Una técnica de previsión para la incertidumbre.* Barcelona: Ariel Practicum.

El objetivo de los cuestionarios sucesivos es disminuir la dispersión de las opiniones y precisar la opinión media de los panelistas. En el caso de una segunda consulta, los expertos son informados de los resultados de la primera consulta de preguntas y deben dar una nueva respuesta, y sobre todo deben justificarla cuando sus respuestas sean claramente divergentes con respecto al resto de los expertos.

Si resulta necesaria, durante la tercera consulta se solicita a cada experto comentar las causas o argumentos que justifiquen los motivos por los que disienten de la mayoría. Un cuarto turno de preguntas permite la respuesta definitiva: opinión consensuada media y dispersión de opiniones.

FASE 4: TOMA DE DECISIONES

A partir de los datos aportados por los expertos, el coordinador/facilitador toma las decisiones más oportunas.

CUADRO 5.12

RESUMEN DE LA TÉCNICA DELFHI

<table>
<tr><th></th><th colspan="3">TÉCNICA DELFHI</th></tr>
<tr><td>EN QUÉ CONSISTE</td><td colspan="3">Obtención de una opinión grupal fidedigna a partir de un conjunto de expertos.</td></tr>
<tr><td rowspan="2">FASES</td><td>FASE I:
Formulación del problema</td><td>FASE II:
Elección de los expertos</td><td>FASE III:
Elaboración y envío del cuestionario</td></tr>
<tr><td>Una vez definido el problema, los expertos opinan hasta llegar a una respuesta consensuada y representativa del grupo.</td><td>«Aquel individuo cuya situación y recursos personales le posibiliten contribuir positivamente a la consecución del fin que ha motivado la iniciación del trabajo Delphi.</td><td>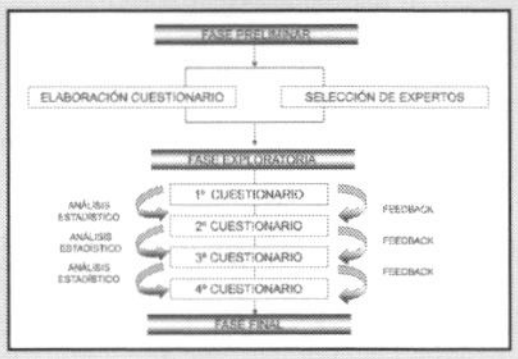
</td></tr>
<tr><td>ERRORES A EVITAR</td><td colspan="3">➢ No establecer métodos de previsión y/o obtención de datos que garanticen la calidad en la información conseguida.
➢ Selección inadecuada de los expertos por no fijar criterios objetivos.</td></tr>
<tr><td>PROS</td><td colspan="3">➢ Es un proceso iterativo y anónimo, con feedback controlado a través del equipo de investigadores para evitar informaciones poco relevantes.
➢ Las informaciones proporcionadas por los expertos deben permitir un tratamiento cuantitativo y estadístico.</td></tr>
<tr><td>CONTRAS</td><td colspan="3">➢ El factor tiempo ha sido quizá el inconveniente más citado de esta técnica, y en consecuencia el posible abandono de los panelistas.</td></tr>
</table>

5.3. Herramientas grupales

TÉCNICAS	Phillips 6/6	Diálogos simultáneos o cuchicheo	Foro	Adentro y afuera
EN QUÉ CONSISTE	Consiste en dividir al grupo en subgrupos de 6 personas que discuten un tema durante 6 minutos.	Los miembros de un grupo dialogan por parejas al mismo tiempo sobre un tema o problema, durante no más de 15 minutos.	El grupo realiza un debate abierto acerca de un tema, situación o problema, dirigidos por un coordinador.	Consiste en dividir al grupo en tres subgrupos de igual número de miembros cada uno, y de manera que cuando un subgrupo interviene el resto escucha. 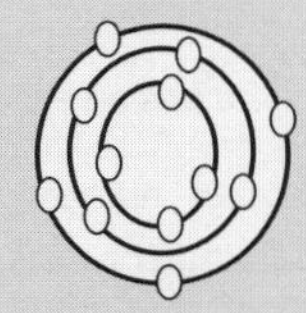
PARA QUÉ SIRVE	• Detectar intereses, necesidades, expectativas, opiniones, problemas o sugerencias del grupo. • Estimular la participación del grupo. • Implicar a los individuos en las responsabilidades grupales.	• Estimular las opiniones de los miembros de un grupo. • Permitir la participación de todos por igual. • Recabar la opinión de un grupo numeroso.	• Conocer los puntos de vista de un grupo grande sobre un tema o problema. • Obtener información proveniente de un grupo.	• Tratar temas de cierta complejidad en poco tiempo. • Definir y analizar un problema. • Mejorar los hábitos de escucha. • Analizar determinadas competencias del grupo: liderazgo, comunicación, trabajo en equipo, etc.
PROS	• Ahorra tiempo en la discusión de temas. • Disponer de un rápido sondeo de las opiniones del grupo.	• En menos de 15 minutos se puede obtener la opinión de un grupo. • Rompe con la rutina o monotonía de una reunión.	• Ayudar a establecer ciertas conclusiones generales respecto al tema, situación o problema.	• Analizar o estudiar un problema y plantear diversas alternativas. • Abordar un tema desde tres perspectivas diferentes.
CONTRAS	• Utilizar esta técnica para temas controvertidos. • No hacer uso de las conclusiones planteadas. • Conviene no utilizarse para temas largos o generalistas	• Utilizar esta técnica para tratar temas complejos o para problemas muy discutibles.	• No siempre participan todos los miembros del grupo. • No establecer reglas de intervención que faciliten las aportaciones y el control del tiempo (2-3 minutos por persona).	• La observación puede inhibir la participación espontánea del grupo. • Cuando cada grupo aborda temas distintos, no plantear un debate del grupo grande.

TÉCNICAS	Método del caso	«Role Playing» o juegos de roles	Juegos de simulación	Diálogo o debate público
EN QUÉ CONSISTE	Consiste en investigar, analizar y buscar soluciones a un caso (normalmente una situación real), mediante la discusión y el diálogo.	Se basa en que dos o más personas representan una situación de la vida real del grupo, asumiendo los roles del caso.	Consiste en realizar un trabajo imaginario, que no es real, cuyos resultados ayuden al grupo a resolver un problema real.	Se trata de una discusión realizada por dos expertos, delante de un grupo, sobre un tema o problema concreto.
PARA QUÉ SIRVE	• Ayudar a comprender problemas complejos y con varias interrelaciones. • Potenciar la flexibilidad del grupo, pues la solución del caso no es única.	• Comprender y tratar adecuadamente una situación real por el grupo. • Conocer las reacciones y actitudes del grupo ante un tema. • Abordar los problemas teniendo en cuenta el punto de vista de los interesados en el mismo.	• Profundizar y tratar con realismo temas que pueden generar ciertos conflictos en el grupo si se tratan de otro modo. • Analizar un problema en todas sus dimensiones. • Comprender que no existen «soluciones ideales» a ningún problema.	• Despertar el interés y estimular la reflexión del grupo. • Optimizar la información facilitada por los expertos.
PROS	• Favorecer el entrenamiento y adiestramiento de los miembros del grupo. • Ayudar a clarificar muchos problemas o situaciones que el grupo debe resolver en la vida real.	• Investigar sobre un problema desde el punto de vista de las actitudes que genera. • Determinar cuáles son los roles o actitudes más característicos que se presentan en una situación-problema.	• Ayudar a que aparezcan en la discusión los valores, prejuicios y condicionamientos que de otra forma es más difícil que se tome conciencia de ellos. • Promover la reflexión del grupo. • Sensibilizar sobre los aspectos o variables que intervienen en las discusiones o toma de decisiones de un grupo.	• Combinando esta técnica con otras que favorezcan la participación del grupo, permite que el grupo intercambie sus puntos de vista con expertos. • Reforzar determinadas actuaciones de grupo y debilitar aquellas que no son adecuadas.
CONTRAS	• Preparar y elaborar la descripción del caso requiere mucho dominio de esta técnica.	• Tratar de buscar o dar soluciones a un problema con esta técnica. • Definir mal el problema o situación dificulta la determinación de roles o actitudes.	• Utilizar el jugo como un test proyectivo. • Intentar llegar a soluciones del problema.	• Los expertos manifiestan sus puntos de vista; sin embargo el resto del grupo adopta un papel pasivo. • No demostrar empatía hacia el grupo de manera que se limite a una discusión entre expertos.

TÉCNICAS	Mesa redonda	Panel	Simposio o simposium	Seminario
EN QUÉ CONSISTE	Consiste en una serie de exposiciones e intervenciones por parte de especialistas que tienen diferentes puntos de vista acerca de un tema.	Se basa en que un grupo de expertos dialogan durante unos 30 a 45 minutos sobre un tema determinado.	Consiste en la presentación sucesiva de exposiciones por parte de un grupo de personas (entre 4 ó 6) sobre los diferentes aspectos de una misma situación o problema.	Se trata del estudio exhaustivo de un tema en varias sesiones de trabajo por parte de un grupo reducido.
PARA QUÉ SIRVE	• Dar a conocer los distintos puntos de vista o posiciones, incluso divergentes en algunos casos, a través de la confrontación. • Sensibilizar o promover la reflexión acerca de un problema que se da dentro del grupo.	• Dar a conocer las diferentes formas de afrontar un problema. • Analizar y clarificar un problema y sus posibles soluciones. • Comprender los diferentes puntos de vista existentes acerca de un tema o cuestión.	• Proporcionar información sobre los diferentes aspectos de un problema. • Aportar una amplia perspectiva de análisis por parte del grupo. • Presentar exposiciones que se complementan entre sí.	• Profundizar sobre un determinado tema o problema. • Obliga a que todos estudien y busquen soluciones a un determinado problema antes de realizar el seminario.
PROS	• Proporcionar la mayor información posible al grupo respecto de un problema de su interés. • Favorecer un clima de participación. • Formular preguntas que conlleven reflexión en profundidad acerca de un problema.	• Si se combina con otras técnicas el grupo puede tomar la palabra e intervenir de manera activa. • Aclarar al grupo cuáles son las ventajas e inconvenientes de una determinada línea de acción.	• Es más ágil que una conferencia, pues intervienen ponentes de muy diferentes estilos. • Facilitar el aprendizaje de los miembros del grupo. • Presentar sus intervenciones de manera breve ajustándose a los tiempos establecidos.	• Proporcionar una disciplina de trabajo en el grupo, pues todos tienen una tarea previa que realizar fuera de la situación del grupo. • Cada grupo dispone de un portavoz que presenta las conclusiones en el seminario y de un secretario que registra cada aportación.
CONTRAS	• Seleccionar a especialistas cuyas intervenciones sean excesivamente largas y poco dinámicas, provocando el cansancio del grupo. • Elegir ponentes con un nivel competencial muy dispar que desequilibren la mesa redonda. • Centrar las intervenciones en los especialistas, limitando las posibilidades de enriquecimiento y participación del grupo.	• No dar la oportunidad de que el resto del grupo participe. • Dificulta la asimilación de conocimientos, pues las exposiciones se realizan en forma de diálogo. • En ocasiones pueden aparecer posiciones demagógicas. • Si el moderador no controla los tiempos, algunos de los panelistas pueden tener un excesivo protagonismo.	• Impedir la participación de los miembros del grupo. • Si el moderador no coordina con antelación el tema, se puede producir solapamiento y lagunas importantes.	• No todos los componentes del grupo tienen las competencias necesarias para investigar un tema por sí mismos. • Requiere varias sesiones de trabajo de larga duración (2 ó 3 horas). • No disponer todos de la misma información de partida. • Pérdidas de tiempo en el caso de que el coordinador no prepare una buena agenda de reunión.

	EN QUÉ CONSISTE
El catálogo	Técnica ideada por Taylor, muy adecuada para afrontar problemas o situaciones sobre las que no se tienen ideas ni líneas de actuación. Consiste en abrir un libro por cualquier página y anotar las primeras palabras que aparezcan ante nuestros ojos. A continuación, elaboramos una frase que hipotéticamente responda o resuelva el problema en cuestión. Se repite el proceso tres o cuatro veces de manera que se tengan unas cuantas frases aparentemente absurdas. Al crear estas frases se estimula la creatividad y puede que algunas de las frases no sean tan absurdas como en principio parece.
Bloc de notas colectivo	John Haefele estableció que a cada miembro de un grupo se le proporcionara un bloc para que escribiese durante un mes al menos una idea al día referida al tema o problema a resolver. Cada bloc debería contener la definición, los datos y la información necesaria sobre el problema en cuestión así como las instrucciones necesarias para poder aplicar esta técnica. La autodisciplina, la perseverancia y la maduración o reflexión sobre el asunto durante dicho período resultan las claves del éxito de esta técnica. Al finalizar este período de tiempo, cada participante seleccionará la mejor idea y propondrá las líneas de actuación que considere más oportunas. Después, todos los blocs serán entregados al coordinador, quien preparará un informe exhaustivo de los resultados obtenidos. De manera que se entregue a todos para poder evaluar las distintas propuestas y seleccionar aquella que consideren la mejor.
El cándido o técnica de los «ojos limpios»	Se trata de presentar un problema a un individuo que desconoce la forma habitual de proceder ante una determinada situación. A esta persona se le propone el problema, escrito de la forma más clara y detallada posible, para que dé las soluciones que se le ocurran. Sus «ojos limpios» pueden proporcionar soluciones nuevas, útiles y creativas.
Técnica 6-3-5	Es una técnica parecida al brainstorming que se caracteriza por ser igual de eficaz pero menos espectacular. Su autor, Warfield, propone reunir a **seis** personas para generar ideas respecto a un tema. En una hoja en blanco deberán escribir **tres** ideas de manera rápida, pues sólo disponen de **cinco** minutos, y transcurrido el tiempo pasarán su hoja al compañero de al lado. La lectura de las ideas generadas por otros participantes sirven a cada participante de fuente de inspiración. Al finalizar el ciclo de las seis intervenciones de cinco minutos, se dispone de un total de dieciocho ideas en cada hoja, lo que supone un total de ciento ocho ideas en tan sólo media hora. Es muy probable que existan ideas repetidas, especialmente al principio de cada hoja, y que alguna sea absurda.

	EN QUÉ CONSISTE
Syndicate	Esta herramienta necesita 60 sujetos que se distribuyen en 6 grupos de 10 personas cada uno. El objetivo es debatir un tema de interés o solucionar un problema que repercute en el grupo. Cada uno de los grupos ha de llegar a una conclusión por sus propios medios. Una vez concluido el trabajo de grupo, el presidente del mismo presenta y defiende las conclusiones obtenidas. Para facilitar la sesión de plenario, un coordinador marca las pautas o reglas a seguir, interviniendo sólo para contestar a preguntas que formulen los grupos y para moderar.
El interrogatorio	El director de un grupo formula preguntas de forma continuada hasta que los miembros del mismo facilitan toda la información necesaria. Para conseguir el éxito es necesario que el director genere un ambiente de comunicación, mantenga la iniciativa en todo momento y controle la evolución del grupo.
Técnica del riesgo	Consiste en que los miembros del grupo expresan con libertad sus miedos, temores, ansiedades e inhibiciones derivados de una determinada situación. Durante sus exposiciones nunca pueden ser criticados. Después, si se considera oportuno, se dialoga acerca de cada tema. El objetivo que persigue esta técnica es analizar tensiones y resistencias; ahora bien, requiere que el coordinador del grupo sea un experto en dirigir y orientar problemas afectivos y cognitivos.
Discusión de grupos	Los miembros del grupo presentan sus ideas, argumentan y discuten sobre un tema propuesto. Existen diversas formas de poner en práctica esta técnica: • Discusión exploratoria: Su objetivo es explorar o sondear los distintos puntos de vista existentes. Se utiliza para que los miembros de un grupo tengan una primera toma de contacto para después poder debatir el tema con mayor profundidad. • Discusión informativa: El coordinador proporciona información e investiga acerca del grado de aceptación y repercusión de la misma. En estos casos, el propio coordinador suele mostrar sus opiniones y actitudes con respecto al tema tratado. • Discusión de desarrollo: Su objetivo es que se comprendan y acepten las decisiones tomadas por el grupo. • Discusión conciliadora: El director del grupo consigue aproximar los intereses opuestos por medio de la discusión. A su vez lo que se pretende es desarrollar hábitos de diálogo y discusión, y fomentar la crítica constructiva.
Pequeño grupo de discusión	Un grupo de entre 5 a 12 personas discute un tema o problema de manera libre e informal. La discusión es controlada y dirigida en todo momento por un coordinador o moderador. Esta técnica posibilita el intercambio de experiencias, informaciones y de distintos puntos de vista, dentro de un ambiente abierto, receptivo y de comunicación, con el fin de solucionar problemas y ocasionalmente tomar decisiones. La utilización de esta técnica permite motivar a un grupo para actuar.

	EN QUÉ CONSISTE
Sesiones de generación individual	En estas sesiones, los participantes trabajan cada uno de forma independiente y en silencio una vez se han elaborado las ideas se procede a la discusión de grupo.
Conferencia	Consiste en solicitar a los distintos componentes del grupo que presenten la solución que proponen al resto del grupo mediante la técnica de *Lección magistral o Conferencia.* Su principal finalidad es informar. Durante cada una de las intervenciones, el resto de los miembros de grupo son la audiencia. Después de cada una de las intervenciones se lleva a cabo un coloquio para responder a las cuestiones u objeciones del grupo. Fruto de la receptividad, indiferencia o interés ante los argumentos planteados es que se van formando las pautas o estrategias de actuación.
Registro abierto	Se basa en la sistematización de experiencias, problemas, informaciones e ideas aportadas por el grupo mediante el diálogo y el debate. Con esta técnica no se toman decisiones; sin embargo posibilita la obtención de información que puede servir de base para la creación de alternativas. Su autor, Churuata, propone que mientras cada ponente expone sus experiencias, se vayan anotando en el rotafolio las ideas esenciales. Después verifican si lo escrito se corresponde con sus intervenciones. En las siguientes fases, el grupo analiza y prioriza la información facilitada de manera que se van perfilando las ideas que, a través del debate, se consideran centrales. Se registran las ideas para ordenarlas y sintetizarlas según los criterios establecidos por el grupo.
Lectura comentada	Consiste en familiarizarse con un tema o problema a partir de un texto escrito, que puede ser un libro, un cuento, un artículo, etc. Posibilita profundizar y reflexionar sobre un tema a partir de las opiniones manifestadas por el autor del texto. Para ello es necesario proporcionar los materiales necesarios antes de que se realice la reunión, de manera que los miembros del grupo puedan haberlo leído y meditado con antelación. El hecho de que la lectura y el trabajo posterior sean compartidos permite obtener mejores resultados que si el trabajo fuera individual.

Bibliografía

ACKOFF, R. L. (2003): The opportunity quest separates real leaders from managers. *Strategy & Leadership,* 31(5), pp. 39-40.

ÁLVAREZ, M. (1998): *El liderazgo de la calidad total.* Madrid: Escuela Española.

ALVESSON, M. y SVENINGSSON, S. (2003): Managers doing leadership: The estraordinarization of the mundane. *Human Relations*, 56(12), pp. 1435-1459.

AVEY, J. B.; AVOLIO, B. J.; CROSSLEY, C. R. y LUTHANS, F. (2008): Psychological ownership: Theoretical extensions, measurement and relation to work outcomes. *Journal of Organizational Behavior,* 30: 173-191.

BARRANCO, F. J. (1993): *Planificación estratégica de recursos humanos. Del marketing interno a la planificación.* Madrid: Pirámide.

BASS, B. M. y AVOLIO, B. L. (1985): *The multifactor leadership profile. School of Management Binghamton.*

— (1994): «Improving organizational effectiveness through transformational leadership». Thousand Oaks, C.A: Sage.

BASS, B. M. (1999): *Does the transactional-transformational leadership paradigm transcend organizational and national boundaries? American Psychologist,* 52 (2), 130-139.

— (2008): *The Bass handbook of leadership. Theory, research & managerial applications* (4ª ed.). New York: Free Press.

BAVELAS, A. (1950): Communication patterns in task-oriented groups. *Journal of the Acoustical Society of America,* 22, 725-730.

BELL, C. R. (1997): *Mentoring.* Barcelona: Gestión 2000.

BENNIS, W. G. y NANUS, B. (1989):*Toward the new millennium.* En HICKMAN, G. R. (1989): *Leading organizations: Perspectives for a new era.* Thousand Oaks, CA: Sage Publications, pp. 133-134.

BENNIS, W. y NANUS, B. (2001): *Líderes. Estrategias para un liderazgo eficaz.* Barcelona: Paidós.

BENNIS, W. G. (1989): *On becoming a leader.* Reading, MA: Addison-Wesley Publishing Company, Inc.

— (2004): The seven ages of the leader. *Harvard Business Review*, 82(1), pp. 46-53.

BGC y WFPMA (2012): Creating people advantage 2012. Mastering HR challenges in a Two-Speed World. [En línea] http://www.eapm.org /index.php /en /content /download /457 /189 7/file / BCG_Creating_People_Advantage_Oct_2012.pdf. (Fecha de Consulta: 11 de enero de 2013).

BLANCHARD, K.; ZIGARMI, P. y ZIGARMI, D. (1986): *El líder ejecutivo al minuto.* Barcelona: Grijalbo.

BLANCHARD, K. y JOHNSON, S. (1983): *El ejecutivo al minuto. Nuevas técnicas de dirección.* Barcelona: Grijalbo.

BORISOFF, D. y VÍCTOR, D. A. (1991): *Gestión de conflictos.* Madrid: Díaz de Santos.

BOYLAN, B. (1999): *Todos remando en la misma dirección.* Madrid: Griker.

BLUM, R. L. y NAYLOR, J. G. (1976): *Psicología industrial, sus fundamentos teóricos y sociales.* México: Trillas.

CALDWELL, R. (2003): Chance leaders and chance managers: different or complementary? *Leadership & Organization Development Journal,* 24 (5/6), pp. 285-293.

CANTERA, F. J. y YAÑEZ, J. L. (2008): Aportaciones del Liderazgo Positivo (III). La conciliación empieza en la calidad de la vida laboral. *Capital Humano,* 222, 87-96.

CAREW, D.; PARISI CAREW, E.; BLANCHARD, K. y STONER, J. (1990): *Group development stage analysis.* San Diego: Blanchard Training and Development.

— (1990): *Fundamentals of effective teamwork.* San Diego: Blanchard Training and Development, Inc.

CEJA, J.: Un buen diseño del trabajo en la empresa familiar, clave para motivar a los miembros de las siguientes generaciones. IESE NEWSLETTER DE LA EMPRESA FAMILIAR. [En línea] http://www.iese.edu/es/ad/cátedras/EmpresaFamiliar /2011/Articulos/Julio2011_temadelmes.asp. [Consulta: 26 de septiembre de 2012].

CHANG, R. y KELLY, P. K. (1996): *Resolución de problemas.* Barcelona: Granica.

COHEN, N. (2004): *Mentoring.* Madrid: Centro de Estudios Ramón Areces.

CONGER, J. A. (1991): *El líder carismático. Un modelo para desarrollar cambios organizacionales exitosos.* Bogotá: McGraw-Hill.

COOK, M. J. (2000): Coaching efectivo. Cómo aprovechar la motivación oculta de su fuerza laboral. Bogotá: McGraw-Hill InterAmericana.

CUBEIRO, J. C. (2004): «Cómo maximizar la rentabilidad del coaching». *Capital Humano,* 183, pp. 14-16.

CROSS, G. P.; NAMES, J. H. y BECK, D. (1979): *Conflict and human Interaction.* Dubuque, IA: Kendall Hunt.

DEBORDES, P. (1998): *Coaching. Entrenamiento eficaz de los comerciales.* Barcelona: Gestión 2000.

DePree, M. (1998): What is leadership? en Hickman, G. R. (1989): *Leading organizations: Perspectives for a new era.* Thousand Oaks, CA: Sage Publications, pp. 130-132.

Drouillard, S. E. y Kleiner, B. H. (1996): «Good» leadership. *Management Development Review,* 9 (5), pp. 30-33.

Enebral, J. (2004): «Coaching para mayor eficacia y calidad de vida del directivo». *Capital Humano,* 179, pp. 20-22.

Escuela Europea de Coaching (2008): «El coaching de equipo». *Capital Humano*, 220, pp. 94-98.

Galante y Millán, F. (2012): *Liderazgo inspiracional.* Capital Humano, 263, p. 15.

Galcano, A. (1995): *Los 7 instrumentos de la calidad total.* Madrid: Díaz de Santos.

Gil Rodríguez, F. y Alcover, C. M. (2005): *Introducción a la Psicología de las Organizaciones.* Madrid: Alianza Editorial.

Gil, F.; Alcover, C. M.; Rico, R. y Sánchez-Manzanares, M. (2011): Nuevas formas de liderazgo en equipos de Trabajo. *Papeles del Psicólogo,* vol. 32 (1), pp. 38-47.

Giménez Plano, F. (2009): «El directivo en tiempos de crisis». *Capital Humano*, 229, pp. 72-76.

Goleman, D.; Boyatzis, R. y McKee, A. (2009): *El líder resonante crea más.* Barcelona: Rosés.

González Alonso, R. (2011): «Formar a directivos». *Capital Humano*, n.º 259, 32-34.

González, P. (2009): «Desarrollo de una cultura de feedback en las organizaciones. El inevitable papel del Desarrollo Directivo y la Formación». *Capital Humano*, 234, pp. 22-23.

González, R. (2010): Liderazgo Resiliente: un nuevo paradigma en el perfil del líder. *Capital Humano*, 240, pp. 28-30.

Hackman, J. R. y Oldham, G. R. (1980): *Work design.* Reading, MA: Addison-Wesley.

Haygroup (2006): *Factbook Recursos Humanos.* Elcano: Aranzadi & Thomson.

Herzberg, F.; Mausner, B. y Snyderman, B. B. (1959): *The motivation to work.* New York: Wiley.

Herzberg, F. (1968): «One more time: How do you motivate employees?». *Harvard Business Review,* 46, 53-62.

Hickman, G.R. (1989): *Leading organizations: Perspectives for a new era.* Thousand Oaks, CA: Sage Publications.

Hocker, J. L. y Wilmot, W. W. (1985): «Interpersonal conflict». En Dunnette, M. D. (ed.): *Handbook of industrial and organizational behavior.* Chicago, Rand McNally.

James, P. (1997): *Gestión de la calidad total.* Madrid: Prentice Hall.

Howell, J. M. y Avolio, B. J. (1992): «The ethics of charismatic leader: submission or liberation?» *Academy of Management Executive.* Citado en Katzenbach, J. R. y Smith, D. G. (1993): *The Wisdom of Team.* Boston: H.B.S. Press.

Katzenbach, J. R. y Smith, D. G. (1993): *The Wisdom of Team.* Boston: H.B.S. Press.

Katzenbach, J. R. (1999): *Equipos de alta dirección.* Barcelona: Gestión 2000.

KOTTER, J. P. (1990): *A force for change: How leadership differs from management.* New York: Free Press.

— (1999): *John P. Kotter on what leaders really do. Harvard Business Review Book.* Boston: Harvard College.

— (2001): What leaders really do. *Harvard Business Review,* 79 (11), pp. 85-97.

KOUZES, J. y POSNER, B. (1997): *El desafío del liderazgo.* Barcelona: Gránica.

LAWLER, E. y PORTER, L. W. (1967): «Antecedent attitudes of effective managerial performance». *Organizational Behavior and Human Performance,* vol. 2, 122-142.

LAWSON, H. (1999): Cómo mejorar la formación y el entrenamiento en el puesto de trabajo. Madrid: Centro de Estudios Ramón Areces.

LEASE, D. R. (2006): Management Reviled: is leadership just good management Repackaged? Academy of Business Education Conference, April, pp. 1-21.

LEÓN, O. (1996): *Análisis de decisiones.* Madrid: McGraw-Hill.

LEVY-LEBOYER, C. (1997): *Gestión de las competencias.* Barcelona: Gestión 2000.

LEWIN, K. (1951): *Field Theory in Social Science.* New York: Harper and Row.

LÓPEZ ZAFRA, E. (2001): ¿Liderazgo carismático en las organizaciones? Elementos para una reflexión sobre el cambio en las relaciones intraorganizacionales. *Revista de Psicología Social,* (16) 1, 97-115.

LOWY, A. y HOOD, P. (2004): Leaders manage dilemmas. *Strategy & Leadership,* 32 (3), pp. 21-26.

LUTHANS, F.; YOUSSEF, C. M. y AVOLIO, B. J. (2007): *Psychological Capital.* Oxford University Press, Oxford.

LUTHANS, F. (2008): *Comportamiento organizacional.* México: McGraw-Hill, 11ª edición.

MAJARO, S. (1991): *Marketing y creatividad.* Madrid: Díaz de Santos.

MANTEL DE FERREIRA, P. (2004): «Historia del coaching». *Capital Humano,* 182, pp. 14-16.

MANZ, C. C. y SIMS, H. P. (1993): *Superliderazgo. Como enseñar a otros a autodirigirse en la empresa.* Barcelona: Paidós.

MARTÍN GIL, J. F. (2010): «Coaching organizacional». Capital Humano, 240, pp. 82-90.

MARTÍNEZ DE MIGUEL, G. (2007): «Generando compromiso en la empresa». *Capital Humano*, 207, pp. 98-100.

MAYER, J. D.; SALOVEY, P. y CARUSO, D. R. (2000): *Models of emotional intelligence.* Citado en STERNBERG, R. J. (ed.): *Handbook of intelligence.* Cambridge, MA: Cambridge University Press.

MEGGINSON, D. (1988): «Instructor, Coach, Mentor: Three Ways of Helping for Managers». *Management Education and Development,* vol. 19, nº 1, pp. 33-46.

MERLI, G. (1995): *La calidad total como herramienta de negocio.* Madrid: Díaz de Santos.

MESTRE, J. M. y FERNÁNDEZ BERROCAL, P. (2007): Manual de inteligencia emocional. Madrid: Pirámide, pp. 81-97.

MITRANI, A.; DALZIEL, M. M. y SUÁREZ DE PUGA, I. (1992): *Las competencias: clave para una gestión integrada de los recursos humanos*. Bilbao: Deusto.

NANUS, B. (1994): *Liderazgo visionario*. Barcelona: Gránica.

NAVAS, J. E. (1998): El papel de los recursos intangibles en la empresa. [en línea]. http://www.madrimasd.org/revista/revista3/tribuna/tribunas2.asp. [Consulta 30 de enero de 2013].

NAVEEN, T. NAIR (2008): «The 5 C's of team building». En línea: http://info.shine.com/Career-Advice-Articles/Leadership-Teamwork/The-5-Cs-of-team-building/1604/cid31.aspx [Consulta: 22 de noviembre de 2012].

NICOLAOU-SMOKOVITI, L. (2004): Business leaders' work environment and leadership styles. *Current Sociology*, 52 (3), pp. 407-427.

NORTHOUSE, P. G. (2009): *Introduction to leadership. Concepts and Practice*. California: SAGE.

OLDHAM, G. R. y HACKMAN, R. J. (2010): Not what it was and not what it will be: The future of job design research. Journal of Organizational Behavior, 31, 463-479. ROBBINS y JUDGE (2009): Comportamiento Organizacional (Decimotercera edición). Pearson Educación: España.

ORDÓÑEZ, M. (1995): *La nueva gestión de los recursos humanos*. Barcelona: Gestión 2000.

— (1996): *Modelos y experiencias innovadoras en la gestión de los recursos humanos*. Barcelona: Gestión 2000.

— (1997): *Psicología del trabajo y gestión de recursos humanos*. Barcelona: Gestión 2000.

ORTIZ, E. (2003): La Práctica del Mentoring en la empresa. Orcoyen: Universidad de Navarra (Enunsa).

PALOMO, M. T. (2008): *El perfil competencial del puesto de director/a de marketing en organizaciones de la Comunidad de Madrid*. Madrid: ESIC.

PASCUAL, R. y VILLA, A. (1993): *El liderazgo transformacional en los centros docentes*. Bilbao: Mensajero.

PAYERAS, J. y CASTELLA, J. C. (2004): «El coaching: Aprender a aprender». *Capital Humano,* 180, pp. 20-21.

PEIRÓ, J. M. (1983-84) (1986, 2ª ed.): *Psicología de la organización*. Madrid, UNED.

PEIRÓ, J. M. y PRIETO, F. (1996): *Tratado de psicología del trabajo. Volumen II: Aspectos psicosociales del trabajo*. Madrid: Síntesis.

PEIRÓ, J. M. y GONZÁLEZ, V. (1993): *Círculos de calidad*. Madrid: Eudema.

PEREDA, S. y BERROCAL (1999): *Gestión de recursos humanos por competencia*. Madrid: Centro de Estudios Ramón Areces.

— (2001): *Técnicas de Gestión de Recursos Humanos por Competencias*. Madrid: Centro de Estudios Ramón Areces.

PÉREZ-GONZÁLEZ, J. C.; PETRIDES, K. V. y FURHHAM, A. (2007): La medida de la inteligencia emocional rasgo. En MESTRE, J. M. y FERNÁNDEZ BERROCAL, P. (2007): *Manual de inteligencia emocional*. Madrid: Pirámide, pp. 81-97.

PETRICK, J. A. y FURR, D. (1997): *Calidad total en la dirección de recursos humanos.* Barcelona: Gestión 2000.

PIERCE, J. L.; JUSSILA, I. y CUMMINS, A. (2009): «Psychological ownership within the job design context: revision of the job characteristics model». *Journal of Organizational Behaviour*, 30, 477-496.

PORTER, L. W. y LAWLER, E. E. (1968): *Managerial Attitudes and Performance.* Homewood, Irwin.

PRUITT, D. G. y RUBIN, J. Z. (1986): *Social Conflict. Escalation, stalemate, and settlement.* New York: Random House.

ROBBINS, S. P. y JUDGE, T. A. (2010): Introducción al comportamiento organizativo. Madrid: Pearson, 10ª edición.

ROBINSON, T. (2001): «Mentoring Speeds the Learning Curve: Company Programs take on a New Role as Training and Retention tools». *Information Week*, pp. 1-3.

RODRÍGUEZ FERNÁNDEZ, A. (2001): *Introducción a la Psicología del Trabajo y de las Organizaciones.* Madrid: Pirámide.

ROST, J. C. (1998): Leadership and management. En HICKMAN, G. R. (1989): *Leading organiazations: Perpectives for a new era.* Thousand Oaks, CA: Sage Publications, pp. 97-114.

SÁNCHEZ VÁZQUEZ, J. (2010): *Liderazgo: Teoría y aplicaciones.* Salamanca: Universidad Pontificia.

SCHARGEL, F. P. (1997): *Cómo transformar la educación a través de la gestión de la calidad total.* Madrid: Díaz de Santos.

SEGARRA, O. (2010): *Liderazgo peregrino. Una guía práctica para liderar el cambio.* Barcelona: Libros de Cabecera.

SENLLE, A. (1998): *Cómo tomar decisiones y solucionar problemas.* Barcelona: Gestión 2000.

SHAW, M. E. (1976): *Dinámica de grupo.* Barcelona: Herder.

SOLER, M. R. (2003): *Mentoring. Estrategia de Recursos Humanos.* Barcelona: Gestión 2000 Epise Training Club.

SPIGEENR, J. B. (2004): Beyond management: Using leadership to achieve your goals in quality. *Quality Congress ASQ's annual quality congress proceedings,* 58, pp. 229-231.

STRAYHORN, N. (1991): *Cómo dialogar de forma constructiva.* Deusto: Bilbao.

TICHY, N. y DEVANNA, M. (1986): *Transformational Leadership.* New York: Wiley.

THOMAS, K. y KILMANN, R. (1974): *Thomas-Kilmann conflict mode instrument.* New York: XICOM.

THOMAS, K. W. (1976): Conflict and management. En DUNNETTE, M. D. (ed.): *Handbook of industrial and organizational behavior*, pp. 889-936. Chicago: Rand McNally.

TOWERS PERRIN (2007): «Únicamente el 19% de los empleados en España está totalmente comprometido con su empresa» (en línea). http://www.towersperrin.com /tp /showdctmdoc .jsp? country =esp&url =HR_Services/ Spain/Press_Releases /2007 /20071022 /2007_10_22. htm. (Fecha de consulta: 23 de junio de 2008).

TOWERS WATSON (2012): Study Global Workforce. [En línea] http://www.towerswatson,com/spain/ press/7652. (Fecha de Consulta: 10 de enero de 2013).

UDAONDO, M. (1991): *Gestión de calidad.* Madrid: Díaz de Santos.

VAN DE VLIERT, E. (1984): «Conflict: prevention and escalation». En DRENTH, J. D.; THIERRY, H.; WILLENS, P. J. y WOLFF, C. J. (eds.): *Handbook of Work and organizational Psychology,* vol. 1, pp. 521-551. New York: Wiley.

— (1985): Escalative Intervention in small-group conflicts. *Journal of Applied Behavioral Science,* 21 (1), 19-36.

VROOM, V. H. (1964): *Work and Motivation.* New York: Wiley and Soons.

WALUMBWA, F. O.; AVOLIO, B. J.; GARDNER, W. L.; WERNSING, T. S. y PETERSON, S. J. (2008): Authentic leadership: Development and validation of a theory-based measure. *Journal of Management,* 34(1), 89-126.

ZACARRO, S. J.; GILBERT, J.; THOR, K. y MUMFORD, M. D. (1991): «Leadership and social intelligence: Linking social perceptiveness and behavioral Flexibility to leader effectiveness». *Leadership Quarterly*, 2, 317-331.

ZALENICK, A. (1999): *Directivos y líderes ¿son diferentes?* Harvard Business Review. Bilbao: Deusto.

— (2004): *Managers and leaders: Are they different?* Harvard Business Review, 82 (1), pp. 74-81.